走进历史深处

基于实践基础的理论创新

丁晋清 著

华南理工大学出版社
SOUTH CHINA UNIVERSITY OF TECHNOLOGY PRESS
·广州·

图书在版编目（CIP）数据

走进历史深处：基于实践基础的理论创新／丁晋清著.—广州：华南理工大学出版社，2022.10
ISBN 978-7-5623-7192-2

Ⅰ.①走… Ⅱ.①丁… Ⅲ.①马克思主义-发展-研究-中国 Ⅳ.①D61

中国版本图书馆 CIP 数据核字（2022）第 189041 号

Zoujin Lishi Shenchu: Jiyu Shijian Jichu De Lilun Chuangxin
走进历史深处：基于实践基础的理论创新
丁晋清 著

出 版 人：柯 宁
出版发行：华南理工大学出版社
（广州五山华南理工大学 17 号楼，邮编 510640）
http://hg.cb.scut.edu.cn E-mail: scutc13@scut.edu.cn
营销部电话：020-87113487 87111048（传真）
策划编辑：邹 浩 卢家明
责任编辑：李秋云 肖 颖 李巧云
责任校对：梁晓艾
印 刷 者：广州市新怡印务股份有限公司
开 本：787 mm×960 mm 1/16 印张：15.75 字数：292 千
版 次：2022 年 10 月第 1 版 2022 年 10 月第 1 次印刷
定 价：68.00 元

版权所有 盗版必究 印装差错 负责调换

致 读 者

这本书《走进历史深处：基于实践基础的理论创新》耗费了我很多心血，写了差不多一年。要写好这本书不容易，政治性和学术性很强。从立下写书这个决心开始，就对自己"约法三章"，要求自己必须做到：一是站位要高。要从忠诚捍卫"两个确立"、坚决做到"两个维护"的高度，深刻把握研究宣传阐释党的创新理论特别是习近平新时代中国特色社会主义思想的重要性，增强责任感、使命感。要发自内心始终保持对党的创新理论的挚爱情怀，做到真懂真信，从历史与现实、理论与实践、国内与国外比较中，感悟习近平新时代中国特色社会主义思想的真理力量和实践力量，并内化成提升研究水平的强大动力。二是善始善终。撰写学术著作需要付出心血和汗水，不可能一蹴而就，要保持"咬定青山不放松"的韧劲和滚石上坡的毅力，不半途而废，不为繁事所累，不为噪声所扰，不为暗流所动。勤积累资料，尽量占有材料，保持思想敏锐性，把新思想、新观点、新材料印在心中、进入脑中、写进书中，做到"致广大而尽精微"。三是打磨要精。文字上要尽可能做到字字珠玑，语言上要做到通顺晓畅，逻辑上要做到层层递进、环环相扣，提高学术"含金量"。唯其如此，才能写好这本书。正如马克思指出："在科学的入口处，正像在地狱的入口处一样，必须提出这样的要求：这里必须根绝一切犹豫；这里任何怯懦都无济于事。"一年来，正是秉持这样的态度，我力求做到以上三点，绵绵用力、久久为功。在完成好行政工作之余，我惜时如金，基本上是中午最后一个到饭堂就餐，常常被人称之为"最美（尾）人"。我很喜欢这个称呼。

写这本书源自去年去华南理工大学给全校教师做学术报告时的一个灵感：有个专家听了我的报告后走到台前和我打招呼，说听了我对党的理论创新史的解读，很有新意。基于这个灵感，我写了这本书。华南理工大学虽是一所工科类高校，但也是一个充满人文情怀的学术殿堂。感谢华南理工大学的邀请并给我灵感！

这本书主要介绍了改革开放以来党的理论创新的历史，当然为了弄清楚党的理论创新的重要性和时代背景，也追溯到党成立时理论准备不足对党的事业造成的危害，尤其是三次"左"倾错误的危害，证明理论正确与否，关系党的事业的兴衰成败；也延伸到叙述 20 世纪国际共产主义运动的历史，从历史与现实、国内与国际的比较中，阐释理论创新对马克思主义政党的极端重要性，故名"走进历史深处"。我希望它对社科工作者理解马克思主义中国化最新成果，忠诚捍卫"两个确立"，坚决做到"两个维护"，迎接宣传贯彻党的二十大有所帮助。

在写本书的过程中，有许多人都给我了弥足珍贵的支持和帮助，如同事张造群、杨丽婷、廖胜华、陈三宝、邱静宜等。他们不仅提出许多中肯的意见建议，还帮我校对。可以说没有他们，便没有今天这本书的问世。

由于作者水平有限，书中疏漏在所难免，敬请读者批评指正。

丁晋清

2022 年 6 月

目 录

绪　论 ·· 1

上篇：理论创新的历史逻辑

第一章　邓小平理论：成功开创了中国特色社会主义 ·············· 14
 第一节　邓小平理论具有鲜明的时代精神 ···························· 14
 第二节　南方谈话是马克思主义发展史上的重要里程碑 ········· 19
 第三节　南方谈话是对当代社会主义运动的科学总结 ············ 28

第二章　"三个代表"重要思想：成功把中国特色社会主义推向 21 世纪
·· 38
 第一节　深刻认识世纪之交我们党面临的新实践和新考验 ······· 38
 第二节　深刻把握"三个代表"重要思想的科学内涵 ············ 48
 第三节　深刻认识"三个代表"重要思想的精神实质 ············ 54
 第四节　科学把握"三个代表"重要思想的历史地位 ············ 57

第三章　科学发展观：成功在新形势下坚持和发展了中国特色社会主义 ···· 63
 第一节　科学发展观是博大精深的科学理论体系 ·················· 63
 第二节　正确认识科学发展观的历史地位 ··························· 71
 第三节　科学发展观具有广泛的世界意义 ··························· 80

第四章　习近平新时代中国特色社会主义思想：马克思主义中国化的新飞跃
·· 88
 第一节　马克思主义中国化最新成果的集中体现 ·················· 88
 第二节　习近平新时代中国特色社会主义思想的时代价值 ······ 94
 第三节　把改革开放的旗帜举得更高更稳　厚植实现中华民族伟大复兴的物质基础 ·· 102
 第四节　全面推进依法治国　厚植实现中华民族伟大复兴的法治根基 ·· 112

第五节 构筑精神家园 厚植实现中华民族伟大复兴的精神根基……… 116

第六节 加强党史学习教育 汲取实现中华民族伟大复兴的历史智慧
……………………………………………………………………… 121

第七节 勇于自我革命 为我们党跳出历史周期率探索出"第二个答案"
……………………………………………………………………… 133

第八节 实现中华民族伟大复兴进入了不可逆转的历史进程 凝聚实现
中华民族伟大复兴的中国力量 ………………………………… 145

下篇：理论创新的实践逻辑

第五章 党的建设的实践创新 ……………………………………… 154
第一节 加强理论学习 建设马克思主义学习型政党 ……………… 154
第二节 完善党的领导体制机制 提升执政成效 …………………… 162
第三节 提升党的建设科学化水平 推进党的建设新的伟大工程 … 167
第四节 坚持全面从严治党 提高党的执政能力和领导水平 ……… 172
第五节 尊重历史规律 永葆党的先进性和纯洁性 ………………… 179

第六章 改革开放的实践创新 ……………………………………… 187
第一节 改革开放是发展中国特色社会主义的强大动力 ………… 187
第二节 在更高起点上推进改革开放 续写更多"春天的故事" …… 197

第七章 经济建设的实践创新 ……………………………………… 203
第一节 以新发展理念涵养人类文明新形态 ……………………… 203
第二节 以现代化经济体系建设推进经济高质量发展 …………… 210
第三节 以国际大视野推进粤港澳大湾区建设 …………………… 217

第八章 科学方法论的实践创新 …………………………………… 222
第一节 提高科学思维能力 决胜疫情防控阻击战 ………………… 222
第二节 用心体悟习近平总书记教给我们的方法论 扎实推进新时代
廉洁文化建设 ……………………………………………… 229
第三节 锤炼"勇""智""谋""能" 提升会干事、干成事的本领
……………………………………………………………………… 234
第四节 树立底线思维 确保中华民族伟大复兴进程不被打断 …… 238

绪　论

《中共中央关于党的百年奋斗重大成就和历史经验的决议》（简称"第三个《决议》"），把"坚持理论创新"作为我们党百年奋斗积累的十条宝贵历史经验之一。始终重视实践基础上的理论创新，并坚持用理论创新成果武装全党，是我们党的一条重要历史经验，也是我们党的一个巨大理论优势。理论创新是党的事业发展的需要，是马克思主义本身的内在要求，是我们党解放思想、实事求是、与时俱进思想路线的反映。党的历史经验告诉我们，理论创新不可能一劳永逸，它与党的事业同在，与党的命运相连。理论创新是我党必须始终思考和实践的永恒课题，是我们党永葆生机的源泉。

走进历史深处，我们深刻认识到，历史上党内理论准备不足时，理论创新就显得尤为重要。19世纪末、20世纪初，马克思主义开始传入中国，但囿于当时的社会条件，马克思主义在中国没有广泛传播开来，没有形成思想运动。中国早期的马克思主义者和知识分子在十月革命的影响下，接受了马克思主义。但在当时严酷的政治环境下，他们难以大量接触马克思主义原著，读马克思主义原著较少，读外国尤其是俄国、日本转手翻译过来的阐释和介绍马克思主义的著作较多，对马克思主义缺乏系统的钻研和了解，存在简单化、公式化和绝对化倾向，容易导致对马克思主义的误解和曲解。特别是当时翻译的马克思主义著作主要是马克思主义学说中的政治经济学和科学社会主义，而对马克思主义学说的重要基石——辩证唯物主义和历史唯物主义关注不多。因而，中国早期的马克思主义者和知识分子通过二手翻译所接触的马克思主义，就难免带有一定的局限性，他们对马克思主义的理解和掌握仅仅是初步的，与马克思主义理论本身所具有的博大精深的内涵相比，还停留在较基础的水平上。早期的马克思主义者和知识分子对事关中国革命前途和命运的许多重大理论问题尚没有弄清。如对中国革命的性质、对象、动力及革命发展方向，存在着诸多模糊甚至是错误的认识。对什么是社会主义、如何在社会主义条件下加强无产阶级专政问题，也没有完全搞清楚。再如，在强调坚持社会主义道路时，对肃清中国封建专制流毒的重要性、艰巨性估计不足。然而这些问题与中国革命休戚相关，紧密相连。党成立不久，即迎来了大革命的高潮，一些领导人都投入到大革命的洪流中，投入到工人运动中去，无暇顾及马克思主义基本理论的研究和传播。特别是陈独秀等领导人忽视理论建设，依然没有弄清上述事关中国革命前途和命运的重大理论问题。王明、博古虽然熟读马列主义著作，但是没有和中国革命具体实际相结合，中国革命在他们的领导下屡遭重创。1941年，刘少奇同志专门指出，中国共产党成立初期，有一个极大的弱点，"就是党在思想上的准备、理论上的修养是不够的，是比较幼稚的"[1]。由于理论准备不够充分，就容易出现"左"和右的错误。但我们不能苛求于前人，更不能苛求于那个时代。后继的中国共产党人唯有不断解放思想，实事求是，在理论创新的道路上披荆斩棘，奋力前行，才能取得一个又一个胜利。中国共产党的百余年奋斗史，就是一部不断推进马克思主义中国化的历史，一部不断推进理论创新、进行理论创造的历史。一百多年来，中国共产党坚持把马克思主义基本原理同中国具体实际相结合、同中华优秀传统文化相结合，坚持解放思想和实事求是相统一，坚持固本培元和守正创新相统一，不断推动实践基础上的理论创新，取得了一系列重大理论创新成果，有力开辟了马克思主义新境界，使马克思主义以崭新形象展现在世界上，使世界范围内社会主义和资本主义两种意识形态、两种社会制度的历史演进及较量发生了有利于社会主义的重大转变，终结了"历史终结论"，生动展示了理论创新是我们党之所以能取得一个又一个伟大胜利的制胜法宝。

　　走进历史深处，我们深刻认识到，理论兴则党兴国家兴，理论强则党强国家强。马克思主义是我们立党立国、兴党强国的根本指导思想。马克思主义理论不是教条，而是行动指南，必须随着实践发展而发展，必须中国化才能落地生根，必须本土化才能深入人心。在一百多年的奋斗中，我们党警惕右，但主要是防止"左"，坚决破除因循守旧、思想僵化，不停留在对马克思主义某些原则、某些本本的教条式理解上，不停留在对社会主义的一些不科学的甚至扭曲的认识上，不停留在超越社会主义初级阶段的不正确的思想上，坚持一切从实际出发，不从主观愿望出发，不从这样那样的外国模式出发，不从马克思主义著作中个别论断的教条式理解和附加到马克思主义名义下的某些错误论点出

---

[1] 刘少奇. 刘少奇选集：上卷 [M]. 北京：人民出版社，1986：220.

发，以敢为人先的勇气和锐气，不断推进理论创新，成功应对了前进道路上的一个个挑战，解决了不断出现的新矛盾、新问题，不断创造新辉煌、新奇迹。党之所以能够领导人民在一次次求索、一次次挫折、一次次开拓中完成中国其他各种政治力量不可能完成的艰巨任务，根本在于我们党坚持解放思想、实事求是、与时俱进，坚持把马克思主义基本原理同中国具体实际相结合、同中华优秀传统文化相结合，坚持实践是检验真理的唯一标准，坚持一切从实际出发，在科学回答中国之问、世界之问、人民之问、时代之问的历史进程中，勇于结合新的实践不断推进理论创新、善于用新的理论指导新的实践，让马克思主义在中国大地上展现出更强大、更有说服力的真理力量。在科学理论的指导下，我们党领导人民在四个历史时期取得四个伟大成就。新民主主义革命，推翻了三座大山，建立了新中国，实现了民族独立、人民解放。社会主义革命和建设，确立了社会主义基本制度，推进社会主义建设，实现了中华民族有史以来最为广泛而深刻的社会变革。改革开放和社会主义现代化建设，开创了中国特色社会主义，实现了从计划经济体制到社会主义市场经济体制、从封闭半封闭到全方位开放的历史性转变，实现了从生产力相对落后的状况到经济总量跃居世界第二的历史性突破，实现了人民生活从温饱不足到总体小康、奔向全面小康的历史性跨越。中国特色社会主义新时代，实现了第一个百年奋斗目标，明确了实现第二个百年奋斗目标的战略安排，党和国家的事业取得历史性成就、发生历史性变革，创造出更多令人刮目相看的人间奇迹，中华民族迎来了从站起来、富起来到强起来的伟大飞跃，实现中华民族伟大复兴进入了不可逆转的历史进程。历史已经并将继续证明，坚持思想建党、理论强党，是我们党永葆先进性、纯洁性的根本保证。

走进历史深处，我们深刻认识到，中华民族迎来从站起来、富起来到强起来的伟大飞跃与马克思主义中国化的三次飞跃同频共振。党的历史是一部不断推进马克思主义基本原理同中国具体实际相结合、同中华优秀传统文化相结合的理论创新史，马克思主义中国化的过程就是不断坚持和推进理论创新的过程。第三个《决议》论述了党的百年奋斗历程，着重阐述马克思主义中国化的理论创新及其巨大成就，提出马克思主义中国化的三次飞跃，分别以"第一次历史性飞跃"和两次"新的飞跃"对马克思主义中国化历史进程作了新的表述。在革命斗争中，以毛泽东同志为主要代表的中国共产党人，把马克思列宁主义基本原理同中国具体实际相结合，对经过艰苦探索、付出巨大牺牲积累的一系列独创性经验作了理论概括，开辟了农村包围城市、武装夺取政权的正确革命道路，创立了毛泽东思想，为夺取新民主主义革命的胜利指明了正确方向。中国人民从此站起来了，中华民族任人宰割、饱受欺凌的时代一去不复返了，中国发展从此开启了新纪元。社会主义革命和建设时期，毛泽东同志提出把马克思列宁主义基本原理同中国具体实际进行"第二次结合"，以毛泽东同志为主要代表的中国共产党人，结合新的实际丰富和发展毛泽东思想。毛泽东思想是马克思列宁主义在中国的创造性运用和发展，是被实践证明了的关于中国革命和建设的正确的理论原则和经验总结，是马克思主义中国化的第一次历史性飞跃。从中华人民共和国成立到改革开放前夕，党领导人民完成社会主义革命，消灭一切剥削制度，实现了中华民族有史以来最为广泛而深刻的社会变革，实现了一穷二白、人口众多的东方大国大步迈进社会主义社会的伟大飞跃。在探索过程中，虽然经历了严重曲折，但党在社会主义革命和建设中取得的独创性理论成果和巨大成就，为在新的历史时期开创中国特色社会主义提供了宝贵经验、理论准备和物质基础。改革开放和社会主义现代化建设新时期，党面临的主要任务是，继续探索中国建设社会主义的正确道路，解放和发展社会生产力，使人民摆脱贫困、尽快富裕起来，为实现中华民族伟大复兴提供充满新的活力的体制保证和快速发展的物质条件。以邓小平、江泽民、胡锦涛同志为主要代表的中国共产党人根据时代和实践的发展，形成中国特色社会主义理论体系，实现了马克思主义中国化新的飞跃。党的十一届三中全会以后，以邓小平同志为主要代表的中国共产党人，围绕什么是社会主义、怎样建设社会主义这一重大时代课题，借鉴世界社会主义历史经验，创立了邓小平理论，科学回答了建设中国特色社会主义的一系列基本思想，制定了到21世纪中叶分三步走、基本实现社会主义现代化的发展战略，成功开创了中国特色社会主义。党的十三届四中全会以后，以江泽民同志为主要代表的中国共产党人，加深了对什么是社会主义、怎样建设社会主义的认识，科学回答建设什么样的党、怎样建设党的重大时代课题，形成了"三个代表"重要思想，开创全面改革开放新局面，推进党的建设新的伟大工程，成功把中国特色社会主义推向21世纪。党的十六大以后，以胡锦涛同志为主要代表的中国共产党人，深刻认识和回答了新形势下实现什么样的发展、怎样发展等重大时代课题，形成了科学发展观，把握我国发展面临的新课题新矛盾，更加自觉地走科学发展的道路，在新形势下成功地坚持和发展了中国特色社会主义。党的十七大从总体上作出"中国特色社会主义理论体系"的科学概括。在中国特色社会主义理论体系指引下，改革开放和社会主义现代化建设的伟大成就举世瞩目，我国实现了从生产力相对落后的状况到经济总量跃居世界第二的历史性突破，实现了人民生活从温饱不足到总体小康、奔向全面小康的历史性跨越，推进了中华民族从站起来到富起来的伟大飞跃。党的十八大以来，中国特色社会主义进入新时代。党面临的主要任务是，实现第一个百年奋斗目标，开启实现第二个百年奋斗目标新征程，朝着实现中华民族伟大复兴的宏伟目标继续前进。以习近平同志为核心的党中央统筹把握中华民族伟大复兴战略全局和世界百年未有之大变局，坚持把马克思主义基本原理同中国具体实际相结合、同中华优秀传统文化相结合，坚持毛泽东思想、邓小平理论、"三个代表"重要思想、科学发展观，深刻总结并充分运用党成立以来的历史经验，从新的实际出发，创立了习近平新时代中国特色社会主义思想。习近平同志对关系新时代党和国家事业发展的一系列重大理论和实践问题进行了深邃思考和科学判断，就新时代坚持和发展什么样的中国特色社会主义、怎样坚持和发展中国特色社会主义，建设什么样的社会主义现代化强国、怎样建设社会主义现代化强国，建设什么样的长期执政的马克思主义政党、怎样建设长期执政的马克思主义政党等重大时代课题，提出一系列原创性的治国理政新理念、新思想、新战略，是习近平新时代中国特色社会主义思想的主要创立者。习近平新时代中国特色社会主义思想是当代中国马克思主义、21世纪马克思主义，也是中华文化和中国精神的时代精华，实现了马克思主义中国化新的飞跃。党的十九届六中全会确立习近平同志党中央的核心、全党的核心地位，确立习近平新时代中国特色社会主义思想的指导地位，反映了全党全军全国各族人民的共同心愿，对新时代党和国家事业发展、对推进中华民族伟大复兴历史进程具有决定性意义。在习近平新时代中国特色社会主义思想指引下，我们党以伟大的历史主动精神、巨大的政治勇气、强烈的责任担当，统筹国内国际两个大局，贯彻党的基本理论、基本路线、基本方略，统揽伟大斗争、伟大工程、伟大事业、伟大梦想，坚持稳中求进工作总基调，出台一系列重大方针政策，推出一系列重大举措，推进一系列重大工作，战胜一系列重大风险挑战，解决了许多长期想解决而没有解决的难题，办成了许多过去想办而没有办成的大事，推动党和国家事业取得历史性成就、发生历史性变革，全面建成小康社会目标如期实现，彰显了中国特色社会主义的强大生机活力，为实现中华民族伟大复兴提供了更为完善的制度保证、更为坚实的物质基础、更为主动的精神力量，中华民族迎来了从站起来、富起来到强起来的伟大飞跃。可以说，如果没有毛泽东思想、中国特色社会主义理论体系、习近平新时代中国特色社会主义思想这三次理论上的飞跃，中华民族也就不可能迎来从站起来、富起来到强起来的伟大飞跃。

走进历史深处，我们深刻认识到，党的先进性首先在于理论的先进性。党的创造性首先在于理论的创造性，党的生机活力首先在于理论的生机活力。这个世界上，没有一个政党像中国共产党这样产生了如此多的理论成果；没有一个政党像中国共产党这样运用科学理论取得了如此辉煌的成就，创造了经济快速发展和社会长期稳定的奇迹，化解了一个个看似不能化解的挑战，战胜了一个个貌似不能解决的难题，短短40多年就走过西方国家几百年走过的路。当然，也没有一个政党像中国共产党那样在理论探索、理论创造上付出了如此多的艰辛。创新是一个国家、一个民族发展进步的不竭动力，也是一个政党永葆生机的源泉。越是伟大的事业，越充满艰难险阻，越需要开拓创新。以理论创新引领事业发展，不断推进理论创新、实践创新、制度创新、文化创新以及其他各方面创新，敢为天下先，敢于走出前人没有走出的路，任何艰难险阻都没能阻挡住党和人民前进的步伐。

走进历史深处，我们深刻认识到，一个民族要走在时代前列，就一刻不能没有理论思维，一刻不能没有科学理论的指引。一百多年来，我们党之所以能够完成其他政治力量不可能完成的艰巨任务，在同各种政治力量和困难挑战的较量中取得一次又一次胜利，根本在于坚持把马克思主义基本原理同中国具体实际相结合、同中华优秀传统文化相结合，不断推进理论创新，并善于用新的理论指导新的实践。拥有科学理论的政党，才拥有真理的力量；科学理论指导的事业，才拥有光明前途。我们党坚持理论创新的历史启示是：

第一，必须和中国实际和时代特征相结合。坚持理论创新是马克思主义普遍真理同中国革命、建设和改革的具体实际相结合的产物。建党百余年来，马克思主义在中国的每一次重大突破，社会主义实践在中国的每一次历史性飞跃，无一不是马克思主义基本原理与中国具体实际相结合的结果。理论创新不是纸上谈兵，不能脱离实际，不能脱离飞速发展的时代特征。在党的历史上，民主革命时期，三次"左"倾路线的领导人瞿秋白、李立三、王明都有较高的马克思主义理论素养，在党的理论建设方面做过不少有益的工作，但他们并没有什么创新，根本原因就在于只是主观地、公式化地运用马克思主义，不主张和中国实际相结合，提倡盲从和迷信，不允许创造性地运用和发展马克思主义。进行理论创新，要力戒各种形式主义和教条主义，正如习近平总书记指出："我们一定要以我国改革开放和现代化建设的实际问题、以我们正在做的事情为中心，着眼于马克思主义理论的运用，着眼于对实际问题的理论思考，着眼于新的实践和新的发展。"① 坚持以实践作为检验真理的唯一标准，不因循守旧，紧跟时代潮流，不断为实践提供新的理论指导。

第二，必须坚持一切为了人民，增强理论创新的勇气和锐气。党的理论因人民而生，因人民而兴。人民立场是马克思主义政党的根本政治立场，人民利益是我们党一切工作的根本出发点和落脚点。只有自觉坚持人民立场，才能有勇气推进理论创新。在历史转折时期，邓小平以人民的福祉为最高标准，才有巨大的理论勇气和政治勇气果断停止以阶级斗争为纲的方向，提出改革开放。在1984年、1992年两次南方视察之前，在1978年9月13—20日，邓小平还有一次精彩而重要的"北方谈话"（在视察本溪、大庆、哈尔滨、长春、沈阳、鞍山、唐山、天津等地所发表的一系列重要谈话），甚至被称作邓小平理论的开篇之作。在调研过程中，他多次对身边的人说："我们太穷了，太落后了，老实说对不起人民。我们现在必须发展生产力，改善人民生活条件。""外国人议论中国人究竟能够忍耐多久，我们要注意这个话。我们要想一想，我们给人民究竟做了多少事情呢？我们一定要根据现在的有利条件加速发展生产力，使人民的物质生活好一些，使人民的文化生活、精神面貌好一些。"习近平总书记指出："人民是历史的创造者，是决定党和国家前途命运的根本力量。我们党来自人民、植根人民、服务人民，一旦脱离群众，就会失去生命力。""人民是党执政兴国的最大底气。"我们党的理论是人民的理论，是一切为了人民的理论。这是我们党的理论底气、政治底气之所在，更加能够赢得民心。只有坚持一切为了人民，创新者才有坚定的信念和敢于创新的勇气，催生创新者必须具备的意志以及自觉性、果断性和坚韧性，也才能在尊重客观规律的基础上充分发挥主观能动性推进理论创造。创新是在没有现成经验可资借鉴情况下的艰辛探索，不仅需要经过激烈的思想较量，而且有些时候需要冒很大的政治风险。创新者以党和国家的前途命运和人民利益为重，坚定信念，敢冒风险，敢闯禁区，才

---

① 习近平. 习近平谈治国理政：第一卷 [M]. 北京：外文出版社，2018：9.

能激发创新的动力，在理论创新的道路上"杀出一条血路来"。

第三，必须系统、完整、全面学习马克思主义。要发展马克思主义，就必须弄清什么是马克思主义；在没有弄清什么是马克思主义的情况下，就企图发展马克思主义，搞什么"创新"，必然是南辕北辙，必然造成对马克思主义的误解，甚至曲解。从20世纪50年代后期起，党的理论和路线、方针、政策出现过失误，很大程度上是因为有些党员干部没有全面、系统、完整地掌握马克思主义，尤其是没有掌握贯穿其中的马克思主义立场、观点和方法，更没有把坚持马克思主义和发展马克思主义有机统一起来，甚至把"无产阶级专政下继续革命"这一完全错误的理论误作马克思主义发展史上的里程碑，把"养三只鸭子是社会主义，养四只鸭子是资本主义""穷是社会主义、富是资本主义""宁要社会主义的草，不要资本主义的苗"这些荒诞不经的东西附加到马克思主义名义下，甚至连"实践是检验真理的唯一标准"这一马克思主义基本常识在当时都成为问题，引发全党开展真理标准问题大讨论。马克思主义是一个内涵丰富、博大精深的科学理论体系，既然是科学体系，就需要花工夫去学习研究。博大精深的理论如果只是随便翻而不是下功夫钻，怎么能够学好学透？如果我们每个党员干部系统地而不是零碎地、实际地而不是空洞地掌握了马克思主义，就会大大提高我们党的战斗力。

第四，必须具备马克思主义的科学思想方法。恩格斯指出："一个民族想要站在科学的最高峰，就一刻也不能没有理论思维。"马克思主义哲学的思想方法和工作方法，在指导和推动我国各个历史时期事业的发展中，都发挥过重要作用。在当前，要从八个方面着力：一，把马克思主义哲学当作看家本领。学哲学、用哲学，是我们党的一个好传统。共产党人要把读马克思主义经典、悟马克思主义原理当作一种生活习惯、当作一种精神追求，用经典涵养正气、淬炼思想、升华境界、指导实践。二，坚持实事求是。实事求是是马克思主义的根本观点，是中国共产党人认识世界、改造世界的根本要求，是党的基本思想方法、工作方法、领导方法。实践反复证明，坚持实事求是，就能兴党兴国；违背实事求是，就会误党误国。加强理论建设、理论创新，也要坚持实事求是，坚持解放思想和实事求是有机统一、坚持马克思主义和发展马克思主义的有机统一。三，提高科学思维能力。面对着十分复杂的国内外环境，我们党肩负着繁重的执政使命，如果缺乏科学理论思维的有力支撑，是难以战胜各种风险和困难的，也是难以不断前进的，要提高科学思维能力，不断增强理论创新工作的科学性、预见性、主动性和创造性。四，保持战略定力。战略问题是一个政党、一个国家的根本性问题。当今时代风云变幻，机遇和挑战并存，最需要的是战略定力。理论创新工作必须始终保持强大战略定力，坚定"四个自信"，对形形色色的社会思潮敢于亮剑。缺乏足够战略定力，就容易出现心理上患得患失，谈不上什么理论创新和突破。正如20世纪80年代末、90年代初发生苏东剧变"黑云压城城欲摧"时，邓小平在1992年南方视察时曾指出："马克思主义是打不倒的。打不倒，并不是因为大本子多，而是因为马克思主义的真理颠扑不破。""我坚信，世界上赞成马克思主义的人会多起来的，因为马克思主义是科学。""不要惊慌失措，不要认为马克思主义消失了，没用了，失败了，哪有这回事！"五，坚持问题导向。问题是时代的声音。坚持问题导向是马克思主义的鲜明特点。我们党领导人民干革命、搞建设、抓改革，从来都是为了解决中国的现实问题。问题无处不在、无时不有，关键在善不善于发现问题，能不能从发现问题中实现理论突破。六，重视调查研究。调查研究是谋事之基、成事之道，是我们党的传家宝，是做好理论工作的基本功。毛泽东同志一生重视调查研究，是开展调查研究的杰出代表。1925年的《中国社会各阶级的分析》和1927年的《湖南农民运动考察报告》等就是伟大的马克思主义文献，是毛泽东同志通过调查研究获取了大量的第一手资料后撰写的重要著作。井冈山时期，他先后在寻乌、兴国等进行了8次较大的调查研究。其中，他在1930年5月撰写的《反对本本主义》一文中，提出了"没有调查就没有发言权""不做正确的调查同样没有发言权"等著名论断。习近平总书记强调"没有调查就没有发言权，更没有决策权"，把调查研究作为治国理政的重要方式。为起草好"十四五"规划，他亲自主持召开7个座谈会，并要求在网上征求意见，共收到101.8万条意见，倾听人民呼声，汇聚百姓智慧。2022年2月，根据习近平总书记重要指示精神，党的二十大相关工作网络征求意见活动于4月15日—5月16日开展，活动得到广大人民群众的广泛关注和参与，累计收到网民建言超过854.2万条。这是全党全社会为国家发展、民族复兴献计献策的一种有效方式，也是全过程人民民主的生动体现。七，发扬钉钉子精神。干事业好比钉钉子。理论创新工作要付出无数的心血，不可能一蹴而就，不总是一帆风顺，不可能一夜之间就搞出什么理论创新。更不能高喊"创新"口号，热衷于整新花样，衍生出许多所谓"新提法"去搏眼球、搏出位。搞理论创新，需要耐得住寂寞，忍得住孤独，"衣带渐宽终不悔，为伊消得人憔悴"应是理论创新工作的最高境界。八，依靠学习走向未来。我们党历来重视学习，这是推动党和人民事业发展的一条成功经验，也是理论创新的前提。没有学习，没有积累，便谈不上创新理论。在每一个重大转折时期，面对新形势新任务，我们党总是号召全党同志加强学习；而每次这样的学习热潮，都能推动党的理论武装、思想建设实现大发展大进步。读书是学习，使用也是学习，并且是更重要的学习。要坚持学以致用、用以促学、学用相长，推进实践基础上的理论创新。

第五，必须深刻认识马克思主义与时俱进的理论品格。我们党的历史，就是一部不断推进马克思主义中国化的历史。党的理论创新每前进一步，理论武装就跟进一步，是中国共产党的一个特点和优点，也是中国革命、建设和改革事业获得成功、取得胜利的重要思想保障。毛泽东曾经指出：不如马克思，不是马克思主义者；等于马克思，也不是马克思主义者；只有超过了马克思，才是马克思主义者；要创造新的理论、写出新的著作、产生自己的理论家。邓小平指出："老祖宗不能丢，但要说老祖宗没有说过的新话"，"学马列要精，要管用"。习近平总书记反复强调马克思的整个世界观不是教义，而是方法。正是因为我们党始终坚持解放思想、实事求是、与时俱进、求真务实，不断推进了实践基础上的理论创新。一是坚持解放思想和统一思想的辩证统一。解放思想与统一思想作为一个矛盾统一体，是既对立又统一的关系。党的历史就是解放思想的历史，党的建设历史上有过三次思想大解放：第一次是延安整风运动，全党确立了一条实事求是的辩证唯物主义的思想路线，使全党达到了空前的团结；第二次是真理标准问题大讨论，冲破了"两个凡是"的思想禁锢；第三次是邓小平南方谈话形成的思想解放运动，破除了姓资姓社的束缚，破除了对计划经济的崇拜。解放思想的最终目标，是统一到党的理论和路线方针政策上来，用马克思主义一元化的指导思想引领多样化的社会思潮。二是坚持马克思主义和发展马克思主义的统一。在坚持中发展，在发展中坚持，既不忘老祖宗，又敢于说老祖宗没有说过的新话。这是马克思主义永葆生机活力的奥妙所在。三是坚持思想建党和理论强党的统一。党一贯重视从思想上建党，一贯重视用马克思主义理论武装全党，始终把思想理论建设放在党的建设中的重要地位，做到理论创新每前进一步，理论武装就要跟进一步，使全党保持统一的思想、坚定的意志、协调的行动，汇聚实现民族复兴的磅礴伟力。四是坚持拿枪杆子和拿笔杆子的统一。坚持一手拿枪杆子、一手拿笔杆子，坚持一手抓军事斗争、一手抓舆论武器。枪杆子里面出政权，加强党对军队的绝对领导，枪杆子当然重要；笔杆子里面巩固政权，正义与真理大旗在握，这就有了号召力，能够统一思想、凝聚人心。毛泽东强调，"共产党是左手拿传单右手拿枪弹才可以打倒敌人的"。1947年毛主席转战陕北，随行毛主席的只有两支队伍：一支是军委作战部，一支是新华社，文韬武略，文武兼修。我们党也注重意识形态方面的斗争，毛泽东指出："思想这个阵地，你不占领，别人就会占领。"加强意识形态建设，建设具有强大凝聚力和引领力的社会主义意识形态，才能抵御西方和平演变和颜色革命，确保意识形态安全，确保党的制度安全和政权安全。

第六，必须深刻认识习近平新时代中国特色社会主义思想的历史地位。党的十八大以来是党的实践创新最充沛、最丰富的时期，也是党的理论创新最充沛、最丰富的时期，把马克思主义中国化提高到新境界新水平。要结合党的十八大以来党和国家事业取得的历史性成就、发生的历史性变革，深刻领会习近平新时代中国特色社会主义思想的强大真理力量、思想力量和实践力量，深刻领会习近平新时代中国特色社会主义思想是新时代中国共产党的思想旗帜，是国家政治生活和社会生活的根本指针。习近平新时代中国特色社会主义思想是马克思主义中国化的最新成果，是当代中国马克思主义、21世纪马克思主义，我们要坚持不懈用习近平新时代中国特色社会主义思想武装头脑、指导实践、推动工作。真正认识到在当代中国，除了习近平新时代中国特色社会主义思想，没有别的思想和理论能够解决当代中国的前途和命运问题。深刻认识到习近平新思想是博大精深的理论体系，贯通马克思主义哲学、政治经济学、科学社会主义，贯通中国共产党执政规律、社会主义建设规律和人类社会发展规律。要旗帜鲜明讲政治，深刻认识"两个确立"的决定性意义，带头做到"两个维护"，当政治上的明白人。忠诚捍卫"两个确立"、坚决做到"两个维护"，我们党就能在中华民族伟大复兴战略全局和世界百年未有之大变局深度演进互动的复杂条件下，坚持正确前进方向，乘风破浪不迷航；就能始终把握历史发展规律，运用科学世界观和方法论谋划事业发展、应对风险挑战，带领全国各族人民不断开辟中华民族伟大复兴的光明前景。我们要真正把习近平新时代中国特色社会主义思想刻在骨子里、融入血液中，将科学理论转化为理想信仰、工作方法和工作能力。

上篇：
理论创新的历史逻辑

中国共产党的历史，就是一部不断推进理论创新、进行理论创造的历史。改革开放和社会主义现代化建设新时期，以邓小平、江泽民、胡锦涛同志为主要代表的中国共产党人，从新的实践和时代特征出发坚持和发展马克思主义，形成了中国特色社会主义理论体系，在新的时代条件下系统回答了什么是社会主义、怎样建设社会主义，建设什么样的党、怎样建设党，实现什么样的发展、怎样发展等重大理论和实践问题，实现了马克思主义中国化新的飞跃，开创、坚持、捍卫、发展中国特色社会主义，创造了改革开放和社会主义现代化建设的伟大成就，推进了中华民族从站起来到富起来的伟大飞跃，为实现中华民族伟大复兴提供了充满新的活力的体制保证和快速发展的物质条件。党的十八大以来，中国特色社会主义进入新时代。以习近平同志为主要代表的中国共产党人，坚持把马克思主义基本原理同中国具体实际相结合、同中华优秀传统文化相结合，坚持毛泽东思想、邓小平理论、"三个代表"重要思想、科学发展观，深刻总结并充分运用党成立以来的历史经验，从新的实际出发，创立了习近平新时代中国特色社会主义思想，科学回答了新时代坚持和发展什么样的中国特色社会主义、怎样坚持和发展中国特色社会主义，建设什么样的社会主义现代化强国、怎样建设社会主义现代化强国，建设什么样的长期执政的马克思主义政党、怎样建设长期执政的马克思主义政党等重大时代课题，实现了马克思主义中国化新的飞跃。上篇将系统梳理改革开放以来党的理论创新开展的历史逻辑。第一章至第三章回顾改革开放和社会主义现代化建设新时期党的理论创新从邓小平理论、"三个代表"重要思想到科学发展观的形成发展的历史过程，第四章重点阐述习近平新时代中国特色社会主义思想的丰富、完善和发展过程，阐释这一科学理论的丰富内涵、精神实质、历史地位和实践路径等。

第一章　邓小平理论：成功开创了中国特色社会主义

在改革开放和社会主义现代化建设新时期，以邓小平同志为主要代表的中国共产党人，明确提出走自己的路、建设有中国特色的社会主义，成功开创了中国特色社会主义道路。邓小平理论是马克思主义与中国实践和时代特征相结合的产物，科学回答了建设中国有特色社会主义的一系列基本问题，开拓了马克思主义的新境界，是新时期党的理论创新的标志性成果。

第一节　邓小平理论具有鲜明的时代精神

邓小平理论是马克思主义同当代中国实践相结合的产物，也是同时代特征相结合的产物，反映了时代发展的必然趋势。邓小平同志以无产阶级革命家的理论勇气和马克思主义者的非凡智慧，站在时代高度，以马克思主义的宽广眼界观察世界，初步回答了什么是社会主义、如何巩固和发展社会主义的时代课题，创立了建设有中国特色社会主义的理论，具有鲜明的时代特征，具有坚实的时代基础。

一、对时代特征和时代主题的科学把握

邓小平理论的时代精神，首先体现在对当今时代特征和时代主题的科学把握。

能否正确认识时代主题和时代特征，是无产阶级政党能否正确制定路线、方针和政策的前提，关系到无产阶级革命、建设和改革事业的兴衰成败。20世纪70年代末世界表现出来的基本特征是：

第一，和平与发展是时代的主题。二战后世界大战长期没有发生，过去把战争与革命联系在一起，容易给人以误导，错误得出"战争引起革命、革命制止战争"的结论，错误得出"小打不如大打、迟打不如早打"的结论。正如邓

小平指出:"现在的问题是要注意争取时间,该上的要上。大战打不起来,不要怕,不存在什么冒险的问题。以前总是担心打仗,每年总要说一次。现在看,担心得过分了。我看至少十年打不起来。"反复强调不管国际风云如何变幻,都"要冷静、冷静、再冷静,埋头实干,做好一件事"。

第二,现代资本主义不是传统的资本主义,正在发生着一些新变化。如新经济出现,高科技产业发展迅速,国家对经济实行系统调控和干预,政府成为各项事务的直接管理者,有些国家建立起"福利国家"。资本主义生产力得到较快速的发展,没有也不可能迅速灭亡,不存在世界性革命形势,也不存在"东风压倒西风"的世界性革命环境。

第三,世界范围内的社会主义运动,不是处在兴起而是处于曲折发展的低潮时期,在短期内是不可能战胜资本主义的,需要一个漫长的过程。正如邓小平指出:"巩固和发展社会主义制度,还需要一个很长的历史阶段,需要我们几代人、十几代人、甚至几十代人坚持不懈地努力奋斗。"

第四,世界各国经济上的相互依赖日益加深,国际政治格局向多极化方向发展。邓小平反复强调当今世界是一个开放的世界,任何一个国家的发展都离不开与其他国家的交往与合作,"要大胆吸收和借鉴人类社会创造的一切文明成果,吸收和借鉴当今世界各国包括资本主义发达国家的一切先进经验,包括反映现代社会化生产规律的先进经营方式和管理方式"。无论是社会主义国家,或是发展中国家,还是发达的国家,都面临着发展问题。要发展,就需要和平的国际环境。

第五,欧美、日本等发达国家面临着资本、贸易和市场出路的问题,不解决这些问题,发达国家的发展就要受到极大的限制。而要解决这些问题,就要依靠发展中国家经济的大力发展。如果发展中国家继续贫困下去,发达国家就自己堵塞了发展经济的道路,如果贫者愈贫、富者愈富的状况继续存在,那么发展中国家和发达国家的持续发展都不可能。加上核武器的出现改变了人们的战争观念,世界各国人民比过去任何时候都更强烈要求和平。此外,人类面临的共同课题——人和自然的关系问题也只有在和平的环境中,通过发展才能最终得到解决。

把和平与发展作为当代世界的两大主题,是邓小平同志对当今时代的精辟分析和结论,体现了邓小平理论维护和平、促进发展的时代精神。

二、对科学社会主义的新认识

邓小平理论的时代精神，也体现在它突破成规，勇于创新，锐意改革，探索社会主义发展新道路和开拓马克思主义新境界。

创新是科学理论的主要特征，没有创新，就谈不上是科学的理论。邓小平理论在对像中国这样经济比较落后的国家，如何建设社会主义、如何巩固和发展社会主义这一时代课题的回答中，把马克思主义的普遍真理同我国的具体实际结合起来，提出了许多新方针、新理论。这些新方针、新理论是对马克思列宁主义、毛泽东思想的重大发展，体现在以下四个方面：

第一，邓小平同志对社会主义的本质和根本任务作出了新的科学概括。长期以来，我们把生产资料公有制、按劳分配和无产阶级专政当作社会主义的本质属性，诚然，这三者不是不重要，但这种观点有一个最大的缺陷，就是仅从生产关系上看问题，没有认识到生产力是推动历史发展的最终决定性力量，即忽视了生产力的发展。邓小平同志认为，社会主义最根本的任务就是发展生产力，"社会主义的本质是解放生产力，发展生产力，消灭剥削，消除两极分化，最终达到共同富裕"①，并强调社会主义的优越性最终要体现在生产力的发展和人民生活水平的提高上。邓小平同志对社会主义本质和根本任务的科学概括，深化了对科学社会主义的认识。

第二，确立了社会主义市场经济的新概念。"计划经济不等于社会主义，资本主义也有计划；市场经济不等于资本主义，社会主义也有市场。计划和市场都是经济手段。"邓小平的这一重要论述突破了把计划经济和市场经济对立起来的传统观念，冲破了长期以来把计划经济和市场经济看作是社会制度范畴的分界的传统观念的束缚，为我国建立和完善社会主义市场经济体制奠定了理论基础，使我国的经济体制改革有了明确的方向，使我国的经济建设获得了长足发展。

第三，对中国社会主义所处的历史阶段作出了新的科学界定。"大跃进"和"人民公社"曾是作为建立共产主义社会的壮举和设想。然而，这些设想和探索严重脱离中国实际，严重超越社会主义发展阶段，犯了急躁冒进的"左"的错误，使社会主义经济建设遭到严重挫折。邓小平同志针对长期存在的超越

---

① 邓小平. 邓小平文选：第三卷[M]. 北京：人民出版社，1993：373.

阶段的"左"的错误指出:"社会主义本身是共产主义的初级阶段,而我们中国的社会主义又处在社会主义的初级阶段,就是不发达的阶段。"[1] 这对传统社会主义模式,是一个根本性的突破。

第四,坚持"两手抓,两手都要硬"。坚持两手抓,就是在抓好物质文明建设的同时,也要努力抓好精神文明建设,两者互为条件,互相促进。1986年1月17日,邓小平出席中共中央政治局常委会议。在讨论关于精神文明建设布局问题的汇报提纲时,他指出:"抓精神文明建设,抓党风、社会风气好转,必须狠狠地抓,一天不放松地抓,从具体事件抓起。"1992年,邓小平在南方谈话中又进一步强调:"要坚持两手抓、两手都要硬,两个文明建设都搞好,才是有中国特色的社会主义。"邓小平同志的这些思想,是对马克思主义唯物辩证法的重大发展。

三、对现代科学技术作用的新认识

邓小平理论的时代精神,还体现在它勇立世界科技革命的潮头,高度重视科技革命发展和知识经济兴起。在邓小平看来,只有在知识和科技创新上占据优势,才能在未来的发展中掌握主动。一个落后的国家如果抓住科技发展的机遇,也能迎头赶上,否则就会被时代所淘汰。

20世纪中后期,以电子信息技术为主导,以新材料、新能源、生物工程、海洋工程、宇航工程和通信技术为标志的第三次科技革命浪潮席卷全球。这次科技革命以其空前的规模和巨大的冲击力影响世界,它正在并将继续使人类社会生产力发生巨大飞跃。现代科学技术的进步和变革对现代社会的影响表现在两个方面:一是第三次科技革命导致了新的产业革命的产生和发展,并已经成为推动经济和社会发展的主要因素;二是能否很好地利用第三次科技革命的成果,决定了一个国家综合国力的强弱。在科学技术飞速发展并向现实生产力转化的今天,综合国力的竞争实质上是科学技术的竞争。

在世纪之交,全球信息化浪潮扑面而来,以信息技术为主要标志的知识经济开始走进人们的生活,人们迎来了知识经济时代。知识经济是以知识普及为支柱,以智力资源为依托的新型经济。据预测,2030年前后,人类社会将全面

---

[1] 邓小平. 邓小平文选:第三卷 [M]. 北京:人民出版社,1993:252.

进入知识经济时代。在一些发达国家,知识经济已经成为经济增长的强大推动力,使这些国家的经济增长方式发生根本性变化,以知识为基础的新兴产业,如计算机、电子、航天航空等高新技术产业迅速崛起。在知识经济条件下,经济竞争的方式从有形的商品竞争转向无形的知识竞争,产品中的知识含量日益成为竞争的基础和决定竞争胜负的关键。任何一个国家和民族,能否在21世纪自立于世界先进的民族之林,在相当大的程度上取决于科学技术的进步和发展,特别是高科技的进步和发展。科技革命对我国改革开放和社会主义现代化建设既是机遇,也是挑战。科技革命起源于西方发达国家,并给这些国家带来了经济大繁荣,而我国过去热衷于搞阶级斗争,错过了科技革命起步的机遇。现在,科技革命使当代世界全方位呈现加速度、大发展的趋势,我们能否抓住机遇,实现经济的快速增长和社会的全面进步,这是科技革命对中国提出的新挑战。邓小平同志高瞻远瞩,预见到科技革命的深远影响,他指出:"马克思讲过科学技术是生产力,这是非常正确的,现在看来这样说可能不够,恐怕是第一生产力"[1],强调"现在世界的发展,特别是高科技领域的发展一日千里,中国不能安于落后,必须一开始就参与这个领域的发展"[2]。在他看来,社会主义制度优越性的根本表现,就是能够允许社会生产力以其他社会形态所没有的速度迅速发展,使人们不断增长的物质文化生活需要逐步得到满足,而要做到这一点,就"要提倡科学,靠科学才有希望"[3],"搞科技,越高越好,越新越好"。今天,在经济全球化深入发展、科技革命孕育新突破、各国都在试图抢占新的国际竞争制高点的时代背景下,我们更能体会到邓小平的高瞻远瞩和政治智慧。

邓小平理论的时代精神鼓舞我们勇于创新,锐意改革,尊重知识,尊重人才,维护稳定,促进发展,迈开了气壮山河的新步伐。今天,从历史的比较和国际的观察中我们可以深切认识到,正是邓小平的巨大政治勇气、理论勇气和科学的战略思维,使我国掌握了很多战略主动权,闯过了一个又一个难关,拥有了坚定中国特色社会主义道路自信、理论自信、制度自信和文化自信的理论依据和逻辑依据,并在发展中不断完善自己,向着中华民族伟大复兴的目标阔步前进,走进万紫千红的春天!

---

[1] 邓小平. 邓小平文选:第三卷[M]. 北京:人民出版社,1993:275.
[2] 邓小平. 邓小平文选:第三卷[M]. 北京:人民出版社,1993:279.
[3] 邓小平. 邓小平文选:第三卷[M]. 北京:人民出版社,1993:377–378.

第二节 南方谈话是马克思主义发展史上的重要里程碑

南方谈话是邓小平理论走向成熟、形成科学体系的重要标志。以南方谈话为成熟标志的邓小平理论第一次比较系统地初步回答了在经济文化都比较落后的社会主义国家如何建设社会主义、如何巩固和发展社会主义的基本问题。随着时代的发展，特别是在当代国际共产主义运动处在"资强社弱"阶段，南方谈话越来越显示出真理的力量，越来越显示出辩证唯物主义和历史唯物主义的灿烂光辉。从这个意义上说，南方谈话是我们党理论创新的阶段性成果，也是马克思主义发展史上的重要里程碑，具有重大的历史意义。

一、南方谈话是邓小平理论走向成熟、形成体系的重要标志

邓小平理论有一个从逐渐形成、发展到走向成熟的阶段。科学理论的形成取决于实践和认识的发展。由于中国特色社会主义伟大实践有一个从起步到逐步展开到全面深化的过程，邓小平理论必然有一个逐渐形成、发展到走向成熟的阶段。邓小平理论的形成大致有三个阶段：从党的十一届三中全会到十二大的准备阶段，从十二大到十三大的基本形成阶段，经过南方谈话到十四大、十五大的成熟阶段。以南方谈话为根本指导精神的党的十四大第一次提出了邓小平建设有中国特色的社会主义理论的科学概念，确立了这一当代中国的马克思主义在全党的指导地位，提出坚持用邓小平建设有中国特色的社会主义理论武装全党的战略任务，建立了邓小平理论比较完整的科学体系。南方谈话是这一理论走向成熟并形成体系的重要标志。

1992 年初，在党和国家事业发展面临严峻挑战的重大历史关头，邓小平视察南方并发表重要谈话，科学总结了改革开放以来社会主义现代化建设的丰富实践和基本经验，明确回答了长期束缚人们思想的许多重大认识问题，澄清了一系列事关党和国家事业长远发展、事关社会主义前途命运的大是大非问题。南方谈话是邓小平理论的核心组成部分，对之后中国特色社会主义理论体系的发展具有深刻的借鉴意义。南方谈话在邓小平理论体系的三个层次中都居于重要地位。

邓小平理论体系的第一层次是解放思想、实事求是的思想路线。这是邓小平理论的历史和逻辑起点，也是邓小平理论的精髓。南方谈话所有的理论和观

点都渗透着解放思想、实事求是的根本立场和方法，进一步夯实了邓小平理论的这一哲学基础。邓小平同志在南方谈话中指出："实事求是是马克思主义的精髓。要提倡这个，不要提倡本本。我们改革开放的成功，不是靠本本，而是靠实践，靠实事求是。"①

邓小平理论体系的第二层次是对"什么是社会主义"的科学回答。这是邓小平理论的主体基础。只有弄清什么是社会主义，科学认识社会主义本质，才能正确确立社会主义的发展道路和方向。过去对社会主义本质的认识只停留在生产关系、上层建筑方面的特征，把生产资料公有制、按劳分配和无产阶级专政当作社会主义的本质特征，特别是把无产阶级革命和无产阶级专政当作社会主义和马克思主义的核心，容易造成忽视发展生产力的局面，容易形成把阶级斗争当作纲、其余都是目的发展导向。这是当代国际共产主义运动中执政的无产阶级政党普遍犯过的严重错误。而南方谈话提出社会主义本质论，认为："社会主义的本质，是解放生产力，发展生产力，消灭剥削，消除两极分化，最终达到共同富裕。"② 邓小平同志的社会主义本质论对长期没有搞清楚的"什么是社会主义"这一问题进行拨乱反正，进一步深化和拓宽了建设有中国特色社会主义理论的基本内容，从理论上搞清了"什么是社会主义、怎样建设社会主义"这一首要的基本理论问题，把人们对社会主义的认识提高到一个新的科学水平。

邓小平理论体系的第三层次是对"怎样建设社会主义"的科学回答，包括总体发展战略和各个具体领域的发展战略。这是邓小平理论的方法论。南方谈话对此作了科学的回答："不坚持社会主义，不改革开放，不发展经济，不改善人民生活，只能是死路一条。"③ 特别是提出社会主义市场经济理论，创造性地回答了"怎样建设社会主义"，实现了社会主义运动从计划经济体制到市场经济体制的飞跃。

南方谈话涉及哲学、政治经济学和科学社会主义，在这些领域极大丰富了邓小平理论，整体推进了马列主义、毛泽东思想和邓小平理论的丰富和发展。

---

① 邓小平. 邓小平文选：第三卷 [M]. 北京：人民出版社，1993：382.
② 邓小平. 邓小平文选：第三卷 [M]. 北京：人民出版社，1993：373.
③ 邓小平. 邓小平文选：第三卷 [M]. 北京：人民出版社，1993：370.

二、南方谈话是改革开放新时期的又一个解放思想、实事求是的宣言书

南方谈话最根本的精神，就是解放思想、实事求是。解放思想、实事求是，是中国共产党人实现马克思主义中国化、不断进行理论创新的世界观和方法论。坚持解放思想、实事求是的思想路线，是党顺应时代潮流、永葆先进性的根本要求。围绕"什么是社会主义、怎样建设社会主义"这个首要的基本理论问题，邓小平同志对十几年来改革开放的实践进行全面、系统、深刻的总结和反思，在南方谈话中创造性地提出一系列相互联系的新思想、观点和论断。如关于党的基本路线一百年不动摇的论述，关于社会主义本质的论述，关于"三个有利于"的论述，关于革命和改革都是解放生产力的论述，关于社会主义不等于计划经济、资本主义不等于市场经济的论述，关于"台阶式"发展理论的论述，关于警惕右、主要是防止"左"的论述。这些新的思想、观点和论断进一步完善、丰富和发展了建设有中国特色的社会主义理论，回答了长期困扰和束缚人民思想的许多重大认识问题，回答了实践中提出的一系列急待回答的问题，并在新的实践基础上使它进一步升华。

南方谈话是在苏联和东欧国家发生剧变，人们对社会主义前途命运深感忧虑，西方敌对势力扬言"社会主义必败"的历史背景下发表的，是在国内"左"的势力喋喋不休，认为和平演变的最大危险来自经济领域，反和平演变应该取代经济建设这个中心的历史背景下发表的。邓小平同志以开拓马克思主义新境界的巨大政治勇气和理论勇气，就改革开放和社会主义现代化建设的一系列问题提出自己的观点。南方谈话体现了中国共产党人紧跟时代潮流和发展趋势的创新意识、应对重大风险挑战时的气魄胆识及面对新情况新问题时求真务实的政治品格，体现了一种锐意改革的革命坚定性。它给中国共产党人最重要的启示是：马克思主义具有与时俱进的理论品质，是不断发展的科学。党要树立强烈的创新意识，积极进行新的理论概括，正确回答实践中迫切需要解决的问题，不断推进马克思主义中国化，增强马克思主义的说服力和战斗力。否则，党就不能始终站在时代前列和实践前沿，党的思想理论就不能发展，党的事业就不能前进。这就为党继续倡导解放思想、实事求是打开了思想闸门，在思想解放的道路上又迈出了决定性的一步。

南方谈话进一步开创了改革开放的新局面，是进一步推动改革开放的强大

思想动力。南方谈话给中国人民以鼓舞,全党全国人民精神振奋,全国出现了生机勃勃、万紫千红的新气象。南方谈话后,以江泽民同志为核心的第三代中央领导集体特别注意强调要根据时代、实践和科学的发展,坚持解放思想、实事求是,不断进行理论创新,在新的实践的基础上不断丰富、完善和发展邓小平理论。在实践上,全面推进改革,扩大对外开放,加快经济建设步伐;在理论上,进一步解放思想、革新观念。党的十四大根据邓小平南方谈话的精神,明确了我国经济体制改革的目标是建立社会主义市场经济体制,并使之具体化和系统化。南方谈话大大推进了改革开放和社会主义现代化建设事业,经济发展取得显著成绩,改革开放取得新的突破,精神文明建设迈出新的步伐,人民生活水平显著提高。我国的社会生产力、综合国力和人民生活都迈上了一个新的台阶。

三、南方谈话在邓小平理论的形成和发展中起着承前启后的作用,给后人以世界观和方法论启示

在改革开放新时期,党在把马克思主义和中国实际相结合的历史进程中不可避免地遇到了两大时代课题:"什么是社会主义、怎样建设社会主义";"建设一个怎样的党、怎样建设党"。围绕着解决这两大时代课题,产生了三大解放思想、实事求是的政治宣言和行动纲领,这就是:1978年邓小平同志在十一届三中全会的主题报告《解放思想,实事求是,团结一致向前看》、1992年邓小平同志《在武昌、深圳、珠海、上海等地的谈话要点》、2001年江泽民同志《在庆祝中国共产党成立八十周年大会上的讲话》。这三大解放思想、实事求是的政治宣言是一脉相承的理论体系,在不同的历史阶段推进了马克思主义中国化的进程。南方谈话在邓小平理论的形成和发展中承前启后,继往开来。南方谈话标志着马克思主义在中国发展到一个新的阶段,但邓小平理论是一个开放的体系,依然是一个需要从各方面进一步丰富和发展的科学体系。它只是比较系统地初步回答了在中国这样经济文化比较落后的国家如何建设社会主义、如何坚持和发展马克思主义的一系列基本问题。它没有也不可能解决我党面对新世纪需要解决的另一个时代课题:"建设一个什么样的党、怎样建设党"。正如江泽民同志在党的十四大上指出,在今后现代化建设的伟大实践中继续丰富和创造性地发展邓小平理论,"是党中央领导集体和全党同志庄严的历史责任。"

江泽民同志提出"三个代表"重要思想并科学阐述它的内涵，要求按照"三个代表"重要思想加强和改进党的建设就顺应了这一历史要求。

"三个有利于"给后人以世界观和方法论启示，是"三个代表"重要思想的重要来源。尊重生产力发展规律、尊重实践、尊重群众是坚持解放思想、实事求是思想路线的根本要求，是邓小平理论的基石，也是"三个代表"重要思想的基石。"三个代表"重要思想与"三个有利于"在理论形成的世界观、方法论基础和理论基础上是一致的，其基本精神和基本原理也是一致的。

第一，邓小平同志始终把发展生产力问题当作思索"什么是社会主义、怎样建设社会主义"的核心问题，提出社会主义的本质是解放生产力、发展生产力，形成同传统社会主义观截然不同的社会主义观，由此提出判断姓资姓社的"三个有利于"标准。"三个有利于"标准说到底就是生产力标准。在南方谈话中，邓小平同志不仅把发展生产力与社会主义本质联系起来，而且同社会主义的前途命运联系起来。"三个有利于"为我们解放思想提供了强大的思想武器，摆脱了那种并不属于社会主义本质的形式、手段和方法当作社会主义来固守，把那些有利于生产力发展但不一定损害社会主义本质的形式、手段和方法当作资本主义加以固拒的传统观念和做法。"三个代表"重要思想把当好先进社会生产力发展要求的代表放在第一位，指出"全党同志的一切奋斗，归根到底都是为了解放和发展生产力，党的一切方针政策都要最终促进生产力的不断发展，促进国家经济实力的不断增强"①。《在庆祝中国共产党成立八十周年大会上的讲话》中，江泽民同志把代表先进生产力的发展要求同制定党的路线、方针、政策联系起来，强调党的理论、路线、纲领、方针、政策和各项工作，必须努力符合生产力发展的规律，体现不断推动社会生产力的解放和发展的要求，尤其是要体现推动先进生产力发展的要求。

第二，南方谈话要求始终把人民的利益放在第一位，才能在探索建设中国特色社会主义进程中不犯全局性的错误。在南方谈话中，邓小平同志提到十一届三中以来的路线、方针、政策会不会改变、应该不应该改变、变不变得了的时候，总是以人民是不是拥护、人民是不是赞成这样的人民立场、人民感情来观察和处理问题。"谁要改变三中全会以来的路线、方针、政策，老百姓不答

---

① 江泽民. 论"三个代表"[M]. 北京：中央文献出版社，2001：2-3.

应,谁就会被打倒。"①"三个有利于"作为落脚点,就是看"是否有利于人民生活水平的提高",这也给后人以世界观和方法论启示。"三个代表"重要思想强调"全党同志的一切工作都是全心全意为人民服务的,都是为了实现好、发展好和维护好人民的利益"②,坚持把人民的根本利益作为出发点和归宿。《在庆祝中国共产党成立八十周年大会上的讲话》中,江泽民同志强调最重要的是必须首先考虑并满足最大多数人的利益要求,强调始终坚持人民的利益高于一切,指出"不断发展先进生产力和先进文化,归根到底都是为了满足人民群众日益增长的物质文化生活需要,不断实现最广大人民的根本利益"。

第三,南方谈话要求"两手抓,两手都要硬",才能确保改革的正确方向。邓小平指出,在整个改革开放过程中,要始终注意坚持四项基本原则,反对资产阶级自由化。"两个文明建设都搞好,这才是有中国特色的社会主义。"历史唯物主义认为,人类社会的发展史是生产力不断发展的历史,是不断走向文明进步的历史,是人民群众自己创造的历史,"三个代表"重要思想的一个重要方面就是提出要代表先进文化的前进方向。在当代中国,发展先进文化,就是发展有中国特色的社会主义文化,就是建设社会主义精神文明。

可见,"三个有利于"是"三个代表"思想的重要来源,"三个代表"重要思想是对邓小平"三个有利于"的深化,是对邓小平理论的继承、丰富和发展。

四、南方谈话宣示了21世纪我们党要遵循的准则和奉行的重大战略

南方谈话是在正确分析我们面临的机遇、挑战的基础上发表的。南方谈话从党确定的"一个中心、两个基本点"的战略布局和至20世纪末、21世纪中叶的战略目标出发,把第二代中央领导集体在开创社会主义现代化新局面的历史过程中形成的基本路线、基本经验和基本理论作了完整、全面的总结,引导党和人民更坚定地坚持党的基本路线,无论遇到什么困难和风险,"基本路线要管一百年,动摇不得"③。面向新世纪,邓小平同志最为关注的,就是党的基本路线不能改变、不能动摇,并把贯彻党在初级阶段的基本路线同建设中国特色

---

① 邓小平. 邓小平文选:第三卷[M]. 北京:人民出版社,1993:371.
② 江泽民. 论"三个代表"[M]. 北京:人民出版社,2001:3.
③ 邓小平. 邓小平文选:第三卷[M]. 北京:人民出版社,1993:370-371.

社会主义联系起来。这就向世人宣示了21世纪我们党要遵循的准则和奉行的重大方略。正如习近平总书记2019年10月1日在庆祝中华人民共和国成立70周年大会上的讲话中指出："前进征程上，我们要坚持中国共产党领导，坚持人民主体地位，坚持中国特色社会主义道路，全面贯彻执行党的基本理论、基本路线、基本方略，不断满足人民对美好生活的向往，不断创造新的历史伟业。"2021年7月1日在庆祝中国共产党成立100周年大会上的讲话中，习近平总书记再次强调，新的征程上，我们必须坚持党的基本理论、基本路线、基本方略，统筹推进"五位一体"总体布局、协调推进"四个全面"战略布局，全面深化改革开放，立足新发展阶段，完整、准确、全面贯彻新发展理念，构建新发展格局，推动高质量发展，协同推进人民富裕、国家强盛、中国美丽。习近平总书记的两次重要讲话与邓小平"基本路线要管一百年，动摇不得"的战略遥相呼应，既一脉相承又与时俱进。

南方谈话重新界定中国特色社会主义。首先，中国特色社会主义是坚持四项基本原则的社会主义，邓小平在南方谈话中指出："在整个改革开放的过程中，必须始终注意坚持四项基本原则。""资产阶级自由化泛滥，后果极其严重。"① 其次，中国特色社会主义是坚持两手抓、两手都要硬以及两个文明建设都要搞好的社会主义，强调"不仅经济要上去，社会秩序、社会风气也要搞好，两个文明建设都要超过他们，这才是有中国特色的社会主义"②。再次，中国特色社会主义是主张和平的社会主义，邓小平在南方谈话中认为："社会主义中国应该用实践向世界表明，中国反对霸权主义、强权政治，永不称霸。""中国是维护世界和平的坚定力量。"③ 南方谈话对中国特色社会主义的界定，既带有总结性质，又是今后发展的宏图大略，为保证改革开放和现代化建设的社会主义方向奠定了理论基础，为我们在复杂的国际形势下沉着应变指明了前进方向。

南方谈话为全面推进中国特色社会主义建设事业提供了根本遵循。在党的建设上，强调必须坚持党的解放思想、实事求是的思想路线，在实践中不断丰富和发展马克思主义；强调坚持党的基本路线是加强党的建设的核心；谈到正确的政治路线确立后，要靠组织路线来保证，要注意培养人，要按照"革命化、

---

① 邓小平. 邓小平文选：第三卷 [M]. 北京：人民出版社，1993：379.
② 邓小平. 邓小平文选：第三卷 [M]. 北京：人民出版社，1993：378.
③ 邓小平. 邓小平文选：第三卷 [M]. 北京：人民出版社，1993：383.

年轻化、知识化、专业化"的标准,选拔德才兼备的人进班子。经济上,强调"抓住时机,发展自己""低速度就等于停步,甚至等于后退"①。要求经济发展每隔几年要上一个台阶,要依靠科学技术推动经济发展。在政治上,指出必须进一步加强人民民主专政,认为"运用人民民主专政的力量,巩固人民的政权,是正义的事情,没有什么输理的地方"②;要求把军队教育好,把专政机构教育好,把共产党员教育好,把人民和青年教育好,认为"中国要出问题,还是出在共产党内部"③。这些思想十分深刻,实际上是邓小平同志对全党的一个最重要的政治交代,是我们党必须遵循的重大方针。正如党的十四大指出,举起"邓小平建设有中国特色的社会主义理论"的旗帜,就是举起"一面引导全国各族人民迈向21世纪的伟大旗帜"。

五、南方谈话对世界各国的无产阶级政党具有普遍的借鉴意义

社会主义到底应该走什么样的道路问题在十月革命胜利后开始了理论和实践的探索。但在南方谈话前,始终在理论上和实践中都没有确立一种被公认是可行的社会主义道路。

十月革命使社会主义在政治、经济和文化都比较落后的国家获得胜利,开创了人类历史发展的新纪元,无疑是当代国际共产主义运动中的重大政治事件。但十月革命只是解决了"什么是社会主义革命、怎样进行社会主义革命"这一基本问题,它没有也不可能解决革命胜利后社会主义历史进程中需要解决的另一个问题:"什么是社会主义、怎样建设社会主义"。这一问题从马克思主义经典作家的本本里找不到现成的答案。要找到这个答案,比起通过革命、专政实现社会突变要艰难得多,对经济文化比较落后的国家来说,要付出更多艰辛的探索。至1992年邓小平同志南方谈话前,连最早建立社会主义制度、最早进行社会主义革命和建设的苏联因为找不到这个答案而土崩瓦解,照搬苏联模式建立起来的东欧社会主义国家政权也早已灰飞烟灭,正是"雕栏玉砌应犹在,只是朱颜改"。

南方谈话是对当代国际共产主义运动历史经验的科学总结。南方谈话是在

---

① 邓小平. 邓小平文选:第三卷 [M]. 北京:人民出版社,1993:375.
② 邓小平. 邓小平文选:第三卷 [M]. 北京:人民出版社,1993:379.
③ 邓小平. 邓小平文选:第三卷 [M]. 北京:人民出版社,1993:380.

正确分析极其复杂的国际形势的基础上发表的，具有政治上的针对性及理论上的创造性。江泽民同志在党的十四大上指出："从《共产党宣言》发表以来一百几十年间，俄国十月革命、中国革命和其他一些国家革命的胜利，证明无产阶级领导人民夺取政权是能够成功的。至于如何建设社会主义，也取得了巨大成就和宝贵经验，但是总的来说还需要很好地探索。近几年国际上发生的急剧变化，使这个问题更加引人深思。"并进一步指出，邓小平建设有中国特色的社会主义理论是"在总结我国社会主义胜利和挫折的历史经验并借鉴其他国家社会主义兴衰成败历史经验的基础上，逐步形成和发展起来的"，强调邓小平建设有中国特色的社会主义理论"第一次比较系统地初步回答了中国这样的经济文化比较落后的国家如何建设社会主义、如何巩固和发展社会主义的一系列基本问题，用新的思想、观点，继承和发展了马克思主义"。南方谈话的最大历史功绩就是对"什么是社会主义、怎样建设社会主义"进行了深入回答，重新构建了关于社会主义任务和本质的理论、关于社会主义改革开放的理论、关于社会主义市场经济的理论和社会主义初级阶段的理论，填补了第二个时代课题的空白。邓小平同志关于社会主义本质的论述、关于"三个有利于"的论述、关于社会主义市场经济的论述、关于在新的历史条件下加强和改进党的建设的任务和要求的论述，无一不是对苏联和东欧国家共产党政权纷纷垮台的历史教训进行深刻反思的结果，揭示了共产党执政规律、社会主义建设规律和人类社会发展规律，是客观真理。它是我们党建设中国特色社会主义的科学指南，对世界各国的无产阶级政党也具有普遍的指导意义。这绝不是说革命可以输出，但真理和规律具有两重性：普遍性和特殊性。不承认或拒绝它们的特殊性，革命和建设固然不可能获得成功；不承认或拒绝它们的普遍性，革命和建设同样不可能获得成功。

建设中国特色社会主义是在邓小平理论指导下进行的，建设中国特色社会主义所取得的举世瞩目的巨大成就，证明了这一理论的科学性。在国际共产主义处于低潮时期，这一成就给人民以鼓舞和力量，给人民以信心和勇气。邓小平同志曾经指出："在这些国家动乱的时候，中国要真正按计划实现第二个翻番，这也就是社会主义的一个成功。到下个世纪五十年，如果我们基本上实现现代化，那就可以进一步断言社会主义成功。""中国稳住了，而且实现了发展目标，社会主义就显示出优越性。"① 南方谈话从纷繁芜杂的世界演变中透过现象看本质，提出了一系列崭新的理论观点，对国际共产主义运动必将发挥巨大的鼓舞和示范作用。

第三节　南方谈话是对当代社会主义运动的科学总结

邓小平同志发表南方谈话并不是偶然的，固然有深刻的国内政治背景，也有着深刻的国际政治背景，那就是苏联和东欧国家共产党政权的垮台和这一地区社会主义运动遭受严重挫折。邓小平同志在南方谈话中总结这一历史教训时强调，"一些国家出现严重挫折，社会主义好像被削弱了，但人民经受锻炼，从中汲取的教训，将促使社会主义向着更加健康的方向发展"②。南方谈话是对当代社会主义运动历史教训的深刻反思，是使我们党避免重蹈苏联和东欧国家剧变的覆辙，实现中华民族伟大复兴的政治宣言。

一、"革命是解放生产力，改革也是解放生产力"，汲取苏东剧变的深刻教训，就必须坚定不移地推进改革开放，才能始终站在时代前列

解放和发展生产力是无产阶级政党上升为执政党后的首要任务。从苏联、东欧剧变的根源看，社会主义国家解放生产力显得尤为迫切。没有真正解放生产力，就不可能发展生产力。苏联、东欧国家执政党只讲在社会主义条件下发展生产力而不讲在社会主义条件下解放生产力，没有坚定地推行改革开放，致使苏东地区经济长期得不到应有的发展，人民生活远远没有得到应有的改善，社会主义制度的优越性远远没有发挥出来。

其一，忽视、抹杀社会主义社会存在的矛盾和问题。马克思主义经典作家没有从实践上回答社会主义制度建立起来后社会发展的动力问题，在马克思主义发展史上曾经是一个空白。斯大林认为，在苏联生产关系完全适合生产力，苏联社会发展的动力是劳动人民之间的和谐合作精神。斯大林的"和谐合作精神"论被苏联和东欧国家执政党奉为圭臬，无视社会主义社会中依然存在着矛盾和问题，存在着风险与挑战，无视在自己国家的生产关系和上层建筑中依然

---

① 邓小平. 邓小平文选：第三卷 [M]. 北京：人民出版社，1993：320.
② 邓小平. 邓小平文选：第三卷 [M]. 北京：人民出版社，1993：383.

存在着阻碍生产力发展的因素，更没有意识到不克服这些因素，生产力就不能发展，社会就不能进步，国家就不能长治久安。苏联、东欧国家对改革的重要性、长期性和艰巨性认识不足，改革走走停停。这些国家几十年来碰到的危机和困难恰恰与它们回避矛盾、固守传统体制密切相关。邓小平同志在南方谈话中指出："过去，只讲在社会主义条件下发展生产力，没有讲还要通过改革解放生产力，不完全。应该把解放生产力和发展生产力两个讲全了。"强调"革命是解放生产力，改革也是解放生产力"①，这就指出了改革是历史发展的必然，是社会主义国家发展生产力的内在要求。

其二，选择了一条自我封闭、与世隔绝的发展道路。"冷战"时期，苏联出于保障自身安全和控制东欧国家的需要，于1949年1月与波兰、捷克斯洛伐克、匈牙利、保加利亚、罗马尼亚等国家成立经济互助委员会（简称"经互会"），斯大林与此同时提出了世界"两个平行市场"的理论，即把原本是统一的世界经济市场人为地划分为资本主义经济市场和社会主义经济市场。经互会所建立的只是一个封闭式的社会主义市场，它所采取的自供自足的政策远远不能适应飞速发展的世界市场的需要。苏联、东欧基本上处于闭关自守的状态，与发达国家隔绝。在"经互会"这一封闭的体系内，苏联和东欧国家把社会主义阵营以外的所有进步看作是资本主义固有的、落后的、腐朽的甚至是反动的东西而拒之门外。邓小平同志总结这一历史教训时指出："社会主义要赢得与资本主义相比较的优势，就必须大胆吸收和借鉴人类社会创造的一切文明成果，吸收和借鉴当今世界各国包括资本主义发达国家一切反映现代社会化生产规律的先进经营方式、管理方法。"这就指出开放是社会主义发展前进的必由之路。

苏联和东欧剧变告诉我们，一个政党要始终站在时代前列，就要坚定不移地推进改革开放，才能推动历史的前进。反之，不管冠以多少动听的名字，都会被浩浩荡荡的历史潮流所淘汰，被人民所抛弃。邓小平同志"不改革开放，不发展经济，不改善人民生活，只能是死路一条"②的观点正是对苏联和东欧剧变和我国改革开放的历史过程进行比较和思考，根据历史唯物主义作出的科学结论。

---

① 邓小平. 邓小平文选：第三卷［M］. 北京：人民出版社，1993：370.
② 邓小平. 邓小平文选：第三卷［M］. 北京：人民出版社，1993：370.

二、"实事求是是马克思主义的精髓""要提倡这个,不要提倡本本",汲取苏东剧变的深刻教训,就是要勇于进行理论创新,坚持"三个有利于"的判断标准和社会主义市场经济的改革取向

解放思想、实事求是是无产阶级政党保持先进性的根本要求,是引导社会前进的巨大动力。只有坚持解放思想、实事求是,党的路线、方针、政策才能从不符合本国实际、不合乎时代进步、不合乎经济和社会发展规律的条条框框中解放出来。创新是解放思想、实事求是的必然要求和根本体现,也是无产阶级政党和社会主义制度保持蓬勃生机和旺盛生命力的表现。苏联和东欧国家执政党却不顾历史条件和现实情况的变化,拘泥于马克思主义经典作家的某些个别论断,不以新的思想、观点去继承和发展马克思主义,导致思想脱离实际,甚至发生严重失误。

其一,固守马克思主义经典作家关于社会主义的论述,分不清姓"资"姓"社"的问题,对社会主义的本质不甚了了。邓小平同志曾经指出:"社会主义究竟是个什么样子,苏联搞了很多年,也并没有完全搞清楚。"① 苏联和东欧国家长期把公有制、按劳分配、计划经济和无产阶级专政当作社会主义的本质特征,把这三者作为建设社会主义的目的和追求。并以此来判断各国建设的是社会主义还是资本主义,把本不属于社会主义且阻碍生产力发展的某些制度、体制和规则硬说成是社会主义并加以固守,把不一定有损于社会主义但有助于生产力发展的某些制度、体制和规则硬说成是资本主义并加以排斥。如认为商品、货币和市场是资本主义的东西;计划经济就是社会主义,市场经济就是资本主义。苏联和东欧国家执政党对社会主义本质的混乱认识,不仅造成了思想上的混乱认识,而且造成了人民对社会主义制度本身的迷茫,造成了在实践中种种背离社会主义原则的事情发生。邓小平同志在南方谈话中,阐述了社会主义的本质是"解放生产力,发展生产力,消灭剥削,消除两极分化,最终达到共同富裕"。"社会主义本质论"解决了"什么是社会主义"的问题,表明社会主义的根本任务是发展生产力,而不是其他,从根本上改变了人们对传统社会主义的认识,把人们对社会主义的认识提高到一个新的科学水平。与"社会主义本质论"相联系,邓小平同志提出判断姓"资"姓"社"的标准是"是否有利于

---

① 邓小平. 邓小平文选:第三卷[M]. 北京:人民出版社,1993:139.

发展社会主义社会的生产力，是否有利于增强社会主义国家的综合国力，是否有利于提高人民的生活水平"①。"三个有利于"的判断标准说到底就是生产力标准，跟社会主义本质论是一致的。"三个有利于"的判断标准是充满创新精神的马克思主义观点，为人们提供了一种运用马克思主义解决现实社会主义问题、解决中国实际问题的新方法。

其二，没有痛下决心突破旧模式的框框，没有勇敢地提出建立社会主义市场经济体制的目标。苏联模式的核心是指令性的计划经济。苏联、东欧国家共产党长期实行以高度集中为特征的政治经济体制，并拒绝对这一体制进行根本改革，顶多是修修补补，几十年下来已经是千疮百孔。"临崖立马收缰晚，船到江心补漏迟"，僵化的计划经济体制对现代市场经济规律和发展趋势无能为力，使经济的发展缺乏以经济利益为基础的内在动力，劳动者的积极性和创造性受到严重压抑，极大阻碍了生产力的发展。苏联、东欧国家执政党后来也曾对经济管理体制进行过某些改革，不同程度上承认社会主义条件下商品生产和市场机制的作用，但都没有巨大的政治勇气和理论勇气去进行全面改革，只采取比较保守的"迈小步"的策略，使经济管理变得灵活一些。直到20世纪80年代，苏联、东欧国家的政治结构和思维方式基本上还是老一套，经济上未能摆脱计划经济体制的框框，苏联在1990年苏共中央二月全会还提出"争取建立有效的计划市场经济"的目标。市场经济被现代社会证明是发展经济、配置资源的效率较高的体制和方法。它能够通过利益机制激发人们的竞争意识，为经济发展提供内在动力。要从根本上变革长期以来形成的已经束缚生产力发展的高度集中的计划经济体制和经济运行机制，就只有建立充满生机和活力的社会主义市场经济体制。邓小平同志以开拓马克思主义新境界的巨大理论勇气，指出："计划多一点还是市场多一点，不是社会主义与资本主义的本质区别。计划经济不等于社会主义，资本主义也有计划；市场经济不等于资本主义，社会主义也有市场。计划与市场都是经济手段。"② 邓小平同志的社会主义市场经济论是马克思主义经济理论的最大突破，也是社会主义发展史上的一个创举。它使我国的社会主义现代化建设真正进入一个全新的境界，也使我国跳出了苏联和东欧国家共产党"其兴也勃焉，其亡也忽焉"的历史周期率。马克思主义具有与时俱

---

① 邓小平. 邓小平文选：第三卷［M］. 北京：人民出版社，1993：372.
② 邓小平. 邓小平文选：第三卷［M］. 北京：人民出版社，1993：373.

进的理论品质，马克思主义的生命力在于它在实践中能够不断创新。邓小平同志南方谈话的核心内容就是要继续解放思想，实事求是，大胆地试，大胆地闯，加快改革开放的步伐。"社会主义本质论""三个有利于"和"社会主义市场经济论"深刻回答了长期束缚人们思想的许多重大认识问题，是把我国改革开放和社会主义现代化建设推进到新阶段的又一个解放思想、实事求是的宣言书。

三、"要警惕右，但主要是防止'左'，汲取苏东剧变的深刻教训，必须坚持党的基本路线一百年不动摇，关键是坚持以经济建设为中心不动摇

在国际共产主义运动史上，"左"的思想从理论到实践，从政治到经济，从思想到文化，从路线、方针到政策、策略，在这些方面都打上了深深的烙印，都有"左"的错误的表现和影响。要克服和纠正"左"的错误，就必须有承认这些错误的勇气和精神，要有改正这些错误的决心和方略。遗憾的是，苏联和东欧国家的"左"的错误长期得不到纠正。

其一，过分强调阶级斗争的作用，认为阶级斗争是社会主义社会的一个重要动力，并以阶级斗争和不正常的党内斗争冲击经济建设这个中心。1953年斯大林逝世前的相当长一段时间内，苏联和东欧国家搞阶级斗争扩大化。斯大林曾提出"通过无产阶级的残酷的阶级斗争来消灭阶级""随着社会主义建设的深入，阶级斗争必然越来越尖锐"的理论。苏联和东欧国家的执政党把这一理论奉为金科玉律，并把它作为建国治党的指导思想，经常混淆敌我矛盾和人民内部矛盾。它们认为阶级斗争贯穿党和国家生活的一切方面，承认不承认阶级斗争是马克思主义和非马克思主义的分界线，但对如何解决经济建设与阶级斗争的关系没有做出正确的回答，把大量的精力放在处理阶级斗争和党内斗争上，而不是放在制定促进生产力发展的路线、方针和政策上，放在提升综合国力和改善人民生活上。苏联和东欧各国的社会主义改造是在不断清洗"阶级敌人"的尖锐斗争中完成的。战后东欧国家历次政治风波中的反复"清洗"，使东欧国家一次又一次偏离经济建设这个中心，完全脱离社会主义经济建设的正常轨道。

其二，个人崇拜盛行，社会主义民主和法制遭到严重践踏。苏联和东欧国家领导人长期搞一言堂、家长制，践踏宪法和法律的尊严，大大压抑了人民群

众的首创精神，窒息了民主空气，人民当家作主成为一句空话，社会主义革命和建设中的许多错误和失误长期得不到纠正。苏联、东欧国家在历次造"神"运动中，领袖的意志就是最高法律，民主和法制遭到严重破坏。大规模的反复"清洗"制造了无数冤假错案和人人自危、朝夕必惊的氛围，产生了社会上、道义上和心理上的严重后果，而且也损害了马克思主义政党的威信和国际形象，人心思变，给后来苏联和东欧国家共产党政权的解体和社会主义国家的崩溃埋下了祸根。

其三，夸大本国社会主义建设的发展程度。1936年苏联宣布建成社会主义，1939年宣布向共产主义过渡，1961年赫鲁晓夫宣布要在20年内建成共产主义社会，1967年勃列日涅夫宣布建成发达社会主义。东欧国家根据苏联标准，1960年左右纷纷宣布已经建立"社会主义基础"，后又提出建设"发达社会主义"的任务。波兰的哥穆尔卡、罗马尼亚的齐奥塞斯库为了早日实现苏联模式的社会主义，要人民勒紧裤带，提出建设"贫穷的社会主义"的口号，若干年份的积累率达32%～37%，给国民经济和社会安定带来严重的冲击和破坏。这些超越阶段的错误政策，不仅超越了这些国家生产力的发展水平，而且超越了甚至严重高估了普通劳动人民的觉悟，长期抑制了他们劳动积极性的发挥，造成了严重的经济政治后果。苏联和东欧国家创造的所谓"经济奇迹"没有带来相应的社会进步，国民收入增长逐年呈下降趋势，各国人民对生活条件的恶化越来越表示强烈不满，人民抗议浪潮迭起。苏联和东欧国家之所以遭受这样或那样的曲折和失误，归根到底就是对本国的国情缺乏足够的认识和把握，对自己国家实际所处的发展阶段不清楚或不完全清楚。邓小平同志在南方谈话中指出："我们搞社会主义才几十年，还处在初级阶段"，"巩固和发展社会主义制度，还需要一个很长的历史阶段，需要我们几代人、十几代人甚至几十代人坚持不懈地努力奋斗，决不能掉以轻心。"① 邓小平同志的社会主义初级阶段理论是邓小平理论的基石之一，它使我国的社会主义现代化建设建立在坚实的基础之上。

其四，极"左"极大地损害了社会主义的形象，损害了共产党的执政形象，使社会主义制度的优越性远远没有发挥出来。"警惕右，主要是防止

---

① 邓小平. 邓小平文选：第三卷 [M]. 北京：人民出版社，1993：379-380.

'左'",是邓小平同志在对苏联、东欧国家剧变和我国改革开放的历史进程进行深入总结的基础上提出的历史嘱托。以"一个中心、两个基本点"为主要内容的党的基本路线体现了时代发展的根本方向和要求,代表了中国最广大人民的根本利益。能否坚持党的基本路线一百年不动摇,能否一心一意搞好经济建设、大力发展社会生产力,关系党和国家的前途命运。只有反"左"防右,才能保证经济建设这个中心不受干扰。解决好了这个重大问题,我们党就有充分的信心避免重蹈苏联和东欧国家共产党政权的覆辙。

四、"资产阶级自由化泛滥,后果极其严重",汲取苏东剧变的深刻教训,就是要警惕资产阶级自由化,"必须始终注意坚持四项基本原则"

社会主义改革和建设必须坚持党的领导,坚持马克思主义在意识形态领域的指导地位,如果放弃党的领导和马克思主义在意识形态领域中的指导地位,削弱人民民主专政,必然使社会主义改革走向邪路,导致亡党亡国。苏联和东欧国家在这方面的教训尤为深刻。

其一,淡化、放弃马克思主义在意识形态领域中的指导地位。1990年苏联共产党发表纲领性声明,并通过《苏联共产党章程》,正式用"人道的民主的社会主义"作为党的指导思想,声明坚决放弃政治和意识形态的垄断。1991年11月戈尔巴乔夫在《八月政变》中露骨地说:"如果我们抱着马列主义教条不放,不用飞速发展的科技成果彻底修改马列主义的理论原则,不用20世纪的全部经验丰富理论,我们就注定要犯严重错误。"马克思主义的某些具体论断和观点随着时代和实践的发展是会过时的,但马克思主义作为科学的世界观和方法论却不会过时,放弃马克思主义在意识形态领域中的指导地位,整个社会就必然发生信仰危机。一个政党不重视科学理论的指导,就必然失去凝聚亿万人民的精神力量,失去精神家园,就必然脱离自己的阶级基础和群众基础,最终导致社会主义制度的崩溃和瓦解。

其二,丑化和歪曲党的历史。在社会主义文化建设中,他们不是坚持历史唯物主义,而是搞历史虚无主义,没有正确处理好继承与发展的关系。苏联于1987年发起"重评历史运动",把改革中遇到的许多困难归结于党的领导,把改革矛头对准社会主义制度,而且从对斯大林的批判扩展到对苏联70多年历史的批判。一石激起千层浪，东欧各国仿而效之，纷纷发起所谓的"重评历史运动"，一时间，攻击共产党和社会主义建设成就的作品充斥街头，成为一种时髦。苏联宣传部门默许大量发表丑化苏共形象的作品。苏联共产党对历史进行重新评价也许是必要的，但没有对之进行正确的引导；完全否定党和人民奋斗的历史，势必造成苏联全面的混乱。

其三，放弃党的领导。苏共二十八大宣布把党建成"志同道合的共产党员的自愿联盟"，把工人阶级先锋队政党变成"议会党"。苏共第十九次代表大会放弃了苏共是苏联政治体制核心的提法，改称苏共是社会主义的"政治先锋队"，导致各种政治组织向苏共执政地位挑战。1990年2月苏共中央全会宣告放弃对国家的领导权，随后苏联第三次人民代表大会修改了苏联宪法第6条，删除了苏共在政治体制中核心地位的提法。一个曾经创造过无数辉煌和胜利并长期执掌全国政权的大党拱手交出政权，这在历史上是罕见的，其后果也是极其严重的。

其四，削弱人民民主专政。人民民主专政是工人阶级和其他劳动人民自己掌握国家政权，目的是利用它来消灭剥削，建设社会主义，捍卫人民的劳动成果。如果在改革过程中把政权让位给敌对势力，放弃政权，就等于断送社会主义。苏联和东欧国家在改革开放过程中出现过形形色色的反对派组织，它们一般先是谋求合法地位，参与政权，然后得寸进尺，乱中夺权。而这些国家的执政党对于反对派的进攻采取招架、迎合甚至让步的政策，而不是在苗头出现时采取断然措施，把反党、反社会主义的势力消灭在萌芽之中。这样导致敌对势力的胃口越来越大，一般的妥协退让已经无法满足他们的要求，这些国家的共产党只有偃旗息鼓，交出政权。因此，邓小平同志认为，苏联、东欧国家剧变的一条重要教训就是没有加强人民民主专政，对反党势力和组织没有进行针锋相对的斗争。因此，"运用人民民主专政的力量，巩固人民的政权，是正义的事情，没有什么输理的地方"①。

邓小平同志在南方谈话中指出："十二届六中全会我提出反对资产阶级自由化还要搞二十年，现在看起来还不止二十年。"② 反"左"防右依然是我们党在新世纪党的建设中面临的艰巨任务。

---

① 邓小平. 邓小平文选：第三卷［M］. 北京：人民出版社，1993：379.
② 邓小平. 邓小平文选：第三卷［M］. 北京：人民出版社，1993：379.

五、"中国要出问题,还是出在共产党内部",汲取苏东剧变的深刻教训,就是"要注意培养人",要"把共产党员教育好"

"堡垒最容易从内部攻破",苏联和东欧国家的剧变,固然和西方国家的"和平演变"分不开,但主要是由于这些国家共产党政权自身的演变、党的领导人的蜕变和为数不少的共产党员的退变造成的。因为内因是事物变化发展的依据,外因是事物变化发展的条件,外因必须通过内因而起作用。

其一,不注意党的组织建设。正确的政治路线要靠正确的组织路线来保证,而苏联和东欧国家的执政党长期忽视组织建设,盲目发展党员,片面贪多求大,甚至降格以求。如匈牙利共产党党员在1944年12月只有2500人,1948年6月就达88.7万人;罗马尼亚共产党在1944年8月只有2000人,1948年1月就达80.5万人;波兰工人党1944年7月只有2万人,1948年9月激增到100万人;捷克斯洛伐克共产党1945年5月只有10万人,1948年11月增加到250万人。短短几年内党员的数量就几倍、十几倍甚至几十倍地增加,根本不可能对广大党员进行系统的和卓有成效的马克思主义教育和进行严格的组织整顿。许多党员没有严格的入党手续,思想混乱,纪律松弛,无论是思想上还是组织上都没有入党,有些甚至还是社会民主党党员。这些党员虽然数量庞大,但实际上是一盘散沙,根本没有战斗力,一到紧要关头,便与党离心离德,纷纷退党,甚至"倒戈"。

其二,党的领导核心发生蜕变。用人制度的好坏关系到国家能否长治久安。苏联和东欧国家发生剧变,很重要的一个原因是没有遴选好接班人,是党的领导核心发生蜕变。可以说党的领导一直被"两面人"把持,并在理论上和政治路线上背离马克思主义。赫鲁晓夫上台后,在1956年提出"两全"(全民国家、全民党)、"三和"(与西方国家和平共处、和平竞赛、和平过渡),在苏共二十大上提出的机会主义路线在苏联和东欧培植了一批社会主义的掘墓人和反党反社会主义的骨干,如戈尔巴乔夫、雅科夫列夫、波日高伊等。邓小平同志在南方谈话中语重心长地指出"要注意培养人",要按照"革命化、年轻化、知识化、专业化"的标准选拔德才兼备的人进班子。

其三,没有把共产党员教育好。党的宗旨是全心全意为人民服务,但苏联、东欧国家的广大党员淡漠与人民的感情,把人民赋予的权力当作捞取各种好处的工具,党与人民的血肉联系荡然无存。他们脱离群众、害怕群众、压制群众,把人民赋予的权力特权化和商品化，大搞钱权交易。苏联解体后，四分之三的所谓新俄罗斯政府官员和三分之二的富翁都是原来苏共各级委员会的官员。这些贪污案件严重损害了党和政府的声誉，造成了极为恶劣的政治后果。苏联和东欧国家共产党政权覆灭，致命的原因就是党严重脱离人民，实施对财产、权力和真理的垄断，导致国家上层的腐败和变质，直接出卖了民族利益，断送了党和国家的前途。

苏联和东欧国家剧变表明，无产阶级执政党要充分重视自身建设，固本基强，充分发挥共产党员先锋模范作用和基层党组织战斗堡垒作用。正如邓小平同志在南方谈话中指出："关键是我们共产党内部要搞好，不出事，就可以放心睡大觉。"①

---

① 邓小平. 邓小平文选：第三卷 [M]. 北京：人民出版社，1993：381.

第二章 "三个代表"重要思想：成功把中国特色社会主义推向 21 世纪

党的十三届四中全会后，以江泽民同志为主要代表的中国共产党人团结带领中国人民为建设中国特色社会主义、实现中华民族伟大复兴进行了理论和实践的双重探索。"三个代表"重要思想是一个系统的科学理论，进一步回答了什么是社会主义、怎样建设社会主义的问题，创造性地回答了建设什么样的党、怎样建设党的问题，是党的理论创新的重要成果，成功把中国特色社会主义推向 21 世纪。

第一节 深刻认识世纪之交我们党面临的新实践和新考验

只有充分认识当时的世情、国情和党情的巨大变化，深刻认识我们党面临的新实践和新考验，才能真正理解"三个代表"重要思想诞生的历史必然性。

一、"三个代表"重要思想产生的历史必然性

（一）世情、国情、党情的变化需要不断增强党的创造力

世纪之交世界经济、政治和社会发展出现了深刻的变化，社会主义中国在激烈的国际竞争中面临着各种严峻的困难和挑战。这是"三个代表"重要思想产生的国际环境，即世情。经过二十多年的改革开放，社会主义中国胜利实现了现代化建设的第一步、第二步战略目标，步入全面建设小康社会，加快推进社会主义现代化建设的历史时期，政治、经济、文化、社会生活等各方面都出现了许多新情况、新问题。这是"三个代表"重要思想产生的国内环境，即国情。经过八十年的发展，我们的党员队伍、党所处的地位和环境、党所肩负的任务，都发生了重大变化。面对国际国内广泛深刻的变化和党内外千头万绪的问题，需要不断增强党的创造力、凝聚力和战斗力，永葆党的生机和活力。这是"三个代表"重要思想产生的党内环境，即党情。与此相联系，在新的历史

条件下，我们党正面临着三大新考验。一是能否抓住机遇，加快发展，能否在错综复杂的国际斗争和日趋激烈的国际竞争中始终立于不败之地，能否在同世界相联系而不是相脱离的历史进程中独立自主地建设中国特色社会主义，这是我们党正面临着的国际大局变动的考验。二是能否全面建设小康社会，完成党肩负的三大历史任务，即继续推动现代化建设，完成祖国统一，维护世界和平与促进共同发展，在社会主义道路上实现中华民族伟大复兴，是我们党正面临着的国内大局发展的考验。三是如何不断提高党的执政能力和领导水平，不断增强拒腐防变和抵御风险的能力，还有不少问题需要研究和解决。这是我们党正面临着的改善自身状况提出的考验。这些新的考验，说到底就是在21世纪新的历史条件下，如何使我们党在世界形势深刻变化的历史进程中始终走在时代前列，在应对国内外各种风险考验的历史进程中始终成为全国人民的主心骨，在建设中国特色社会主义的历史进程中始终成为坚强的领导核心。这是时代向我们党提出的历史性课题。"三个代表"重要思想的产生是对这一时代课题的理论回应，是由新的世情、国情、党情所决定的，实际地反映了马克思主义发展的历史必然和逻辑必然。

（二）时代特征的变化呼唤理论创新

"三个代表"重要思想是适应新的时代产生的科学理论。《共产党宣言》发表以来，世界政治、经济、科技、文化发生了重大变化。马克思主义经典作家很难预料当今世界的发展变化。当今世界的时代主题、时代特点、时代潮流与此前相比，有很大的不同。不以新的思想理论去继承和发展马克思主义，党就不能前进，它的生机就要停止，改革开放和社会主义现代化建设大业就会被葬送，实现中华民族伟大复兴就会成为一句空话。坚持马克思主义，最重要的就是坚持马克思主义的科学原理、科学精神和创新精神，不能拿本本去框实践，而只能用实践去发展本本。因循守旧、故步自封只能导致落后和失败。江泽民同志正确判断错综复杂和急剧变化的国内外形势，以马克思主义的巨大政治勇气和理论勇气，提出"三个代表"重要思想，与时俱进地推进了马克思主义的发展。

（三）"三个代表"重要思想顺应了时代发展的潮流

当今世界，和平与发展是时代的主题。总体和平、局部战乱，总体缓和、局部紧张，总体稳定、局部动荡，是当前和今后一个时期国际局势发展的基本态势。世界要和平，人民要合作，国家要发展，社会要进步，是时代的潮流。21世纪头二十年，是我们必须紧紧抓住而且可以大有作为的重要战略机遇期，是我国经济和社会发展的重要时期。国际上，以综合国力为主要内容的国际竞争更趋激烈，特别是西方大国纷纷提出了谋求经济发展、加强经济实力、增强综合国力的重大举措，使我们深感形势逼人，不进则退。"三个代表"重要思想是以发展为主线贯穿其全部内容的，强调发展是我们党执政兴国的第一要务，顺应了时代发展的潮流。只有正确认识我们所处的时代，才能站在党和国家事业发展全局的高度去认识"三个代表"重要思想，去认识"三个代表"重要思想与党和国家的前途命运紧密相连的内在联系。

（四）世界历史上的教训给我们党的警示

世界上一些长期执政的老党、大党因不能紧跟时代发展潮流而先后下台，甚至衰亡，一些国家的社会主义因僵化保守而失败，这些历史教训给我们党以深刻的警示。江泽民同志在2000年1月14日中纪委第四次全会上指出，从列宁领导十月革命取得胜利，到第二次世界大战后中国等一批国家建立起社会主义制度，社会主义显示出了蓬勃的生命力，深刻地改变了世界政治力量的对比。而到了20世纪末，东欧剧变、苏联解体，社会主义遇到了严重挫折。世界社会主义的这种变化究竟是什么原因引起的？世界上第一个社会主义国家苏联究竟为什么会解体？具有几十年历史的苏联共产党为什么会失去政权？我们应该从中吸取什么教训？中国共产党和中国社会主义事业应该如何在已有成就的基础上继续开辟光明的未来？江泽民同志提出在党的建设中要实践"三个代表"重要思想，是对国际共产主义运动历史经验的科学总结。

第一，苏联和东欧国家的执政党没有按照先进社会生产力的发展要求制定正确的路线、方针、政策，社会主义优越性得不到充分发挥。

一是陷在阶级斗争和党内斗争的怪圈里不能自拔。1953年斯大林逝世前的相当长一段时间，苏联和东欧国家搞阶级斗争扩大化，把大量精力和时间放在处理阶级斗争和党内斗争上，而不是放在制定促进生产力发展的路线、方针、政策，提升综合国力和改善人民生活上。苏联20世纪30年代的"揭发和铲除人民敌人的运动"大清洗及此后至斯大林逝世前层出不穷的骇人听闻的"反党集团案"，使苏联无法从容地进行经济建设。战后东欧国家的政局一直不稳，发生了多次政治风波，使东欧国家一次又一次偏离经济建设这个中心。

二是热衷于与美国争夺世界霸权，搞军备竞赛。从20世纪50年代中期至80年代中后期长达30多年的时间里，苏联醉心于与美国争夺世界霸权，东欧各国追随苏联与以美国为首的北约开展了无休止的军备竞赛，许多高精尖技术应用于军事领域，而不是用来装备和改造国民经济。苏联和东欧国家在斯大林逝世后也没有真正把经济建设放在首位。仅1977年苏联军费高达1300亿美元，占国民生产总值的19.3%。长期的东西方对抗和军备竞赛给苏联和东欧各国背上了沉重的包袱。人民看不到希望，对社会主义丧失了信心。

三是长期实行高度集中的计划经济体制，拒绝实行全面的正确的经济体制改革。东欧各国共产党在执掌政权后，照搬了以斯大林模式著称的以高度集中为特征的苏联政治经济体制。旧的管理体制严重阻碍着生产力的发展。有些国家，如捷克斯洛伐克，虽然想极力冲破斯大林体制，但在苏联的高压下，又重新回到高度集中的这一体制上来。有些国家，如罗马尼亚，干脆拒绝改革。齐奥塞斯库认为罗马尼亚的政治和经济体制"已经完善"，不存在需要改革的问题。他甚至多次宣称，即使让历史倒退20年，他依然要走今天的路。他把适当利用市场的调节作用、允许少量私营经济存在等措施，统统斥之为"倒退""搞资本主义"，说"我们不能恢复形形色色的剥削与压迫形式，为完善社会主义建设不能这么干"[①]。直到20世纪80年代，苏联和东欧国家的政治结构和思维方法基本上还是老一套，经济上未能摆脱计划经济体制的框框，依然处于粗放式发展阶段。到20世纪70年代中期、80年代初，苏联和东欧国家面临着严重的经济困难。1988年波兰的国民收入若按人口平均计算，比1987年还低8%左右。捷克斯洛伐克的经济更是每况愈下，有的年份甚至出现负增长，1989年国民收入仅增长1.7%。20世纪80年代后期，苏联和东欧国家才提出必须对社会主义计划经济进行彻底革新，把市场经济作为社会主义计划经济的有机组成部分，但为时已晚，病入膏肓，回天乏力。

四是没有对学习外国的先进技术和管理经验给予足够的重视。斯大林提出了世界"两个平行市场"的理论，与东欧国家一起只是一个封闭式的社会主义市场，它所采取的那种自给自足的政策远远不能适应飞速发展的世界市场的需要。在这一封闭体系内，苏联和东欧国家就不可能在世界科技出现新的重大

---

① 辛夷，樊佳. 东欧风云[M]. 北京：人民日报出版社，1991：167-168.

突破之时及时吸收和拥有最新成果，更不可能去占领科技革命制高点。1973年，保加利亚只有10%的新产品借鉴了外国经验，其中只有1.5%是按照外国的专利生产的。科学技术对国民经济发展的贡献率远比西方发达国家低，导致苏联和东欧国家的经济效益差。历史证明，一个政党要代表先进社会生产力的发展要求，就要坚定不移地以经济建设为中心，集中力量发展社会生产力，变革阻碍生产力发展的旧的经济体制，推动科技进步和以积极的姿态实行对外开放。

第二，文化建设上放弃马克思主义的指导地位，没有始终如一地加强优秀精神产品的创造和生产，难以满足人民群众日益增长的精神文化需求。

一是企图用官僚主义的态度和极其简单的手法去控制精神产品的创造和生产。苏联和东欧国家的社会主义文化建设曾取得重大成就，向世界文化宝库奉献了大量的思想巨著和文化精品，如《钢铁是怎样炼成的》等，哺育了一代又一代具有崇高理想的共产主义新人。但20世纪70年代以来，苏联和东欧各国的意识形态领导机关对改革进程中出现的重大理论问题，包括人们的种种思想认识问题，不是通过多种多样、生动活泼的宣传途径去做出科学的有说服力的解释和说明，最初只是一味地用官僚主义态度加以严格控制和监督，"图书的问世、剧目的上演、电影的公演都取决于数目繁多的审批部门，对于这些部门来说，禁止比允许要更可靠、更安全些""艺术创作中的官僚主义障碍，迫使作者们常常虚与委蛇地出于应付"，"许多真诚的艺术家无法工作"[①]。20世纪70年代起苏联和东欧国家官方所允许的思想、主题和形式的狭隘性，难以融进纷繁多彩的创作的可能性，黯淡平庸的作品难以满足人民日益增长的精神和文化需要，更不可能消除和解决人们在改革开放中必然遇到的各种思想认识问题。后来又来了一个180°的大转弯，导致丧失意识形态领导权、话语权和控制权。

二是在马克思主义文化建设中，逐步淡化乃至放弃马克思主义在文化建设中的指导地位。历史唯物主义认为，任何一个社会的思想领域总是由那个社会的统治阶级的思想占统治地位的，任何一个国家的统治阶级为了巩固其政治统治，都要极力维护和发展其占统治地位的意识形态。正如马克思所说："统治阶级的思想在每个时代都是占统治地位的思想。"[②] 马克思主义科学地反映了人类

---

① M.P.泽齐娜，Л.B.科什曼，B.C.舒利金. 俄罗斯文化史[M]. 刘文飞，苏玲，译. 上海：上海译文出版社，1999：392.

② 马克思，恩格斯. 马克思恩格斯全集：第三卷[M]. 北京：人民出版社，1960：52.

社会的发展规律，是随着时代进步而不断发展的科学，它以其科学性与价值性相统一的科学思想体系，对世界人类的进步事业有无限的吸引力，理应成为社会主义文化建设的指导思想。我们并不能说苏联和东欧国家不曾重视社会主义文化建设，不曾重视马克思主义意识形态的建设，但它们不够一贯，经历了一个从坚持到动摇到彻底否定的过程。早在1961年苏共二十二大就曾提出建立"全民国家""全民党"的奋斗目标，逐步淡化了马克思主义在意识形态的指导地位。戈尔巴乔夫于1988年倡导民主化、毫无限制的公开性和意识形态的多元化。马克思主义在东欧的影响本来就小，因为第二次世界大战前，东欧国家在文化上属于资本主义体系。东欧国家执政党没有根据本国特点，建立适合本国特点的马克思主义文化体系。受文化传统方面的影响，东欧国家大多数执政党未能摆脱社会民主主义思想的影响，而且长期忽视其危害性，没有进行必要的思想斗争，致使马克思主义在党内没有深深扎根，好多党员区分不清马克思主义与社会民主主义的实质区别，甚至有些党的领导人始终坚持社会民主主义思想。马克思主义是人类历史上最先进、最科学的思想体系，是人类社会先进文化的代表，放弃马克思主义在文化建设中的指导地位，文化就失去其先进性，整个社会就必然发生信仰危机。如波兰反政府组织——团结工会的300万会员中，就有波党党员100多万人，而苏共党员人数从1989年下半年至1991年上半年锐减了420万人。

　　三是在社会主义文化建设中，不是坚持历史唯物主义，而是搞历史虚无主义，没有正确处理好继承与发展的关系。苏联于1987年发起"重评历史运动"，东欧各国仿而效之，纷纷发起所谓的"重评历史运动"，把改革中遇到的许多困难归结于共产党的领导，把改革的矛头对准社会主义政治制度。一时间，攻击共产党和社会主义建设成就的作品充斥街头。如在苏联有长篇小说《阿尔巴特街的儿女们》，再现了20世纪30年代苏联大清洗时代的血雨腥风，刻画了在艰难岁月里老百姓的悲苦辛酸，披露了许多鲜为人知的历史事件。再如剧本《前进！前进！前进！》及电影《新的任命》，以及在全国很有影响的杂志、报刊，如《星火》《莫斯科新闻》和《旗帜》也在宣传部门的默许下大量发表丑化苏共形象的作品，搞乱人心，造成苏联全面的思想混乱。俄国著名作家邦达列夫曾说："在千百万人中煽风点火，毫无顾忌地散布怀疑情绪，报刊实现了欧洲装备最精良的军队在40年代用火与剑入侵我国时未能实现的目标。那支军队有第一流的技术设备,但缺少一样东西——这就是带菌的出版物。"①

历史证明,一个政党在文化建设中不重视科学的理论指导,不重视优秀思想和精神产品的生产,以去满足人民群众不断增长的精神文化需求,就必然失去凝聚亿万人民的精神力量,最终导致社会主义制度的崩溃和瓦解。

第三,长期忽视人民的疾苦,低估人民的意志。

一是受斯大林思想的影响,个人崇拜盛行,社会主义民主和法制遭到严重践踏。步苏联后尘,东欧一些国家的执政党也开展过造"神"运动,民主和法制荡然无存,冤狱遍地。在苏联20世纪30年代的"大清洗"中,很多人被处决,仅仅在1937—1939年,斯大林就在400份所谓的死刑判决书上签字,45000名党和苏维埃的重要领导人、军队领导人和文化界中的著名活动家被处决。苏联20世纪30年代的悲剧1948—1953年在东欧各国重演,告密、逮捕和处决浪潮波及各国。在匈牙利"拉伊克·拉斯洛叛国案"和"提高警惕"的清查运动中,有46.4%的各级领导干部被撤换,仅1953年以各种莫须有的罪名遭逮捕的人至少占全体居民的1.5%,搞得人人自危,惶惶不可终日。捷克斯洛伐克炮制了"反国家阴谋中心案",捷共中央总书记斯兰斯基及十多名部长级以上领导干部被处以死刑,全党有8.4%的党员近20万人被开除出党。1970年6月捷共对"布拉格之春"中的所谓异己分子进行清洗,将三分之一的党员约50万人开除出党或除名。加上被株连的亲属子女,直接受迫害的人数超过总人口的十分之一。大规模的清洗严重破坏社会主义法治,严重败坏共产党国家的形象,给后来东欧各国共产党的解体和社会主义国家的崩溃埋下了祸根。

二是对发展生产与提高人民生活水平之间的关系认识不足,领导者不关心群众的疾苦,引起群众的强烈不满。急速冒进的工业化建设和农业集体化给国民经济和社会安定带来严重的冲击和破坏。在东欧国家,为了发展重工业,生搬硬套苏联集体农庄的经验,强迫农民入社,任意处罚和逮捕社员;片面夸大本国社会主义建设的发展程度,画饼充饥,在农村实行高征购和高压政策,剥夺农民的口粮。缺乏长远的规划和改革的战略原则,有一些政策本身是好的,却又得不到坚决的贯彻。苏联和东欧国家所创造的"经济奇迹"没有带来相应的社会进步,各国人民对生活条件的恶化越来越表示强烈不满,人民抗议浪潮

---

① 张捷. 苏联文学的最后七年[M]. 北京:社会科学文献出版社,1994:206.

迭起。如1948年捷克斯洛伐克"二月事件"、1956年波兰"波滋南事件"、匈牙利"十月事件"、1968年捷克斯洛伐克"布拉格之春"、1976年波兰"12月危机"、1980—1981年波兰"军事管制"。东欧各国执政党对经济上的困难熟视无睹，极力掩盖自己在经济上的缺点，生怕损害自己的"威信"，拒绝接受批评和进行公开的思想交流，更没有认真切实地解决面临的问题。群众生活条件的恶化，人心散失，使反对派很容易争取群众。

三是危机意识不到位，自动先进论、地位天然论、盲目乐观论大有市场。东欧国家和执政党在苏联的庇护下，认为稳坐江山应该不成问题，拒不吸取1956年、1968年、1970年、1980年等历次政治风暴的惨痛教训，根本没有认识到民心向背决定一个政党的生死存亡，更没有认识到人民是推动历史发展的决定性力量。在党的工作中，官僚主义盛行，进取精神逐渐减少。党和政府对一些正确的计划、口号和建议，讲真话的真实数字，以及报刊、电视台的真实报道都不感兴趣。他们脱离群众、害怕群众、压制群众，把人民赋予的权力特权化和商品化，大搞权钱交易。波兰1980年危机爆发后至1981年6月间，根据群众的检举揭发，有近500名高级干部被指控犯有贪污、腐化等行为，其中有3名中央书记，57名省委第一书记和书记；7名副总理，74名部长、副部长或相同级别的干部；51名省长和副省长[①]。这些贪污案件严重损害了党和政府的声誉，造成了极为恶劣的政治后果。

四是东欧国家的执政党长期追随、依赖、屈服于苏联，严重伤害了广大人民的民族感情。它们在苏联的政治和军事高压下不顾本国的实际情况，在社会主义建设中完全照搬苏联模式，人民的生活水平提高缓慢，引起人民的强烈不满。在1956年匈牙利"十月事件"中，社会主义工人党竟然邀请苏联出兵镇压反抗拉科西独裁统治的人民。在1968年捷克斯洛伐克"布拉格之春"中，大部分党员都支持变革，支持当时兴起的群众运动。但捷共领导人胡萨克、雅克什等人极力为苏联入侵辩护，打着保卫社会主义成果的招牌，在长达20年的时间里，拒绝为受害者平反，使捷共和广大人民处于对立之中，人民的民族感情蒙受极大损伤。捷克斯洛伐克变成一个封闭的国家，群众无自由，连90%的党员也无发言权利，党失掉党心、民心，给1989年的剧变埋下了隐患。

---

① 马细谱. 战后东欧——改革与危机 [M]. 北京：中国劳动出版社，1991：560.

二、"三个代表"重要思想深深扎根于中国共产党八十年的伟大实践

（一）"三个代表"重要思想是中国共产党八十年历史实践的科学总结

我们党领导人民进行革命、建设和改革的历史，是一部蕴涵和体现马克思列宁主义、毛泽东思想和邓小平理论的活生生的教科书，也是一部蕴涵和体现"三个代表"重要思想的活生生的教科书。在 80 年的奋斗历程中，我们党团结和带领全国各族人民，成就了三件伟业：取得了新民主主义革命的胜利，实现了民族独立和人民的解放；建立了社会主义制度，实现了中国历史上最广泛最深刻的社会变革；开创了中国特色社会主义事业，走上了实现中华民族伟大复兴的正确道路。回顾党 80 年的历史，可以总结出无数条宝贵经验，但其中一条基本经验，就是始终坚持了"三个代表"重要思想。在庆祝建党 80 周年的大会上，江泽民同志指出："总结 80 年的奋斗历程和基本经验，展望新世纪的艰巨任务和光明前途，我们党要继续站在时代前列，带领人民胜利前进，归结起来，就是必须始终代表中国先进生产力的发展要求，代表中国先进文化的前进方向，代表中国最广大人民的根本利益。""三个代表"重要思想是在科学总结党成立以来的全部实践及其正反两方面历史经验的基础上形成和发展起来的。它深深扎根在我们党 80 年的实践经验之中，是我们党艰辛探索和伟大实践的必然结论。

（二）"三个代表"重要思想是党的十三届四中全会以来十三年间党领导人民建设中国特色社会主义伟大实践的必然结论

"三个代表"重要思想就是在改革开放以来党和人民实践的基础上，特别是在十三届四中全会以来以执政党建设为重点、以建设中国特色社会主义为主题的实践基础上，逐步形成和发展起来的。江泽民同志于 2000 年 1 月 20 日在向中央政治局通报中央政治局常委"三讲"情况的时候曾经明确地说过："十年来，我们始终铭记邓小平同志的政治交代，铭记党和人民的重托，对自己承担的职责从不敢懈怠。我们最关注的是两大问题：一个是不断加强党的建设，巩固我们党的执政地位，使我们党始终成为领导全国人民进行改革开放和现代化建设的核心力量；一个是坚持'一个中心、两个基本点'的基本路线，加快经济发展和社会全面进步，不断增强我国综合国力，提高人民生活水平，为我

国社会主义制度奠定强大的物质文明和精神文明基础。"① 13 年来，以江泽民为主要代表的中国共产党人始终坚持建设中国特色社会主义这个主题。这 13 年里，我们打破了西方国家对我国的经济贸易制裁；治理了严重的通货膨胀并成功实现经济的"软着陆"；克服了亚洲金融危机并有效地解决了经济紧缩等困难；实施了科教兴国战略；初步建立了社会主义市场经济体制；加入了世界贸易组织；开创了外交工作的新局面；恢复对香港、澳门行使主权。我国国内生产总值已经从 1989 年的 16909 亿元提高至 2002 年的 102398 亿元；经济总量已经由世界第 10 位跃升至第 6 位。这 13 年的辉煌成就，有目共睹，举世公认。13 年来，以江泽民为主要代表的中国共产党人始终突出执政党建设这个重点，强调了加强党的建设、巩固党的执政地位对于改革开放和现代化建设的重大意义。从十三届四中全会提出要切实做好几件人民群众普遍关心的事情，到世纪之交中共中央决定用三年时间开展"三讲"教育活动；从 1989 年 8 月中共中央发出《关于加强党的建设的通知》，到 1994 年 9 月十四届四中全会提出党的建设新的伟大工程；从江泽民同志担任总书记之初强调要"永远坚持党的工人阶级先锋队性质"，到 2000 年 2 月提出"三个代表"重要思想，中间经过了从实践到认识，又从认识到实践的长期的艰辛的探索。经验在不断积累，认识在不断深化，最终产生了思想认识上的飞跃。13 年的实践，加深了我们对什么是社会主义、怎样建设社会主义，建设什么样的党、怎样建设党的认识，积累了十分宝贵的经验。江泽民同志在十六大报告中深刻总结了我们党领导中国特色社会主义必须坚持的十条基本经验，并指出，这些经验，联系党成立以来的历史经验，归结起来就是必须始终代表中国先进生产力的发展要求，代表中国先进文化的前进方向，代表中国最广大人民的根本利益。

（三）世界社会主义运动实践的昭示

"三个代表"重要思想是在总结我国社会主义胜利和挫折的历史经验并借鉴其他国家社会主义兴衰成败历史经验的基础上逐步形成和发展起来的，是联系国际共产主义运动正反两方面经验教训所得出的科学论断。江泽民同志曾经指出："九十年代以来，一些执政几十年的政党先后下台，有的已经衰亡，其中的根本原因是党的内部出了问题。认真分析这些政党的兴衰，加以借鉴，对我

---

① 江泽民. 江泽民文选：第二卷 [M]. 北京：人民出版社，2006：521.

们加强党的建设很有意义。"① "三个代表"重要思想就是避免重蹈苏联、东欧剧变的覆辙,实现中华民族伟大复兴的政治宣言,是当代国际共产主义运动历史教训的深刻反思,是对世界社会主义运动实践的科学总结。

(四)"三个代表"重要思想是指向实践的马克思主义理论形态

实践的观点是辩证唯物主义的首要的基本的观点。"三个代表"重要思想来源于实践,又指导实践,只有在实践中才能发挥它的威力和战斗力。"三个代表"重要思想是科学的理论。一切科学的理论,总是从实践中来,又回到实践中去,接受检验,指导实践,同时在实践中丰富和发展自己。毛泽东思想是这样,邓小平理论是这样,"三个代表"重要思想也是这样。学习"三个代表"重要思想,决不能坐而论道。只有在实践中才能真正学会、学懂"三个代表"重要思想,才能学以致用。我们一定要适应实践的发展,以实践来检验一切,用发展着的马克思主义指导新的实践。

第二节 深刻把握"三个代表"重要思想的科学内涵

中国共产党必须始终代表中国先进生产力的发展要求,代表中国先进文化的前进方向,代表中国最广大人民的根本利益。这是对"三个代表"重要思想的集中概括。"三个代表"重要思想是立党之本、执政之基、力量之源,是一个有机联系的统一整体。

一、"三个代表"是对"三个代表"重要思想的集中概括

"三个代表"重要思想因"三个代表"的三句话而得名,但"三个代表"重要思想绝不是仅仅指这三句话。"三个代表"重要思想是一个包括改革发展稳定、内政外交国防、治党治国治军的博大精深的理论体系,是自1989年以来,在什么是社会主义、怎样建设社会主义,建设什么样的党、怎样建设党的问题上提出的一系列紧密联系而又相互贯通的新思想、新观点的系统集成,因而要加深对"三个代表"这三句话的理解。

第一,始终代表中国先进生产力的发展要求,就是党的理论、路线、纲领、

---

① 江泽民. 江泽民文选:第三卷 [M]. 北京:人民出版社,2006:129.

方针、政策和各项工作，必须努力符合生产力发展的规律，体现不断推动社会生产力的解放和发展的要求，尤其要体现推动先进生产力发展的要求，通过发展生产力不断提高人民群众的生活水平。

第二，始终代表中国先进文化的前进方向，就是党的理论、路线、纲领、方针、政策和各项工作，必须努力体现发展面向现代化、面向世界、面向未来的，民族的科学的大众的社会主义文化的要求，促进全民族思想道德素质和科学文化素质的不断提高，为我国经济发展和社会进步提供精神动力和智力支持。

第三，始终代表中国最广大人民的根本利益，就是党的理论、路线、纲领、方针、政策和各项工作，必须坚持把人民的根本利益作为出发点和归宿，充分发挥人民群众的积极性、主动性和创造性，在社会不断发展进步的基础上，使人民群众不断获得切实的经济、政治、文化利益。在任何时候，任何情况下，都必须坚持尊重社会发展规律与尊重人民历史主体地位的一致性，坚持为崇高理想而奋斗与为最广大人民谋利益的一致性，坚持完成党的各项工作与实现人民利益的一致性。

第四，"三个代表"是相互联系、辩证统一的整体。发展先进生产力和先进文化是实现最广大人民根本利益的基础和前提，实现最广大人民根本利益则是发展先进生产力和先进文化的目的和归宿。"三个代表"重要思想体现了生产力和生产关系、经济基础和上层建筑的统一，体现了物质文明、政治文明和精神文明的统一，体现了历史发展规律和历史创造主体的统一。

二、"三个代表"重要思想涵盖了改革发展稳定、内政外交国防、治党治国治军的各个领域

"三个代表"重要思想的内涵是一个不断丰富和完善的过程。从广东高州讲话到2001年"七一"讲话，从2001年"七一"讲话到党的十六大和党的十六大以来，是"三个代表"重要思想的三个重要发展阶段。经过这三个发展阶段，"三个代表"重要思想的内涵得到大大的丰富和发展。党的十六大确立了"三个代表"重要思想的指导地位，实现了党在指导思想上的又一次与时俱进。以"三个代表"重要思想为指导，制定了党在改革发展稳定、内政外交国防、治党治国治军上的基本方略。2003年，胡锦涛同志的"七一"讲话和中央印发的《"三个代表"重要思想学习纲要》，对"三个代表"重要思想做了新的概括

和发展。"三个代表"重要思想全面体现了党的基本理论、基本路线、基本纲领和基本经验，涵盖了改革发展稳定、内政外交国防、治党治国治军的各个领域，贯通了哲学、政治经济学、科学社会主义等各个领域。"三个代表"重要思想在建设中国特色社会主义的思想路线、发展道路、发展阶段和发展战略、根本任务、发展动力、依靠力量、国际战略、领导力量及根本目的等重大问题上创造性地提出了一系列新思想、新观点、新论断，进一步回答了什么是社会主义、怎样建设社会主义的问题，创造性地回答了建设什么样的党、怎样建设党的问题，集中起来就是深化了对中国特色社会主义的认识。

三、"三个代表"重要思想是一个新的科学理论体系

有人认为，"三个代表"重要思想的基本观点在马克思主义经典作家那里都有论述，没有什么新东西，也不构成一个体系。胡锦涛同志在"七一"讲话中指出："'三个代表'重要思想所具有的基本点，马克思主义经典作家都有论述，但把发展先进生产力和先进文化、实现最广大人民的根本利益同坚持党的先进性联系在一起，上升到党的性质和宗旨的高度，上升到党的指导思想的高度，构成一个完整的体系，这是当代中国共产党人对辩证唯物主义和历史唯物主义的创造性运用和发展。""三个代表"重要思想是在邓小平理论的基础上，形成了一整套关于执政党建设和中国特色社会主义建设的理论。它揭示了共产党执政的规律、社会主义建设的规律和人类社会发展的规律。它所阐述的一系列基本观点之间是彼此相互联系、相互渗透的，形成了一个完整的理论体系。首先，"三个代表"重要思想以辩证唯物主义和历史唯物主义这一科学的世界观和方法论作为它的认识论基础，以解放思想、实事求是、与时俱进作为贯穿各个观点的基本线索。其次，"三个代表"重要思想有自己所要解决和阐述的中心问题，这就是"建设一个什么样的党、怎样建设党"。再次，"三个代表"重要思想初步揭示了进入21世纪的共产党执政规律、社会主义建设规律和人类社会发展规律，所阐述的一系列基本观点之间是彼此相互联系的，从而形成不可分割的有机统一整体。

四、"三个代表"重要思想是建立在历史发展规律认识上的科学理论

第一，生产力是人类全部历史的物质基础，是一切社会发展的最终决定力量。

人类社会史首先是生产发展的历史，物质资料的生产是一切社会赖以存在和发展的基础。生产力是生产中最活跃、最革命的因素。生产力和生产关系、经济基础和上层建筑的矛盾是人类社会的基本矛盾，它们之间的矛盾运动推动人类社会从低级到高级向前运动变化和发展。在这一矛盾系统中，生产力决定生产关系、经济基础决定上层建筑，生产力是社会运动发展的内在根源，是一切社会发展的最终决定力量，是社会进步的最高标准。

历史上，无论哪一个阶级、政党或政治组织，只要代表了当时社会生产力发展的要求和水平，它就能顺应历史发展的方向，就能掌握领导社会变革、推动历史进步的主动权。历史上的奴隶主阶级、封建主阶级、资产阶级在革命前或革命后的一段时间，都曾起过一定的进步作用，在一定程度上促进过生产力的发展，但最终都不可避免地成为生产力发展的障碍，最终被人民所推翻。工人阶级是与社会化大生产紧密联系在一起的，是先进生产力和生产关系的代表，中国共产党是中国工人阶级的先锋队，同时是中国人民和中华民族的先锋队，是适应社会先进生产力的发展要求而诞生和发展壮大起来的，其肩负的历史使命与人类历史的发展规律完全一致。作为中国工人阶级先锋队和中华民族先锋队，中国共产党必须以不断解放和发展生产力为己任，解放在"三座大山"压迫下未能解放和发展的生产力，解放和发展在社会主义初级阶段由于种种原因在许多方面受束缚受限制的生产力。党只要抓住了不断解放和发展生产力这一根本任务，就体现了党所代表的阶级本质，就体现了党的先进性，就代表了社会先进生产力的发展要求，就能推动人类历史的发展、前进。正如毛泽东同志指出："中国一切政党的政策及其实践在中国人民中所表现的作用的好坏、大小，归根到底，看它对于中国人民的生产力的发展是否有帮助及其帮助之大小，看它是束缚生产力的，还是解放生产力的。"① 邓小平同志也说："在社会主义国家，一个真正的马克思主义政党执政以后，一定要致力于发展生产力。"②

总之，生产力是推动历史发展的根本动力，凡要为社会主义事业和共产主义理想的实现而奋斗的人们，就必须站在生产力发展的最前沿，致力于解放和发展生产力，做促进生产力解放和发展的先锋。

第二，党在各个历史时期都始终代表先进生产力的发展要求，这是我党有

---

① 毛泽东. 毛泽东选集：第三卷 [M]. 北京：人民出版社，1991：1079.
② 邓小平. 邓小平文选：第三卷 [M]. 北京：人民出版社，1993：28.

力量的根本原因。

中国共产党的历史是一部为了解放和发展生产力带领国家和民族走向繁荣富强而奋斗不息的历史。在各个不同的历史时期，党都代表着先进社会生产力的发展要求，揭示先进社会生产力的发展规律，把握先进社会生产力的发展方向，以推动生产力实现更快更好的发展。这是我党有力量、赢得人民衷心信赖的根本原因。

在新民主主义革命时期，党就非常重视革命对生产力的解放作用，把革命论和生产力论结合起来。因为帝国主义和封建主义、官僚资本主义是近代中国贫穷落后和一切灾难的总根源，在这"三座大山"的压迫下，中国不可能获得生产力的发展，只有用革命的手段推翻"三座大山"，改变半殖民地半封建社会制度，才能为生产力的发展扫清障碍。毛泽东同志说："解放中国人民的生产力，使之获得充分发展的可能性，有待于新民主主义的政治条件在全中国境内的实现。"① 党领导人民经过28年艰苦卓绝的斗争，取得新民主主义革命的胜利，从根本上为解放和发展生产力扫清了障碍。

中华人民共和国成立后，党又领导人民完成民主革命遗留的任务，迅速恢复了经济，实现了社会主义改造并于1956年建立了社会主义的基本制度，彻底消灭了剥削和剥削阶级，为中国生产力的发展开辟了更加广阔的前景。

十一届三中全会以来，以邓小平同志为主要代表的中国共产党人认真吸取1957—1977年这20年间的教训，重新认识和解释"什么是社会主义、怎样建设社会主义"这一基本问题。在改革开放新时期，党制定了解放和发展生产力的路线、方针和政策：

（1）抛弃"以阶级斗争为纲"，确立"一个中心，两个基本点"的基本路线，始终坚持以经济建设为中心不动摇，始终坚持不断解放和发展生产力不动摇，使经济建设得到迅速发展，综合国力迅速增强；

（2）突破把社会主义和市场经济对立起来的传统观念，确立我国经济体制改革的目标是建立社会主义市场经济体制。这是我国发展生产力的最佳选择，这样就能充分发挥市场在资源配置中的基础性作用，使我国社会主义事业和生产力的发展真正进入一个全新的境界；

---

① 毛泽东. 毛泽东选集：第三卷 [M]. 北京：人民出版社，1991：1081.

（3）坚持面向世界，对外开放，尽可能利用外部世界对我有利有用的一切条件和因素来尽快地发展我们自己；

（4）准确地洞察和把握当今世界经济发展走势，紧跟科技革命潮流，充分发挥科学技术是第一生产力的作用，使我国的经济发展转移到依靠科技进步和提高劳动者素质的轨道上来。

党的历史已经证明，我们党始终代表了先进生产力的发展要求。唯其如此，我党才能保持强大的凝聚力和战斗力，是领导我国社会主义事业的核心力量；唯其如此，我党才跳出"其兴也勃焉，其亡也忽焉"的历史周期率。

第三，代表先进生产力的发展要求是代表先进文化前进方向、代表最广大人民群众根本利益的前提和基础。

先进文化是人类文明进步的结晶，是生产力发展和提高的必然结果。生产力状况是文化形成的基本前提和物质基础。一般地说，经济繁荣和文化昌盛基本是一致的。只有促进生产力的发展，建设高度的物质文明，培养人们的科学意识、科学态度和科学精神，才能孕育和创造先进的文化，从而代表先进文化的前进方向。生产力落后、经济萧条的国度，一般不可能孕育和创造先进的文化，必然是神秘主义、封建迷信、伪科学和反科学的东西盛行。正如马克思指出，如果没有"生产力的巨大增长和高度发展为前提"，"那就只会有贫穷、极端贫困的普遍化；而在极端贫困的情况下，必须重新开始争夺必需品的斗争，全部陈腐污浊的东西又要死灰复燃"。在当代中国，先进文化是以马克思主义为指导的文化。以马克思主义为指导，创造和推进中国特色社会主义文化，更加需要经济的繁荣和生产力的巨大发展。用马克思主义占领思想文化阵地，同样离不开经济繁荣和生产力的发展。如果生产力长期落后，经济长期得不到应有的发展，必然会动摇人们对马克思主义的信仰，动摇对社会主义的信念，那么先进文化怎么会凭空产生呢？还是邓小平同志说得好："说服不相信社会主义的人要靠我们的发展。"① 因此，只有代表了先进社会生产力的发展要求，才能谈得上代表先进文化的前进方向，也才能用先进文化真正动员和激励人民正确认识社会发展规律，正确认识党和国家的前途命运，为改革开放和现代化建设提供思想保证、精神动力和智力支持。

---

① 邓小平．邓小平文选：第三卷［M］．北京：人民出版社，1993：204．

在社会主义初级阶段，在改革开放新时期，我国社会的主要矛盾是人民群众日益增长的物质文化需要同落后的社会生产力之间的矛盾，因此，促进生产力的发展，不断满足人民群众日益增长的物质和文化生活需要，就从根本上代表了最广大人民群众的根本利益。党只要能促进生产力发展，就一定符合人民群众的利益；反之，就一定不符合人民群众的利益，更谈不上代表人民的根本利益。我们党的执政地位不是与生俱来的，我们党执政地位的不断巩固也只有在生产力不断发展、人民生活水平不断提高，从而最终赢得广大人民对党更加信赖和拥护的基础上来实现。因此，只有代表了先进生产力的发展要求，才能代表最广大人民群众的根本利益。

社会实践永无止境，生产力的发展、文化的进步，是一个永无止境的过程，最广大人民的根本利益也是一个不断提升和实现的过程。"三个代表"重要思想是一个不断发展的科学理论，它的每一个方面都有不断创新的内在要求。它像任何其他科学理论一样，没有也不可能穷尽真理，更没有结束真理，而只是在实践中不断开辟认识真理的道路。

第三节 深刻认识"三个代表"重要思想的精神实质

"三个代表"重要思想内涵丰富、博大精深，但作为一种新的理论形态，体现了四种基本精神，即与时俱进的科学世界观、人民至上的价值观、无产阶级政党新的执政观和社会主义新的发展观。学习"三个代表"重要思想，就是要把握好这些精神实质。

一、把握与时俱进的科学世界观和方法论

解放思想、实事求是、与时俱进，是马克思主义的精髓。与时俱进是马克思主义最重要的理论品质。"三个代表"重要思想继承和发展了解放思想、实事求是的世界观和方法论，从江泽民同志在十四大报告中提出"三个不能停留"到十五大报告中提出"一个中心、三个着眼于"，从在2001年中央思想政治工作会议提出"四个如何认识"到"七一"讲话中提出"三个解放出来"，从2001年"五三一"讲话提出的"三个一定要"到十六大报告中提出我们党必须长期坚持的治党治国之道，足以证明创新对"三个代表"重要思想的形成是多么重要。"三个代表"重要思想是解放思想、实事求是、与时俱进的理论

结晶。解放思想、实事求是、与时俱进是马克思主义的精髓，也是"三个代表"重要思想的精髓，它贯穿"三个代表"重要思想的一切领域。把握了这个精髓，就把握了马克思主义最本质的东西，就把握了马克思列宁主义、毛泽东思想、邓小平理论和"三个代表"重要思想的历史联系及其统一的科学思想体系。"科学的本质是创新"，学习"三个代表"重要思想，最重要的就是要学习它的科学原理和科学精神、创新精神，就是要坚持与时俱进的科学世界观和方法论，始终坚持解放思想、实事求是、与时俱进，自觉把思想认识从那些不合时宜的观念、做法和体制的束缚中解放出来，从对马克思主义的错误的和教条式的理解中解放出来，从主观主义和形而上学的桎梏中解放出来。既要坚持马克思主义基本原理，又要谱写新的理论篇章，既要发扬革命传统，又要创造新鲜经验，善于在解放思想中统一思想，用发展着的马克思主义指导新的实践。

二、人民至上的价值观

"三个代表"重要思想的落脚点是"代表中国最广大人民的根本利益"，不仅从理论上阐明了自身的价值取向，而且对一系列问题的论述，始终贯穿了人民至上的价值观。胡锦涛同志在2003年"七一"讲话中指出："学习贯彻'三个代表'重要思想，必须牢牢把握立党为公、执政为民。这是衡量有没有真正学懂、是不是真心实践'三个代表'重要思想最重要的标志。"学习"三个代表"重要思想，就必须把握人民至上的价值观，深刻理解人心向背决定一个政权、一个政党的兴衰存亡。人民群众是我们党的力量源泉和胜利之本，只有致力于为最广大人民谋利益，我们党才能保持长盛不衰，才能巩固自己的执政地位。"三个代表"重要思想的本质是坚持立党为公、执政为民，我们党立党之本、执政之基、力量之源的"本""基""源"，说到底就是人民群众的支持和拥护。衡量一个党是否先进，最根本的标志就是能否密切联系群众，能否全心全意为人民谋利益。正如胡锦涛同志在2003年"七一"讲话中指出："相信谁，依靠谁，为了谁，是否始终站在最广大人民的立场上，是区分唯物史观和唯心史观的分水岭，也是判断马克思主义政党的试金石。"人民至上的价值观，既是世界观，又是方法论。学习这一观点，就必须落实到党和国家制定和实施方针政策的工作中去，落实到各级领导干部的思想和行动中去，落实到关心群众生产生活的工作中去。

三、无产阶级政党新的执政观

"三个代表"重要思想的立足点是保持党的先进性,巩固党的执政地位。江泽民同志多次强调,党执政时间越长,越要十分警惕党的执政地位可能带来的影响,越要抓紧党的自身建设,越要加强对党员和干部的管理,不能有一丝一毫的放松,形成了中国共产党人的新的执政理念和新的执政理论体系。学习"三个代表"重要思想,就必须把握这些新的执政观。第一,巩固党的执政地位,必须科学判断党的历史方位,强化党的执政意识。我们党历经革命、建设和改革,已经从领导人民为夺取政权而奋斗的党,成为领导人民掌握政权并长期执政的党;已经从受到外部封锁和实行计划经济条件下领导国家建设的党,成为对外开放和发展社会主义市场经济条件下领导国家建设的党。党的历史方位的变化决定了我们党的主要任务不再是领导人民为夺取政权而奋斗,而是把发展先进生产力、先进文化和实现最广大人民的根本利益作为主要任务;决定了党不仅是中国工人阶级先锋队,而且还是中国人民和中华民族的先锋队。第二,巩固党的执政地位,必须保持党的先进性。党的先进性是具体的历史的,必须放到推动当代中国先进生产力和先进文化的发展中去考察,放到维护和实现最广大人民的根本利益的奋斗中去考察,归根到底要看党在推动历史前进中的实际作用。第三,巩固党的执政地位,必须加强党的执政能力建设。要不断提高科学判断形势的能力、驾驭市场经济的能力、应对复杂局面的能力、依法执政的能力和总揽全局的能力。要以提高党的执政能力为重点,大力加强和改进党的建设,从思想上、组织上、作风上和制度上全面推进党的建设新的伟大工程,努力提高领导水平和执政水平,提高拒腐防变和抵御风险的能力。

四、社会主义新的发展观

"三个代表"重要思想是以发展为主线贯穿其全部内容的。"三个代表"重要思想就是关于发展的思想,而且它对很多问题的论述,始终贯穿了发展的精神,如"发展是执政兴国的第一要务""社会主义社会是全面发展、全面进步的社会"等,深化了对社会主义建设规律的认识。学习"三个代表"重要思想,就必须把握这些新的发展观。首先要把握系统的发展观。全面建设小康社会的目标,是中国特色社会主义经济、政治、文化全面发展的目标,是与加快推进现代化相统一的目标。其次,要把握协调的发展观,在中国共产党的坚强领导下，发展社会主义市场经济、社会主义民主政治和社会主义先进文化，不断促进社会主义物质文明、政治文明和精神文明的协调发展，全面建设小康社会，开创中国特色社会主义事业新局面，实现中华民族伟大复兴。再次，要把握以人为本的发展观。我们要在发展社会主义物质文明、政治文明和精神文明的基础上，不断提高人的素质，不断推进人的全面发展。这是马克思主义关于建设社会主义新社会的本质要求。

第四节　科学把握"三个代表"重要思想的历史地位

"三个代表"重要思想，以其对历史经验的科学总结，对当代世界政治、经济、国际关系走向以及人类社会基本特征的科学分析，与马列主义、毛泽东思想和邓小平理论的一脉相承，以其科学性和创新性，奠定了它重要的历史地位，是我们党必须长期坚持的指导思想。

一、"三个代表"重要思想不仅是党的建设的纲领，也是社会主义现代化建设的纲领，能够成为党和国家一切工作的指导方针

"三个代表"重要思想不是"代表中国先进生产力的发展要求、代表中国先进文化的前进方向、代表中国最广大人民的根本利益"这三句话的简单组合。江泽民同志在党的十六大报告中指出，"十三年来的实践，加深了我们对什么是社会主义、怎样建设社会主义，建设一个什么样的党、怎样建设党的认识，积累了十分宝贵的经验"，并进一步指出，"这些经验，联系党成立以来的历史经验，归结起来就是党必须始终代表中国先进生产力的发展要求，代表中国先进文化的前进方向、代表中国最广大人民的根本利益"。可见，在逻辑上，"三个代表"重要思想是中国共产党人关于什么是社会主义、怎样建设社会主义和建设一个什么样的党、怎样建设党的并被实践证明是正确的理论原则和经验总结。"三个代表"重要思想不仅继续深化了人们对"什么是社会主义、怎样建设社会主义"这一问题的认识，而且以"建设一个什么样的党、怎样建设党"这一关系到社会主义建设事业兴衰成败的重大问题为主题，贯通马克思主义哲学、政治经济学、科学社会主义等领域，涵盖了社会主义建设的各个方面。它涉及经济、政治、文化、军事、外交和党的建设等各个方面，全面体现了党的基本

理论、基本路线、基本纲领，组成一个完整的理论体系。虽然"三个代表"重要思想最初是作为党的建设的理论提出来的，但它所指的不是一般意义上的党的建设，而是广泛涉及党的思想理论建设、组织建设、制度建设、政权建设乃至领导水平、执政能力、管理方法等重大理论和实践问题，目的是全面推进党的建设新的伟大工程。因此，"三个代表"重要思想既为加强党的建设指明了方向，而且也为中国特色社会主义事业指明了方向。不仅是党的建设的纲领，也是社会主义现代化建设的纲领。它的功能从党建领域延伸到治国理政领域，是理论认识深化的结晶，体现了立党为公和执政兴国的统一、党的奋斗目标和国家的发展任务的统一，具有很强的实践性和可操作性，成为党和国家一切工作的指导方针。

二、"三个代表"重要思想不是"早已有之"，而是一个地地道道的创新学说

马克思主义经典作家对"三个代表"的每一个方面确实有过许多精辟的论述，但没有提出"三个代表"的概念，更没有完整地提出过"三个代表"重要思想，而且他们把"三个代表"的每个方面都是作为党的重要工作来论述的，还没有上升到党的建设的本质和层次，没有把三个方面的具体论述与党的先进性联系起来。马克思主义经典作家的论述，是"三个代表"思想的重要来源，为"三个代表"思想的形成奠定了思想基础。"三个代表"重要思想，是对世界社会主义运动和我们党历史上已有的关于"三个代表"的丰富思想资源进行整合、创新、发展，是经过系统的理论总结和科学的理论概括，并结合新时期党的建设实践和中国特色社会主义实践经验形成的。"三个代表"重要思想第一次把解放和发展生产力、先进文化建设和最广大人民的根本利益统一起来，并用于指导党的建设，突出了党的先进性与人类社会发展的根本性力量之间的一致性，揭示了党的先进性的基础、灵魂和本质，形成一个系统的马克思主义建党学说的理论。"三个代表"重要思想第一次把解放和发展生产力、先进文化建设和最广大人民的根本利益从党所领导的一个方面的工作，上升到党的性质和宗旨的层次上来，把生产力、先进文化和最广大人民的根本利益作为党的先进性的重要内容，作为党的理论建设、政治建设、组织建设和作风建设的内在要求。这在马克思主义发展史上，也是第一次。从"代表先进生产力"，到

"代表先进生产力的发展要求";从"为人民服务"到"代表最广大人民的根本利益"到"三个代表"的全面表述,无论从政治上、理论上,还是工作制度、领导方式上,都有一个认识上的新的飞跃。可见,"三个代表"重要思想不是马克思主义经典作家相关论述的简单组合,而是一个创新的学说。

三、"三个代表"重要思想是对历史经验的科学总结,是建立在马克思主义唯物史观基础之上的科学理论

江泽民同志曾经讲过,提出"三个代表"重要思想,是经过深思熟虑的。"三个代表"重要思想深深植根于历史的沃土之中,是经得起历史检验的科学理论。从人类历史发展的长河看,人类社会发展历史,就是生产力不断发展、先进生产力不断取代落后生产力的历史,就是不断走向文明进步的历史,就是人民群众自己创造历史的历史。生产力、先进文化、人民利益是历史发展规律中带根本性的因素。"三个代表"重要思想的提出就是抓住了历史发展规律的真谛,是唯物史观的基本原理在党的建设和社会主义现代化建设理论上的创造性运用。"三个代表"重要思想把党的先进性建立在历史发展规律的基础之上,并且和历史发展规律内在地统一起来,对党的先进性作了具有长远指导性的科学规范。历史已经证明并将继续证明,遵循历史发展规律、顺应历史发展趋势的先进性是最牢靠、最坚实的先进性,是最具有决定意义的先进性。我们党的阶级性质的先进性、根本宗旨的先进性、指导思想的先进性和奋斗目标的先进性,无一不是建筑在遵循历史发展规律的基础之上的。任何一种指导无产阶级政党实践的科学理论,只有站在唯物史观的高度,才能透过纷繁复杂的历史和社会现象去获得真理的认识,指导马克思主义政党的实践。

四、从马克思主义经典作家"一个代表"扩展到"三个代表"重要思想,能够更好地保持党的先进性的连续性和稳定性

忠实代表中国各族人民的根本利益,是无产阶级政党最根本的政治原则,是马克思主义政党学说中最基本的原理。马克思、恩格斯在《共产党宣言》中指出,无产阶级的运动是绝大多数人的,是为绝大多数人谋利益的独立的运动。我们党的历史就是一部为中国人民的利益而奋斗不息的历史。但从国际共产主义运动历史看,强调"一个代表"——代表人民的利益,往往使执政党比较多

从政治制度方面、从生产关系方面去强调代表人民的利益，从先进生产力、先进文化上考虑得比较少，因此就存在着这样的历史现象：各个时期的"左"的理论和运动往往都冠以"人民"的名义，打着"维护和捍卫人民利益"的招牌，造成主观上想代表人民利益，实际上反而严重损害人民利益的事情发生。如苏联在20世纪30年代搞"大清洗"，口号就是"揭发和铲除人民敌人的运动"。"人民敌人"就是一个虚幻的口号，根本没有法制思维和法治意识，根本没有也不可能去清晰界定"人民敌人"，导致法制被破坏，制造了无数的冤假错案。20世纪在苏联和东欧国家，政治运动连绵不断，最后土崩瓦解，促使我们不得不思考如何才能真正代表人民的利益，具体地说我们党如何去代表人民的利益。因此面对国内外形势的深刻变化，把"一个代表"扩展为"三个代表"表明我党的主要任务不再是领导人民为夺取政权而奋斗，而是要把体现发展先进生产力、先进文化、人民根本利益的社会主义现代化建设作为主要任务，保持党的先进性的连续性和稳定性。这就是说，党的先进性不是单一的，而是全面的，是阶级性和代表性的有机统一；更不是抽象的，而是在各个历史阶段都能够历史地、具体地体现出来的。这就给党的性质、宗旨和任务赋予了新的含义。"三个代表"在先进社会生产力、先进文化和人民利益之间保持着内在的有机联系，维持着必要的张力。三者之间相互联系，相互促进：发展先进的生产力是发展先进文化、实现最广大人民根本利益的基础条件，人民群众是先进生产力和先进文化的创造主体；不断发展先进的生产力和先进文化，归根到底是为了人民群众的利益、为了日益增长的物质文化生活的需要，是不断实现最广大人民的根本利益。三者统一于党的建设的各个方面，统一于党领导人民进行改革开放和社会主义现代化建设的全过程。

五、"三个代表"重要思想用马克思主义的宽广眼界观察世界，对当代世界的政治、经济格局国际关系走向和人类社会的基本特征进行科学分析，作出了新的正确判断

20世纪80年代末至90年代初，国际形势风云变幻。一方面，世界多极化趋势和经济全球化在曲折中发展，科技进步日新月异，综合国力竞争日趋激烈，世界的力量组合和利益分配正在发生新的重大变化。另一方面，和平与发展这两大主题一个也没有解决，霸权主义和强权政治又有新的发展。此外，国际政

治、经济中的突发性因素增加，国际形势的不稳定性增强，维护世界和平、寻求和平环境的压力增大，迫切需要我党洞察世界形势的新变化特别是要高度重视飞速发展的科学技术给世界政治经济和社会生活及世界面貌带来的深刻变化，作为对国家、民族和人民极端负责的中国共产党需要极端认真、极端严肃地对待。"三个代表"重要思想正是根据这种形势，制定了我们党的路线和国际战略，强调要与时俱进，强调党一定要适应实践的发展，以实践来检验一切，用发展着的马克思主义指导新的实践。只有这样才是真正的马克思主义，故步自封、因循守旧只能导致失败和落后，甚至亡党亡国。与时俱进是"三个代表"重要思想的鲜明的时代精神。

能否正确判断国际形势，关系到党的事业的兴衰成败。"三个代表"重要思想全面分析当代世界矛盾，全面审视和平力量和战争因素消长，提出关于世界形势的总的看法和根本观点。江泽民同志在党的十六大报告中指出，"和平与发展仍是当今时代的主题""维护和平，促进发展，事关各国人民的福祉，是各国人民的共同愿望，也是不可阻挡的历史潮流"，认为和平与发展作为时代的主题没有改变，世界多极化的趋势没有改变，我们面临的国际环境依然是机遇大于挑战。这些重要论断为我们党继续坚持"一个中心、两个基本点"的基本路线、全面建设小康社会提供了理论依据。但和平与发展的任务远未穷期，正如江泽民同志所指出的，"总体和平、局部战乱，总体缓和、局部紧张，总体稳定、局部动荡，是当前和今后一个时期国际局势的基本态势"[①]。这就要求我党密切关注和正确分析形势的发展变化，要把困难估计得严重一点，增强忧患意识，居安思危，清醒地看到日趋激烈的国际竞争带来的严重挑战。"三个代表"重要思想对错综复杂、瞬息万变的国际形势所作出的这些重要判断，为党和国家制定内政外交方针、谋求有利的国际和平环境和周边环境提供了科学的指导原则。"三个代表"重要思想还认真规划和不懈坚持世界发展的正确方向。江泽民同志在党的十六大报告中指出，"我们主张顺应历史潮流，维护全人类的共同利益；主张建立公正合理的国际政治经济新秩序；主张维护世界多样性，提倡国际关系民主化和发展模式多样化；主张反对一切形式的恐怖主义"。这些是对邓小平同志和平与发展是时代主题这一科学认识的丰富和发展，是以江泽民

---

① 江泽民. 江泽民文选：第三卷［M］. 北京：人民出版社，2006：373.

同志为主要代表的中国共产党人正确分析国际形势、深刻总结当代国际关系的基本经验而得出的新思想、新观点和新论断，有助于我们党正确认识形势，与时俱进，趋利避害，把握未来。

一种理论的历史地位绝不是自封的，而是历史地形成的，主要应看它在多大程度上解决了人类在历史实践中提出的问题，在多大程度上推动了人类历史的前进。"三个代表"重要思想加深了对什么是社会主义、怎样建设社会主义和建设什么样的党、怎样建设党的认识，是当代中国的马克思主义，是马克思主义在中国发展的新阶段，是党必须长期坚持的指导思想。

第三章　科学发展观：成功在新形势下坚持和发展了中国特色社会主义

科学发展观不仅仅是"观点"，也是博大精深的科学理论体系，与邓小平理论、"三个代表"重要思想一脉相承又与时俱进，是中国特色社会主义理论体系的重要组成部分。科学发展观科学回答和解决了重大时代课题，既承担起进一步发展中国特色社会主义的历史使命，又在世界面前树立起了中国新时期的发展旗帜，成功在新形势下坚持和发展了中国特色社会主义，是中国共产党对人类进步事业作出的重大贡献，是党的理论创新的又一标志性成果。

第一节　科学发展观是博大精深的科学理论体系

科学的理论体系是对客观事物本质及其规律的正确认识和反映。党的十七大报告提出了中国特色社会主义理论体系，并指出："中国特色社会主义理论体系，就是包括邓小平理论、'三个代表'重要思想以及科学发展观等重大战略思想在内的科学理论体系。"科学发展观和邓小平理论、"三个代表"重要思想一样，以深厚的思想内涵、严谨的内部结构、鲜明的体系特征，形成了一个完备的科学理论体系。

一、深厚的思想内涵

理论的系统性首先表现为理论内涵的丰富性和全面性。一种理论能否成为一个体系，必须看其是否提出了一系列相互联系的、内在统一的理论观点。这是理解科学发展观的科学体系的前提和基础。

"以人为本、全面协调可持续发展"是对科学发展观的集中表述，是科学发展观最本质、最核心、最重要的内容。科学发展观用"以人为本""全面、协调、可持续发展""五个统筹"等言简意赅的语言高度概括并体现科学发展观的深刻内涵、本质要求，其中每一点都包含着非常丰富的思想内涵。语言的凝练表明这一理论概括程度高而且覆盖面广,并不意味着理论内涵的单薄。如关于"以人为本",胡锦涛同志指出:"坚持以人为本,就是要以实现人的全面发展为目标,从人民群众的根本利益出发谋发展、促发展,不断满足人民群众日益增长的物质文化需要,切实保障人民群众经济、政治、文化权益,让发展成果惠及全体人民。"① 又如,关于"全面、协调、可持续发展",胡锦涛同志强调说:"全面发展,就是要以经济建设为中心,全面推进经济、政治、文化建设,实现经济发展和社会全面进步。协调发展,就是要统筹城乡发展、统筹区域发展、统筹经济社会发展、统筹人与自然和谐发展、统筹国内发展和对外开放,推进生产力和生产关系、经济基础和上层建筑相协调,推进经济、政治、文化建设的各个环节各个方面相协调。可持续发展,就是要促进人与自然的和谐,实现经济发展和人口、资源、环境相协调,坚持走生产发展、生活富裕、生态良好的文明发展道路,保证一代接一代地永续发展。"② 可见,要完整、准确地理解和把握科学发展观,就不能仅仅局限于文字表面,不能把科学发展观理解为简短的十几个字,更不能理解为一般的个别论断。科学发展观的内涵是非常丰富的,如果要对科学发展观的内涵做一个简明概括,那就是十七大报告所概括的:"科学发展观,第一要义是发展,核心是以人为本,基本要求是全面协调可持续,根本方法是统筹兼顾。"这四个方面是相辅相成的有机整体,认识科学发展观的内涵,既要从整体上把握其内容,又要具体认识这四个方面的各自内容。

科学发展观是随着时代、实践和科学的发展而不断发展着的科学理论,其内涵在指导改革开放和现代化建设新的实践中不断得到丰富、完善和发展。以胡锦涛为主要代表的中国共产党人紧紧围绕我国在新世纪新阶段面临的新形势新任务作出科学回答,在中国特色社会主义的经济建设、政治建设、文化建设、社会建设和党的建设等一系列问题上还提出了一系列重要思想和论断,如提出构建社会主义和谐社会、建设社会主义新农村、建设创新型国家、树立社会主义荣辱观、加强党的执政能力和加强党的先进性建设、建设和谐世界等,形成了一系列重大理论创新成果。这些重大理论创新成果紧紧围绕建设中国特色社会主义这个主题,从不同方面、不同领域展开,内涵各有侧重,是科学发展观

---

① 胡锦涛. 胡锦涛文选:第二卷 [M]. 北京:人民出版社,2006:166 - 167.
② 胡锦涛. 胡锦涛文选:第二卷 [M]. 北京:人民出版社,2006:167.

在不同领域的具体化和延伸。它们紧密相连、相互贯通、相互转化，是贯彻落实科学发展观的生动体现和最新体会，也是对科学发展观的完善、丰富和发展。它们不仅在理论上形成了有内在联系的统一整体，而且在实践上实现了良性互动。随着上述重大理论创新成果的不断形成及其对科学发展观的融入和渗透，科学发展观作为一种创新理论，涉及生产力和生产关系、经济基础与上层建筑的各个环节，涵盖经济建设、政治建设、文化建设、社会建设各个领域，贯通中国特色社会主义伟大事业和党的建设新的伟大工程的各个方面，逐步成为一个指导发展的世界观和方法论的集中体现和对经济社会发展全局起着统领作用的科学理论。我们要善于用发展的观点看待科学发展观，在不断丰富科学发展观的内涵中推动科学发展观理论的发展，在推动理论的发展中不断深化对科学发展观的认识。

二、清晰的理论框架

任何一种科学理论的体系都是有层次的，各层次所具有的基本观点，依其内在联系构成一个有机的逻辑结构，系统地回答实践中提出的一系列基本问题。科学发展观的逻辑起点是从国际国内实际出发，运用马克思主义的立场、观点、方法去认识和解决中国的发展问题，以全面协调可持续发展、构建社会主义和谐社会、加强党的执政能力建设和党的先进性建设、推进和谐世界建设四大战略思想为理论支柱，以中国特色社会主义现代化建设的思想路线、发展道路、发展阶段、发展战略、发展动力等为主要范畴，贯通哲学、政治经济学、科学社会主义三大学科领域，涵盖新世纪党和国家建设的方方面面，是比较完备的科学体系。

处于第一层次的是"关于发展的世界观和方法论"，是科学发展观的"总论"。科学发展观是我们党指导发展的世界观和方法论的集中体现，既是为谁发展、靠谁发展的世界观理论，又是如何实现又好又快发展的方法论思想。它强调要"求四真，务四实"①，在党的思想路线上增添了求真务实的新内容，是我

---

① "求四真，务四实"：求我国社会主义初级阶段基本国情之真，务长期艰苦奋斗之实；求社会主义建设规律和人类社会发展规律之真，务抓好发展这个党执政兴国的第一要务之实；求人民群众的历史地位和作用之真，务发展人民利益之实；求共产党执政规律之真，务全面加强和改进党的建设之实。

们党创立科学发展观的思想基础,主要回答和解决了科学发展观形成的思想方法问题。科学发展观把以人为本作为其本质与核心,强调发展的出发点和落脚点是人民利益,弘扬了为绝大多数人谋利益的价值理想,是马克思主义的世界观在指导发展上的集中体现,主要回答了"为谁发展"的重大问题;注重依靠人民群众解决前进道路上的困难和问题,是马克思主义的群众观在指导发展上的集中体现,主要回答了"靠谁发展"的重大问题。科学发展观把全面发展、协调发展、可持续发展三者有机统一起来,是马克思主义的方法论在指导发展上的集中体现,主要回答了"怎样发展"的重大问题。

处于第二层次的是从"关于发展的世界观和方法论"出发提出的若干重大战略思想,形成了科学发展观这一理论体系的构成要件。一是科学发展的重大战略思想。科学发展观将全面、协调、可持续发展三者联系起来,把"以人为本"贯穿其中,作为一个整体加以表述和运用,作为一个完整的发展观提出;并把它提到整个发展的指导思想高度,赋予了"全面协调可持续"以新的含义,进一步揭示了我国经济社会发展的本质、状态、目标和基本要求,实现社会主义现代化建设指导思想的重大转型,谋求实现经济社会又好又快发展。二是关于构建社会主义和谐社会的重大战略思想。科学发展观把社会和谐提高到中国特色社会主义本质属性的高度,提到了中国特色社会主义总体布局的高度,提到了社会主义现代化宏伟目标的高度,注重主动地、自觉地防止和化解各种困扰及风险,改变转型期日益突出的社会矛盾,着力保障和改善民生,促进社会公平正义,为发展创造良好的社会环境,开启了建设中国特色社会主义新的历史实践。三是关于加强党的执政能力建设和关于加强党的先进性建设的重大战略思想。科学发展观进一步丰富了党的执政理念,对加强党的执政能力建设提出了新要求,赋予党的先进性建设以新的时代内涵和历史任务,解决了党的执政能力同党肩负的重任和使命某些不适应的问题,解决了如何使我们党保持与时俱进的品质、始终走在时代前列的问题,使党的建设的理论视野更加开阔,战略思维更加深邃,为实现更快更好发展提供了坚强有力的保证。四是关于积极推进和谐世界建设的重大战略思想。科学发展观把中国的发展与世界的发展紧密联系起来,强调要高举和平、发展、合作的旗帜,坚定不移地走和平发展道路,通过争取和平的国际环境来发展自己,又通过自己的发展来促进世界和平,推动建设一个持久和平、共同繁荣的和谐世界,为中国发展营造有利的国际环境和周边环境。这四大战略思想有机联系,环环相扣,相互贯通,相互转化，共同统一于科学发展观的科学体系中。

处于第三层次的是理论指导实践的层次，是科学发展观指导经济建设、政治建设、文化建设、社会建设和党的建设方面提出的一系列政策、方针、措施等，属于科学发展观的"细目"。具体体现为十个理论范畴：①"发展机遇论"，强调21世纪头20年是我国必须紧紧抓住并且可以大有作为的重要战略机遇期；②"发展实质论"，就是实现经济又好又快发展；③"发展道路论"，强调必须坚持科学发展，转变增长方式，提高发展质量，推动整个社会走上生产发展、生活富裕、生态良好的文明发展道路；④"发展阶段论"，强调我国人均国内生产总值达1000美元，进入全面建设小康社会阶段，提出构建社会主义和谐社会的奋斗目标；⑤"发展任务论"，提出要大力发展社会生产力，坚持用发展的办法解决前进中的问题；⑥"发展动力论"，强调改革创新是推进社会发展的重要动力，要发挥改革、科技、开放的动力作用，尤其重视提高自主创新能力；⑦"发展战略论"，实施科教兴国、人才强国、区域协调发展、可持续发展等战略；⑧"发展主体论"，强调必须维护人民群众的主体地位，最大限度地激发社会活力；⑨"和平发展论"，强调走和平发展道路；⑩"发展保障论"，提出必须充分发挥党的领导核心作用，坚持立党为公、执政为民，重申"两个务必"，倡导"三个为民""三个执政"、建设"五大能力"①，提出树立正确的政绩观、正确的权力观、利益观及正确的群众观，为发展提供坚强有力的保障。这一系列范畴是科学发展观在社会主义建设各个领域、各个方面的具体体现，是科学发展观的逻辑展开，也是中国特色社会主义发展内在逻辑的展开。科学发展观是由这一系列相互联系的基本范畴所构成的科学思想体系。这些范畴相互渗透、相互促进、相互完善，有机地融为一个整体，构成科学发展观理论体系，进一步回答了中国特色社会主义发展的指导思想、发展道路、发展阶段、根本任务、发展动力、外部条件、政治保证、战略步骤、党的领导和依靠力量以及祖国统一等一系列基本问题，对当代中国的发展问题作了全面深入的回答，把马克思主义中国化的历史进程推向了一个崭新的境界。

---

① "两个务必"：务必使同志们继续地保持谦虚、谨慎、不骄、不躁的作风；务必使同志们继续地保持艰苦奋斗的作风。"三个为民"：权为民所用，情为民所系，利为民所谋。"三个执政"：科学执政，民主执政，依法执政。"五大能力"：科学判断形势的能力，驾驭市场经济的能力，应对复杂局面的能力，依法执政的能力，纵览全局的能力。

三、鲜明的体系特征

作为一种科学的理论体系，必然在形成过程中体现出自己的体系特征。科学发展观的体系特征主要表现为：

（1）包容性。十七大报告指出："中国特色社会主义理论体系是不断发展的开放的理论体系。"科学发展观是在党的十六届三中全会上作为政策型的理论观点首次提出来的，但随着实践的发展，在内涵上进一步扩大容量，外延上进一步扩大范围，包容性越来越强，成为囊括十六大以后以胡锦涛同志为主要代表的中国共产党人提出的重大理论创新成果的理论体系，覆盖党和国家的一切工作。随着实践的深入，科学发展观的理论内涵继续得到丰富、发展和完善，科学发展观的历史地位也得到提升，从一开始的应对和解决社会转型期各种矛盾和挑战层面，上升为关于发展的世界观方法论；从全面建设小康社会阶段性指导方针层面，上升为社会主义现代化建设必须长期坚持的指导方针。

（2）求实性。科学发展观是求真务实的发展观。实事求是作为科学发展观的精髓，集中体现为求真务实的科学精神和政治品格。"求四真""务四实"在理论上进一步丰富和发展了马克思主义思想路线的内涵，体现了马克思主义所要求的理论和实践、知和行的具体的历史的统一，使党的思想路线的实践内涵更加深刻和完整，使党的思想路线的实践意义更加突显和具体。树立和落实科学发展观，同大兴求真务实之风是内在统一的。树立和落实科学发展观要以求真务实为着力点，用求真务实的作风落实科学发展观。

（3）整体性。社会是由生产力与生产关系、经济基础与上层建筑所构成的有机整体，指导社会发展的科学理论必须重视社会整体的发展。科学发展观坚持了社会是一个有机整体的观点，强调了发展的整体性、系统性，强调要通过各部分相互作用、相互促进，推动社会整体的发展；强调中国特色社会主义建设的总体布局是经济建设、政治建设、文化建设、社会建设"四位一体"，确立了建设社会主义现代化国家富强、民主、文明、和谐的整体目标，使经济更加发展、民主更加健全、科教更加进步、文化更加繁荣、社会更加和谐、人民生活更加殷实，体现了科学发展观理论体系的整体性特征。

（4）民族性。马克思主义中国化的理论创新，是在马克思主义同中国实际相结合的过程中，运用中国化的民族语言阐述中国化的马克思主义。科学发展观在科学理论的表现形式上极具中华民族特色和神韵，特别是"以人为本"

"和谐社会""公平正义""人与自然的统一"等传统文化语言,有力地表达了科学发展观的内在精神,具有浓郁的中国特色,容易内化为人民群众的思维方式和价值观念,真正为中国人民所喜闻乐见和自觉实践。

(5)人文性。科学发展观把"以人为本"纳入了发展观范畴,强调把广大人民群众的整体利益放在首位,充分实现广大人民群众的根本利益,强调尊重人的价值、发挥人的主体作用、满足人的发展愿望和多样性的需求、促进人的全面发展,充满了对全体社会成员和每个人的深切的人文关怀。以人为本,公平公正,人的全面发展、社会的全面进步等科学社会主义理念在科学发展观中再一次得到重申和强调,体现了马克思主义关于社会的发展最终是为了人的自由而全面发展,体现了科学发展观"立党为公、执政为民"的价值追求。把科学精神和人文精神有机地统一于发展观之中,这就是它区别于其他发展观的本质特征之一。坚持"以人为本"是科学发展观的根本特征。

四、一脉相承而又与时俱进的科学体系

一脉相承又与时俱进,是马克思主义所固有的理论品质。科学发展观是同马克思列宁主义、毛泽东思想、邓小平理论和"三个代表"重要思想既一脉相承又与时俱进的科学理论。在新时期,树立和落实科学发展观,是对马克思列宁主义、毛泽东思想、邓小平理论和"三个代表"重要思想的最好坚持和最好实践。

科学发展观和毛泽东思想、邓小平理论、"三个代表"重要思想一样,体现了马克思主义与时俱进的理论品质。马克思主义是与时俱进的科学理论。抓住解放思想、实事求是、与时俱进、求真务实,就掌握了马克思主义活的灵魂,就把握了马克思主义最本质的东西,也就把握了毛泽东思想、邓小平理论、"三个代表"重要思想的历史联系和它的统一的科学思想体系。科学发展观既坚持了马克思主义基本原理,继承了毛泽东思想、邓小平理论、"三个代表"重要思想中关于发展的基本思想,深刻体现了马克思主义中国化一脉相承的重要特点,同时又紧密结合新的时代特点和实践要求,对马克思主义基本原理作出了创新性发展,与时俱进地在马克思主义的科学体系中注入了新的时代内涵,生动体现了马克思主义中国化与时俱进的理论品质。科学发展观的提出是我们党不断地把马克思主义的基本原理同不断发展着的中国实际相结合的生动体现。

科学发展观和毛泽东思想、邓小平理论、"三个代表"重要思想一样,贯

穿辩证唯物主义和历史唯物主义的世界观和方法论。科学发展观和毛泽东思想、邓小平理论、"三个代表"重要思想，虽然形成于不同的历史时期，面对着不同的历史任务，但都贯穿了辩证唯物主义和历史唯物主义的世界观和方法论。科学发展观首先强调发展是第一要义，把发展生产力作为首要任务是对唯物史观历史决定性作用的运用和阐发；强调以人为本，促进人的全面发展，是关于唯物史观历史主体思想的运用和阐发；强调全面协调可持续发展，是对唯物史观关于社会结构、社会系统理论和关于社会历史连续性理论的运用和阐发。可见，辩证唯物主义和历史唯物主义是科学发展观的理论基础，科学发展观是辩证唯物主义和历史唯物主义在当代中国社会发展中的具体运用。

科学发展观和毛泽东思想、邓小平理论、"三个代表"重要思想一样，科学回答和解决了重大的时代课题。时代课题具有根本性、全局性，是新的理论成果形成、完善和发展的基本依据。一种能够成为科学体系的理论，必然是完全反映了现实和时代的需要、回答了重大的时代课题的理论。科学发展观在邓小平理论和"三个代表"重要思想的基础上，通过深化对建设中国特色社会主义的认识，吸收已有的发展理论中的积极成分，进一步回答和解决了"什么是社会主义？怎样建设社会主义？"、"建设一个什么样的党，怎样建设党？"的问题，创造性地回答了"什么是发展、为什么发展、怎样发展"的重大问题，在中国特色社会主义发展目的、发展道路、发展阶段、发展模式、发展动力等方面提出了一系列新思想新论断，赋予了马克思主义关于发展的理论以新的时代内涵和实践要求，开辟了马克思主义发展的新境界，为中国特色社会主义理论体系增添了新的内容。

科学发展观和毛泽东思想、邓小平理论、"三个代表"重要思想一样，都产生于党和人民事业发展的实践进程。实践是理论创新的源泉。中国人民在党的领导下所从事的变革现实的实践，是我们党在指导思想上与时俱进的最直接最现实的基础。进入21世纪以来，中国特色社会主义建设事业进入全面建设小康社会阶段，世情、国情和党情出现新变化和新问题。在新的实践基础上产生的新问题呼唤马克思主义的理论创新。党的十七大报告指出："科学发展观，是立足社会主义初级阶段基本国情，总结我国发展实践，借鉴国外发展经验，适应新的发展要求提出来的。"科学发展观总结了20多年来我国改革开放和现代化建设的实践经验并吸取了世界上其他国家在发展进程中的经验教训，深入分析我国发展阶段性特征，揭示了经济社会发展的客观规律，形成新的理论创新成果。它一经提出，就得到中国人民广泛的认同，已经并继续发挥着巨大的理论威力，对实践起着巨大的推动作用。

科学发展观和毛泽东思想、邓小平理论、"三个代表"重要思想一样，都体现了马克思主义宽广的世界视野。科学发展观以马克思主义宽广眼界观察世界，积极借鉴现代西方发展理念、当今世界有关发展的认识成果、世界各国发展的成败得失，对世界经济社会发展趋势作出自觉回应，在世界面前树立起了中国新时期的发展旗帜，并在旗帜上写上了富有民族特色的新内容。科学发展观是人类文明成果之集大成者，是在广泛吸取和借鉴人类文明成果基础上创立起来的科学理论。科学发展观及在这一科学理论指导下的中国发展道路必将对越来越多的国家和人民产生吸引力。

从以上各部分的论述可以看出，科学发展观有科学的世界观、方法论贯穿其中，有着力研究解决的中心问题，有围绕中心问题形成的一系列相互联系的基本观点，经得起实践的检验，完全符合关于科学理论体系的判断条件，是一个同马克思列宁主义、毛泽东思想、邓小平理论和"三个代表"重要思想一脉相承而又与时俱进的科学理论体系。

第二节　正确认识科学发展观的历史地位

中国共产党是一个勇于和善于进行理论创新的党。党的十六大以后我们党对经济社会发展规律的认识有了新的提高，在马克思主义理论建设上取得的重大发展，就是提出了科学发展观。党的十七大把科学发展观写入党章，实现了党和国家指导思想上的与时俱进，在马克思主义发展史上具有重要地位。

一、深化了对党的思想路线的认识

在马克思主义发展史上占有重要地位的理论，都是建立在正确的思想路线基础之上的科学理论。没有正确的思想路线的指引，就不可能产生新的科学理论。党的思想路线是我们党认识世界和改造世界的根本观点和根本方法。历史经验告诉我们，能否把社会主义建设好，首先要解决好党的思想路线问题。邓小平同志曾经指出："关于真理标准问题的争议，的确是个思想路线问题，是个政治问题，是个关系到党和国家的前途和命运的问题。"① "不解决思想路线问题，不解放思想，正确的政治路线就制定不出来，制定了也贯彻不下去。"② 可见党的思想路线与党的兴衰成败息息相关。党的思想路线丰富和发展的过程，就是马克思主义中国化不断深入并结出硕果的过程。"解放思想、实事求是、与时俱进"思想路线的形成过程，就是毛泽东思想、邓小平理论和"三个代表"重要思想形成的过程。进入新世纪，树立和落实科学发展观、构建社会主义和谐社会、实现中华民族伟大复兴的宏伟战略目标，呼唤党的思想路线有新的发展，并对当代共产党人更好地坚持党的思想路线提出了新要求。2004年1月，胡锦涛同志在中央纪律检查委员会第三次全体会议上的讲话中强调，在全党大力弘扬求真务实精神、大兴求真务实之风，关键是要引导全党同志不断求我国社会主义初级阶段基本国情之真，务坚持长期艰苦奋斗之实；求社会主义建设规律和人类社会发展规律之真，务抓好发展这个党执政兴国的第一要务之实；求人民群众的历史地位和作用之真，务发展最广大人民根本利益之实；求共产党执政规律之真，务全面加强和改进党的建设之实。这"求四真，务四实"，揭示了新的历史条件下求真务实的内涵、本质和关键，深化了我们对求真务实要求的理解和认识。科学发展观就是我们党在"求四真，务四实"的过程中做出的重要理论创新。

求真务实在理论上进一步丰富和发展了马克思主义思想路线的内涵。"求真"就是不断地认识事物的本质，把握事物的规律，侧重认识世界，着力揭示世界的本质和规律，体现科学精神。"务实"，就是要在这种规律性认识的指导下去实践、去行动，侧重在认识世界的同时改造世界，体现实践品格。只有求真，才能更好地务实；只有务实，才能达到求真的目的。求真务实，它体现了马克思主义所要求的理论和实践、知和行的具体的历史的统一，使党的思想路线的实践内涵更加深刻和完整，使党的思想路线的实践意义更加突显和具体，进一步突出了马克思主义政党的实践精神和历史责任感。正如胡锦涛同志在中纪委第三次全会上的重要讲话中指出："求真务实，要紧紧围绕落实党和国家的各项工作来进行，最重要的是付诸实践、见诸行动、取得成效。""求真务实"是党的思想路线与时俱进的新成果，是继"与时俱进"之后的又一个新理念和

---

① 邓小平. 邓小平文选：第二卷 [M]. 北京：人民出版社，1994：143.
② 邓小平. 邓小平文选：第二卷 [M]. 北京：人民出版社，1994：191.

重大理论创新。坚持求真务实，就是坚持党的思想路线。求真务实的过程，就是解放思想、实事求是、与时俱进的过程。

坚持求真务实，是科学发展观开拓中国特色社会主义新局面的理论基石。求真务实，是辩证唯物主义和历史唯物主义一以贯之的科学精神，是我们党的思想路线的重要内容，也是党的优良传统和共产党人应该具备的政治品格。求真务实的理论，使我们对我国现阶段社会经济形态的主要特征、历史任务、运行规律和必须实行的方针政策有了更加深刻的认识，使我们对全面建设小康社会的长期性、艰巨性、复杂性有了充分的思想准备，因此才有了党在经济、政治、文化、党的建设等方面一系列正确的方针政策。求真务实的思想路线，也使树立和落实科学发展观有了根本的思想和作风保障。树立和落实科学发展观，必须用求真务实的精神来思考工作，用求真务实的要求来部署工作，用求真务实的勇气来推动工作，用求真务实的标准来检验工作。正如2004年5月胡锦涛同志在江苏考察工作时指出："树立和落实科学发展观，与大兴求真务实之风是内在统一的。""树立和落实科学发展观要以求真务实为着力点，用求真务实的作风落实科学发展观。"党的十六大后，我国改革开放和现代化建设取得重大成就的根本原因之一，就在于我们党坚持求真务实的思想路线。一些地方经济社会在快速发展中出现的一系列问题，认识论根源就在于背离了"求四真，务四实"的基本原则，不按经济社会发展的客观规律办事所造成的。要继续开创党和国家工作的新局面，就是要把积极进取精神同科学求实态度很好结合起来，把尊重客观规律与充分发挥人的主观能动性和创造性结合起来，将尊重和把握客观规律、按客观规律办事转化为指导发展的思想原则、工作方法、领导方法，促进我国经济社会全面协调可持续发展。这是永恒而又常新的真理。

二、创造性地阐发和运用了马克思主义唯物史观

在马克思主义发展史上占有重要地位的理论，都是建立在马克思主义唯物史观基础之上的科学理论。唯物史观揭示了社会历史发展的根本规律，是科学的世界观和方法论，是党的指导思想重要的哲学基础。正如毛泽东同志指出："唯物史观是吾党哲学的根据。"[①] 在发展问题上，马克思主义唯物史观一方面

---

① 毛泽东. 毛泽东文集：第一卷 [M]. 北京：人民出版社，1993：4.

强调历史决定论，认为生产力是推动历史发展的最终决定力量；另一方面，则是强调历史辩证法，强调经济不是社会发展唯一决定因素，要重视政治、文化、思想及自然因素等各方面因素在社会整体发展中的作用。科学发展观既讲历史决定论，又讲历史辩证法，以马克思主义唯物史观为理论根据，着眼于马克思主义唯物史观的发展和运用。

科学发展观坚持以人为本，是对唯物史观关于历史主体思想的运用和阐发，认为"以人为本"的"人"，不是抽象的人，而是广大人民群众；"以人为本"的"本"，不是事物的本体，而是发展的出发点和归宿；"以人为本"的"人"，不是客体，而是主体，是推动社会发展和历史前进的真正动力。科学发展观强调全面协调发展，是对唯物史观关于社会结构和社会系统理论的运用和阐发，认为不仅要进行经济建设，还要进行政治、文化、社会建设，促进物质文明、政治文明和精神文明共同进步，推进生产力和生产关系、经济基础和上层建筑相协调，推进经济、政治、文化建设的各个环节、各个方面相协调，拓宽了发展内涵，使发展的要求更加全面、系统。科学发展观强调可持续发展，是对唯物史观关于人与自然和谐统一理论的运用和阐发，认为要促进人与自然和谐发展，实现经济发展和人口、资源、环境相协调，努力实现人、社会、自然之间的良性互动，走生产发展、生活富裕、生态良好的文明发展道路。可见，马克思主义唯物史观是科学发展观的理论基础和理论前提，科学发展观是马克思主义唯物史观在当代中国社会发展中的具体运用和生动体现，是从马克思主义唯物史观的高度对发展问题的科学认识，是指导发展的世界观和方法论的集中体现。

科学发展观把"以人为本"作为本质和核心，是唯物史观价值观的集中体现。马克思主义唯物史观是"关于现实的人及其历史发展的科学"。马克思主义关于人的最终理想，是为了实现人的全面发展。科学发展观坚持以人为本，弘扬了为绝大多数人谋利益的价值理想，体现了这一科学理论鲜明的理论立场。理论立场决定一个政党的归属和命运。如果一个政党的理论及相应的路线、方针、政策是为广大人民谋利益，那么，这个政党就能够赢民心，为人民所拥护；反之，就会失去民心，为人民所抛弃。科学发展观把以人为本作为其本质与核心，将以人为本渗透在全面、协调、可持续发展之中，强调发展为了人民，发展依靠人民，发展成果由人民共享，要不断实现好、维护好、发展好广大人民的根本利益，要做到"权为民所用、情为民所系、利为民所谋"。这样，坚持以人为本，就不是一般的工作方法问题，而是重要的治党治国理念；不是一般的人文关怀，而是事关党"为谁发展""靠谁发展"等重大原则性问题，使党的发展理念与实现共同富裕的社会主义本质要求高度一致，与马克思主义执政党全心全意为人民服务的根本宗旨高度融合，与实现人的自由而全面的发展的共产主义理想高度统一。科学发展观日益深入民心，必将转化为建设中国特色社会主义、实现中华民族伟大复兴的巨大物质力量。

三、科学提炼了人类文明进步的成果

在马克思主义发展史上占有重要地位的理论，都是在广泛吸取和借鉴人类文明成果基础上创立起来的科学理论。马克思主义是在广泛吸纳人类文明成果中实现飞跃的，是人类文明成果之集大成者。正如列宁所说，马克思主义"绝不是离开世界文明发展大道而产生的故步自封、僵化不变的学说"①。科学发展观是我们党在以马克思主义宽广视野积极借鉴当今世界有关发展的认识成果的基础上创立和形成的，具有宽广的世界眼光和理论视野，是符合世界发展趋势的马克思主义发展观，是对经济社会发展一般规律认识的深化。

20世纪50年代以来，随着世界各国经济社会发展实践的不断丰富，人们对发展问题的认识不断深化，发展的内涵越来越充实。大体说来，国外关于发展观的理论演进主要经历了四个阶段，即经济增长发展观、"经济增长＋社会变革"发展观、可持续发展观、以人为中心的综合发展观，并逐渐形成了增长不等于发展、经济发展不等于社会进步、发展要注重人和自然环境的协调等共识，强调要注重发展的全面性、协调性和可持续性。其中，有许多成功的做法，如重视资源的合理开发、可持续利用；重视生态环境的治理；坚持科教兴国，注重人力资源能力建设；反哺农业，减少农业人口，推进城市化；建立健全社会保障安全网等。这些做法和经验，体现了发展的共性，为我们形成科学发展观提供了借鉴、启发、丰富了我们党对于发展问题的认识。科学发展观在追踪世界发展理论前沿，注重吸取国际社会发展的有益成果和实践经验的同时，扬弃西方包括人本主义理论等在内的各种文明成果，借鉴其体现历史发展规律与社会进步成果的积极因素，并结合中国实际进行思想创造，使人类文明的进步成

---

① 列宁. 列宁选集：第二卷［M］. 北京：人民出版社，1972：441.

果在中国语境下得以提炼与升华，具有鲜明的中国特色和中国气派。

科学发展观统筹国内发展和对外开放，把中国的发展与世界的发展紧密联系起来，向世界贡献中国特色的发展理论。经验表明，一个国家有什么样的发展观，就会有什么样的发展道路、发展模式和发展战略，就会对发展的实践产生根本性、全局性的重大影响，对这个国家的发展往往会导致不同的发展结果。由于科学发展观着眼于世界未来发展趋势，注重发展的综合性、协调性和持续性这一人类社会发展理念的主流，实现了对传统发展观的历史性超越，因此对改变许多发展中国家长期以来在经济发展中重速度、轻效益的主要倾向，缓解资源环境对经济发展的约束越来越大的压力，有着很强的针对性和指导性。因而它既能解决中国发展中的各种复杂矛盾和问题，也能解决世界发展中国家，尤其是第三世界发展中面临的许多重大问题，顺应了世界各国人民求和平、求发展、求合作的历史潮流，必将会被越来越多的国家和人民所接受。中国的发展已经并将继续证明，中国的发展是和平的发展、开放的发展、合作的发展，具有广泛的世界性，必将对越来越多的国家和人民产生吸引力。科学发展观不仅是指导中国特色社会主义建设的新理论、新思路，而且开辟了一条人类追求文明进步的新道路，对人类社会的文明进步也是一个重要贡献。

四、深刻总结了改革开放以来经济建设中的经验教训

在马克思主义发展史上占有重要地位的理论，都是在深刻总结实践经验基础上创立起来的科学理论。善于总结经验，是我们党的智慧，是坚持马克思主义基本原理同中国具体实际相结合的重要途径。科学发展观是在总结中华人民共和国成立以来，特别是改革开放以来我国改革开放和现代化建设的成功经验的基础上逐步形成和发展起来的，是总结中国发展经济和社会实践经验的理论升华，反映了我们党对发展问题的新认识。

中华人民共和国成立以来，以毛泽东、邓小平和江泽民同志为核心的党的三代中央领导集体对探索中国现代化建设道路都作出了重大贡献，使我们党指导社会主义现代化建设的理论不断完善和发展。毛泽东同志关于正确处理社会主义建设中各种关系的理论，邓小平同志关于发展才是硬道理的思想、关于我国现代化建设"三步走"的思想、关于物质文明和精神文明"两手抓、两手都要硬"的思想，江泽民同志关于发展是党执政兴国的第一要务的思想，关于正确处理社会主义现代化建设中十二种关系的思想，等等，为科学发展观的形成

奠定了重要的理论基础，在理论上依然具有重要而直接的指导意义。但随着时代的变化和实践的发展，需要不断地加以充实、丰富、完善和发展我们党关于发展的理论。

中华人民共和国成立以来特别是改革开放以来的现代化建设波澜壮阔，有成功的探索，也有曲折的教训。在改革开放前，我们以阶级斗争为中心，在发展问题上走过不少弯路。改革开放以来，经过艰苦探索，在发展问题上，我们党积累了不少经验：坚持以经济建设为中心，大力发展社会生产力；建立社会主义市场经济体制，发挥市场在资源配置中的基础性作用；全面推进社会主义物质文明、政治文明、精神文明建设，促进经济社会协调发展和人的全面发展；坚持经济增长由数量型向质量型、效益型转变；扩大对外开放，不断提高对外开放水平；建立社会保障体系，为困难群众编织"安全网"；注重经济与人口、资源、生态的协调发展等。改革开放以来，正因为坚持了正确的发展观，制定和贯彻了正确的路线、方针、政策，才取得了举世瞩目的成就。党的十六大在深入总结这段历程的基础上，提出了党领导人民建设中国特色社会主义的十条基本经验，为我们继续前进提供了理论指导。党十六大以后，以胡锦涛为主要代表的中国共产党人牢牢把握发展这个主题，把中国特色社会主义事业全面推向前进。特别是抗击非典的实践，给了我们深刻的启示。科学发展观的提出，正是对以往正反两方面经验教训的深刻总结，具有坚实的历史基础和实践基础。

科学发展观把中国特色社会主义建设的成功经验加以深化，与新的时代特点和当前国情相结合，赋予发展观以新的时代内涵。总的说来，就是：①发展目的更鲜明：突出以人为本的发展理念，强调让人民群众共享改革发展的成果。②发展思路更清晰：要坚定不移地以科学发展观统领经济社会发展全局，切实把经济社会发展转入以人为本、全面协调可持续发展的轨道。③发展内涵更丰富：符合科学发展观的发展，是转变发展观念、创新发展模式、提高发展质量的发展；是更加注重优化结构、提高效益、降低消耗、减少污染的发展；是更加注重实现速度和结构、质量、效益相统一的发展；是更加注重经济发展和人口、资源、环境相协调的发展。④发展方略更完整：构建社会主义和谐社会、建设社会主义新农村、完善社会主义市场经济体制、加强党的执政能力建设、加强党的先进性建设、树立社会主义荣辱观、努力建设和谐世界。⑤发展要求更具时代性：必须保持经济平稳较快发展，必须加快转变经济增长方式，必须提高自主创新能力，必须促进城乡区域协调发展，必须加强和谐社会建设，必须不断深化改革开放。

五、深入回答了社会主义发展的问题

在马克思主义发展史上具有重要地位的理论，必须是能够解决重大实践问题的理论。马克思曾指出，每个时代总有属于它自己的问题，准确地把握和解决这些问题，就能够把人类社会推向前进。科学发展观深入系统地回答了"为什么要发展""为谁发展""怎样发展才能又好又快"等事关中国长远发展的一系列重大问题，把对中国特色社会主义发展问题的认识提高到新的水平，为实现经济社会又快又好发展指明了前进方向。

科学发展观把发展作为第一要义，回答了"为什么要发展"的问题。发展是硬道理，中国解决一切问题的关键在于发展。在前进的道路上，我们要不断提高人民生活水平，要增强国防实力、维护国家安全，要在风云变幻的国际局势中立于不败之地，要靠发展。发展观的第一要义是发展。离开发展，就无所谓发展观。我们必须抓住本世纪头 20 年的重要战略机遇期，聚精会神搞建设，一心一意谋发展，用新的发展思路实现更快更好的发展。

科学发展观把以人为本作为本质，深刻回答了"为谁发展"的问题。是否代表最广大人民的利益，是判断一个理论或政党是否具有马克思主义性质的根本标尺。科学发展观坚持发展为了人民，就是做任何工作，都要着眼于实现好、维护好、发展好最广大人民的根本利益，都要努力实现人民的愿望、满足人民的需要、维护人民的利益。坚持发展依靠人民，就是要把人民群众作为推动发展的主体和基本力量，确立人民群众在发展中的主体地位，努力营造全体人民充分发挥聪明才智的社会环境。坚持发展成果由人民共享，就是要从解决人民群众最关心、最直接、最现实的利益问题入手，千方百计为困难群众多办实事、好事，使广大人民群众更好地享受经济社会发展的成果。

科学发展观把全面协调可持续发展作为基本要求，系统回答了"怎样发展"的问题。全面发展，就是要以经济建设为中心，全面推进经济、政治、文化建设，实现经济发展和社会全面进步；协调发展，就是要落实"五个统筹"，推进生产力和生产关系、经济基础和上层建筑相协调，推进经济、政治、文化建设各个环节、各个方面相协调；可持续发展，就是要促进人与自然的和谐，实现经济发展和人口、资源、环境相协调，坚持走生产发展、生活富裕、生态良好的文明发展道路，保证一代接一代地永续发展。

科学发展观把建设和谐社会作为目标和保障，进一步回答了"什么是社会主义、怎样建设社会主义"的问题。中国特色社会主义是全面发展、全面进步的事业。科学发展观适应我国社会的深刻变化，强调在推进物质文明建设的同时，必须坚持不懈地抓好社会主义政治文明、精神文明建设，努力构建社会主义和谐社会，把中国特色社会主义事业由经济、政治、文化的三位一体，扩展为经济、政治、文化、社会的四位一体，使经济更加发展，民主更加健全，科教更加进步，文化更加繁荣，社会更加和谐，人民生活更加殷实。

六、开拓了马克思主义发展的新境界

科学发展观紧密结合新的时代条件，以宽广的世界眼光和深刻的战略思维观察当代世界和当代中国发展问题，生动而具体地坚持和发展马克思主义，为我们党的理论创新增添了富有时代精神和现实品格的崭新内容，赋予马克思主义以新的鲜活力量，开辟了马克思主义在当代中国发展的新境界。

一是具有创新性，实现了马克思主义发展理论的又一次与时俱进。科学发展观对我们党关于发展理论有继承、有发展、有创新，但发展和创新是主要方面。科学发展观第一次把坚持以人为本与经济社会全面协调可持续发展有机地统一起来，并将它升华为科学发展观，实现了对传统发展观的历史性超越，是我们党在发展指导思想上又一次重大飞跃，是以胡锦涛同志为主要代表的中国共产党人的重要理论贡献，开拓了党的创新理论新境界，为实现经济社会又好又快发展指明了前进方向，为我们抓住发展机遇，破解发展难题，把中国特色社会主义事业不断推向前进提供了锐利的思想武器。党的十六大以后的发展实践证明，在新的历史条件下，坚持科学发展观，就是真正坚持马克思列宁主义、毛泽东思想、邓小平理论和"三个代表"重要思想；高举科学发展观的旗帜，就是真正高举马克思列宁主义、毛泽东思想、邓小平理论和"三个代表"重要思想的旗帜。

二是具有系统性，初步形成了具有中国特色的系统化发展理论。科学发展观创造性地对当代中国的发展内涵、发展阶段、发展主体、发展动力、发展规律、发展制度、发展战略、发展道路、发展机遇、发展目标、发展实质等重大问题做出了科学回答。在对这些重大问题的回答中提出了许多新思想、新观点、新论断，作出了一系列新部署。这些新思想、新观点、新论断、新部署构成了一个有机统一的整体，初步形成了具有中国特色的系统化发展理论。科学发观与加强和谐社会建设、加强党的执政能力建设、加强党的先进性建设、加快建设创新型国家等，在理论上形成了有内在联系的有机整体，在实践上实现了良性互动，理论体系的整体性、层次性、严谨性的基本特征已经形成。

三是具有普遍性，不能仅仅理解为政策型的理论观点。虽然科学发展观是在十六届三中全会上作为政策型的理论观点提出来的，但随着实践的发展和研究的深化，科学发展观已经成为指导发展的世界观和方法论的集中体现。这种创新理论，涵盖了改革发展稳定、内政外交国防、治党治国治军等各个方面。对于以发展为主题的当代中国来说，科学发展观是精而管用的马克思主义。作为科学的马克思主义的世界观和方法论，科学发展观对于我们的各项工作都具有普遍的指导意义。

第三节　科学发展观具有广泛的世界意义

科学发展观是中国共产党人根据历史发展趋势，把中国的发展问题放在全球大背景中进行思考所得出的重大理论成果，具有广泛的世界意义。

一、科学发展观是科学社会主义发展的新里程碑，不仅是指导中国社会主义改革和发展的指导思想，也是推动当代国际共产主义运动走向复兴的科学理论

科学发展观是中国共产党人对社会主义发展理论的重要贡献，是科学社会主义的重要创造性理论成果，在科学社会主义发展史上具有不可估量的创新价值和理论意义。科学发展观是与科学社会主义相通的，是对科学社会主义理论的新贡献。我们必须坚持科学发展观与坚持科学社会主义的统一。

一个多世纪以来，随着历史的发展，社会的变迁，新事物和新问题的大量涌现，科学社会主义理论与实践都面临着严峻的时代挑战，人们对社会主义存在许多困惑。科学发展观作为我们党在新世纪新阶段回应实践和时代提出的重大课题所得出的科学理论，不仅在推进中国特色社会主义事业发展的进程中发挥着重要作用，也推动着整个科学社会主义理论和实践的不断创新和发展。科学发展观不仅继续回答了"什么是社会主义、怎样建设社会主义""建设一个什么样的党、怎样建设党"的时代课题，而且创造性地回答了"什么是发展、

怎样发展"的时代课题,形成了完整独特的理论体系,深化了我们对科学社会主义学说的认识。科学发展观把"以人为本"作为核心,强调了"以人为本"是社会主义区别于资本主义的本质特性,科学回答了"什么是社会主义"的问题。提出"四位一体"的总体布局,强调全面、协调、可持续发展,科学回答了怎样建设社会主义的问题;提出加强党的执政能力建设和先进性建设,科学回答了"建设一个什么样的党、怎样建设党"的问题;提出发展为了人民、发展依靠人民、发展成果由人民共享,科学回答了社会主义的发展目的、发展动力和发展途径;强调整个社会走上生产发展、生活富裕、生态良好的文明发展道路,科学预测了人类社会的发展前景,预见了社会主义的光明未来。

科学发展观丰富了社会主义发展模式的多样性。唯物辩证法中所包含的事物的多样性原理,客观上强调发展的多样性。一个国家的国情和所处的国际环境决定着发展的多样性。过去国际共产主义运动中普遍推行的"苏联模式"给社会主义国家造成了严重的挫折和失误,教训是极其沉痛深刻的。科学发展观坚持了科学社会主义所揭示的历史发展的总趋势,并以建设中国特色社会主义的新的实践推动着这一历史趋势的进步和发展。和现今世界上与我们大体相同发展水平的发展中国家相比,我国明显发展得更好。作为最大的发展中国家,中国以科学发展观为指导,着眼于把握发展规律,创新发展理念,转变发展方式,适应新的发展要求,通过和平发展建设富强、民主、文明、和谐的社会主义现代化国家,实现中华民族的伟大复兴。这本身就是对社会主义发展模式多样性、人类文明发展丰富性的重要贡献。中国的科学发展模式必将引领中华民族走向伟大复兴。"到那时,社会主义中国的分量和作用就不同了,我们就可以对人类有较大的贡献。"①

科学发展观展示科学社会主义的强大生命力。东欧剧变和苏联解体,世界社会主义运动受到沉重打击。一定意义上说,科学发展观所回答和解决的不仅仅是关于中国社会主义建设的问题,也是在经济文化相对落后国家如何建设、巩固和发展社会主义的重大问题。党的十六大以来的辉煌成就,证明了科学发展观的科学性。科学发展观的提出和率先在中国的实践,使中国的社会主义事业呈现出蓬勃的朝气和旺盛的活力,成为世界社会主义运动的一面旗帜,引起

---

① 邓小平. 邓小平文选:第三卷 [M]. 北京:人民出版社,1993:143.

了国际社会的广泛关注，必将越出一国范围而对世界社会主义运动产生积极的影响；更重要的是向人类表明，"社会主义是必由之路，社会主义优于资本主义"①。

二、科学发展观反映了人类历史的发展规律，不但具有极强的现实针对性，而且具有深远的历史感召力

科学发展观站在历史和时代的高度，创新了发展观念，开拓了发展思路，丰富了发展内涵，在解决中国自身发展问题的同时引领人类历史发展的潮流，具有深远的历史感召力。

科学发展观科学揭示了人类社会的发展趋势、矛盾运动和前进动力。科学发展观的第一要义是发展，强调以经济建设为中心，把发展作为执政兴国的第一要务，揭示了生产力与生产关系、经济基础与上层建筑的矛盾运动规律，有助于我们从生产力与生产关系、经济基础与上层建筑的矛盾运动中去认识和把握经济社会发展的全局。科学发展观的核心是"以人为本"，揭示了社会发展与人的发展相互促进的规律，真正把人的发展和社会的发展统一起来，和历史上的"民本思想"和西方的"人道主义""人本主义"区别开来，成为人民推动历史发展的伟大动力。科学发展观的根本要求是"全面、协调和可持续性"，揭示了社会是一个有机的整体的规律，克服了片面追求经济总量的弊端，深刻反映了坚持全面协调可持续发展的必然要求。科学发展观把大多数人的需求满足和自由发展作为经济社会发展的本质和归宿，开辟了人类自身发展的新途径，使人类更加重视建立资源节约型、环境友好型社会，实现人与自然和谐相处，适应了人类社会的发展规律和时代的主题，体现了科学性。

科学发展观展示了人类社会发展的新境界。发展问题是人类历史进程中始终面临的一个永恒课题。科学发展观丰富了发展的内涵，开阔了发展的领域，认为发展绝不仅仅是经济的增长，而应该是包括经济、政治、文化、社会的全面发展，应该是人与自然和谐的可持续发展，使发展的要求更加全面、系统，突破把单纯经济增长等同于发展的传统的发展理念，避免发展中的片面性和发展的失调、失衡、不可持续，保证一代接一代地永续发展。科学发展观完善了

---

① 邓小平. 邓小平文选：第三卷 [M]. 北京：人民出版社，1993：225.

发展思路，强调立足全局，注重统筹兼顾，提出要正确处理现代化建设各领域、各环节的重大关系，要优化产业结构、转换发展方式、创新发展体制、增强发展动力，注重内在协调、注重良性互动，要调整发展布局、完善发展规划、开辟发展空间、提高发展质量，推动实现全面发展和永续发展。科学发展观更新了发展理念，强调以实现人的全面发展为目标，依靠人民群众的创造力量谋发展、促发展，不断满足人民群众日益增长的物质文化需要；就其终极目标来说，就是解放全人类，实现人的全面自由的发展。科学发展观倡导的这一发展理念使我们党的发展观与西方国家的发展观具有完全不同的价值取向，体现了中国共产党人"立党为公、执政为民"的执政理念，从而展示出新的境界。

随着经济全球化进程的加快，人类社会发展进程中遇到的矛盾和问题日趋复杂。解决好发展问题，需要不断增强辩证思维能力，要求人们按照科学的思维方式，以科学的态度正确认识处理各种关系，解决发展过程中的各种矛盾，更加注重发展方法的科学性。科学发展观也重在"科学"二字，需要用辩证的方法去认知和实践，力戒急于求成。在方法论上，要求用全面的而不是片面的、联系的而不是孤立的、用发展的而不是静止的观点看问题。在发展理念上，它要求人们正确认识"好"与"快"的关系，坚持好字当头，在"好"字上下功夫，努力做到好中求快、又好又快发展。在发展目的上，它要求人们正确对待"人"与"物"的关系，坚持以人为本，促进人的全面发展。在发展评价上，它要求正确处理"实绩与潜绩"，"当前与长远""局部与全局"的关系，把社会建设、生态保护、人民幸福指数等放在绩效评价的重要位置，建立科学的政绩考核体系，实现了科学的认知态度和求实的科学精神的有机统一。

三、催生了一种新的文明发展模式，不仅适用于中华民族伟大复兴中的现代化运动，而且对世界其他民族发展道路的选择也具有重大的指导意义

科学发展观把我们党长期以来对发展问题的认识系统化、理论化，提升为更具理论力量的科学理论体系，对破解发展的可持续性这一个世界性难题和当前人类面临的共同课题具有深远意义。科学发展观不仅推动中华民族的复兴大业，而且推动世界的和平、稳定和整个人类的繁荣和可持续发展，在全球范围内具有普遍的借鉴意义，得到世界更多的赞同和喝彩。

科学发展观把促进发展作为第一要义,明确了发展的时代意义。经济发展是人类文明进步的前提和基础。发展是解决中国所有问题的关键。科学发展观坚持把社会主义初级阶段作为推进改革、谋划发展的根本依据,把发展置于社会主义事业第一要义的位置,要求牢牢扭住经济建设这个兴国之要,聚精会神搞建设,一心一意谋发展,不断解放和发展社会生产力,为社会主义事业打下厚实的生产力基础。科学发展观把发展作为第一要义,从根本上把握了人民的愿望,把握了社会主义现代化建设的本质;把"科学发展"纳入发展观范畴,必将大力推动党员干部着力转变不适应不符合科学发展观的思想观念,着力解决影响和制约科学发展的突出问题,把全社会的发展积极性引导到科学发展上来。

科学发展观把以人为本放在核心地位,明确了发展的根本目的。人民群众是科学发展的实践者和推动者,也是科学发展的受益者。科学发展观强调必须把最广大人民的根本利益作为贯彻落实科学发展观的根本出发点和落脚点,做到发展为了人民、发展依靠人民、发展成果由人民共享,切实做到权为民所用、情为民所系、利为民所谋,努力使贯彻落实科学发展观的过程成为不断为民造福的过程,成为不断提高人民生活质量和水平的过程,成为不断提高人民思想道德素质、科学文化素质和健康素质的过程,成为不断保障人民经济、政治、文化、社会权益的过程,让发展成果惠及广大人民群众。科学发展观把"以人为本"纳入发展观范畴,是对人的主体地位的高扬和提升,充分体现了马克思主义深切的人文关怀,体现了中国共产党人的价值观和立党为公、执政为民的政治本色,弘扬了科学社会主义的价值理念,体现了人类社会基本价值目标,有助于纠正发展实践中重物轻人的错误倾向。

科学发展观把坚持改革创新放在突出地位,明确了发展的根本途径。中国的发展,要靠坚持改革开放。科学发展观强调,要把改革创新精神贯彻到治国理政各个环节,毫不动摇地坚持改革方向,提高改革决策的科学性,增强改革措施的协调性;要完善社会主义市场经济体制,推进各方面体制改革创新,加快重要领域和关键环节改革步伐,全面提高开放水平,着力构建充满活力、富有效率、更加开放、有利于科学发展的体制机制。科学发展观把"改革创新"纳入发展观范畴,挖掘了推动科学发展的强大动力源泉,为发展中国特色社会主义提供强大动力和体制保障。

科学发展观把紧紧依靠人民群众放在突出地位,明确了发展的根本动力。

人民，只有人民，才是创造世界历史的动力。科学发展观强调必须紧紧依靠人民群众，做到谋划发展思路向人民群众问计，查找发展中的问题听人民群众意见，改进发展措施向人民群众请教，落实发展任务靠人民群众努力，衡量发展成效由人民群众评判，最大限度地把全社会的发展积极性引导到科学发展上来。科学发展观把"依靠人民"纳入发展观范畴，是对人民群众主体地位的新的提升，必将极大地动员广大人民群众投身科学发展的伟大实践，使我们的改革和建设事业获得最广泛的群众基础和最深厚的力量源泉。

科学发展观把和平发展道路作为战略选择，明确了发展的根本保障。科学发展离不开和平发展。当前人类社会发展面临着人口爆炸、资源枯竭、生态危机、恐怖主义等重大而紧迫的"全球问题"。中国在国际社会一直高举和平、发展、合作的旗帜，强调要走和平发展的道路，提出对内构建社会主义和谐社会，外建"和谐世界"与"和谐周边"的思路，回应了世界各国人民对建设一个持久和平、共同繁荣的世界的普遍期望。科学发展观所揭示的无论是发展目的、发展目标、发展内涵还是发展途径，都充分说明了在科学发展观指导下的发展是和平的发展，与西方列强所采取的掠夺式的发展道路从根本上区别开来。科学发展观要求既通过争取和平的国际环境来发展自己，又以自身的发展来促进世界和平与发展，必将对人类社会发展产生深远而积极的影响。

四、科学发展观实现了对传统发展观的历史超越，不仅反映了对世界发展潮流的敏锐把握，而且具有重要的示范意义

科学发展观积极借鉴世界各国发展的成败得失，顺应了当今世界的发展潮流，是对人类文明发展成果深刻反思的科学结晶。科学发展观对越来越多的国家和人民产生吸引力，转化成改造世界的巨大的物质力量，具有重要的示范意义和推动作用。

科学发展观是对世界上各种发展观的新概括。受历史和时代条件的种种制约，传统发展观及其导引下的发展模式存在很大的缺陷和不足，大都片面追求GDP增长，忽视生态环境和资源存量，见物不见人，发展成果没有也不可能真正惠及广大人民群众。科学发展观追踪世界发展理论前沿，吸取以往各种发展观中体现历史发展规律与社会进步成果的积极因素，积极借鉴现代西方发展理念，积极借鉴当今世界有关发展的认识成果，积极借鉴世界各国发展的成败得

失，科学地解决了什么是发展、靠谁发展、如何发展、为谁发展等重大问题，实现了对传统发展观的历史超越。科学发展观科学地揭示了发展的本质和内涵。符合科学发展观的发展，既关注发展的规模和速度，也注重发展质量的提升；既关注经济实力的增长，也注重经济、政治、文化、社会以及生态等各方面的均衡发展；既关注开发和利用自然为人类造福，也注重人与自然和谐发展；既关注群众基本需求的满足，也注重生活质量的提高和人的全面发展。科学发展观是对世界上各种发展观的一次新概括和新总结，是对人类文明发展成果深刻反思的科学结晶，高度契合人类发展的深层诉求。

科学发展观体现了科学真理性。科学发展观着眼于世界未来发展趋势，注重发展的综合性、协调性和持续性这一人类社会发展理念的主流，对世界经济社会发展趋势作出自觉回应，着力把握发展规律、创新发展理念、转变发展方式、破解发展难题，提高发展质量和效益，实现又好又快发展，为我们从更深层次上破解发展难题、创新发展思路，提供了有力的思想武器。它所贯穿的科学精神、人文精神、创新精神、务实精神，所倡导的统筹原则、协调原则、效益原则、公平正义原则，在推动世界经济社会发展中具有普遍的真理性，揭示了人类发展过程中许多共同的东西，体现了毋庸置疑的科学真理性。

科学发展观具有重要的示范意义。科学发展观虽是针对我国经济社会发展中存在问题提出来的，但我国经济社会发展中存在问题也是世界许多国家和地区共同面对的问题，这些问题有许多共同点：主要是城乡差距、地区差距、居民收入差距持续扩大，就业和社会保障压力增加，教育、卫生、文化等社会事业发展滞后，人口增长、经济发展同生态环境、自然资源的矛盾加剧，经济增长方式落后，经济整体素质不高和竞争力不强、社会财富分配不均等。科学发展观对改变许多发展中国家长期以来在经济发展中重速度、轻效益的主要倾向，缓解资源环境对经济发展的约束越来越大的压力，有着很强的针对性和指导性。因而它既能解决中国发展中的各种复杂矛盾和问题，也能解决世界发展中国家，尤其是第三世界发展中面临的许多重大问题。中国的发展已经并将继续证明，中国的发展是和平的发展、开放的发展、合作的发展，具有广泛的世界意义，必将对越来越多的国家和人民产生吸引力，将起到重要的示范和推动作用。

五、中国把应对金融危机和贯彻落实科学发展观紧密结合起来，不仅开创了中国科学发展的新局面，而且以实践的权威形式证明了科学发展观的真理力量

由美国次贷危机引发的国际金融危机沉重打击了世界经济的发展，给世界经济带来重大和持续的破坏性影响。从根本上来说，国际金融危机是背离科学发展轨道的结果，是对违背科学发展规律的惩罚，使人们对西方发达国家的发展理念、发展模式及体制制度普遍提出了新的质疑，迫使人们通过金融危机重新认识资本主义的发展，探讨人类社会的发展规律。科学发展观来源于实践又指导实践。检验科学发展观这一科学理论的成效，关键要看我们在抓发展这个党执政兴国的第一要务上有没有取得新的成效，在深化改革和扩大开放上有没有取得新的进展，在推进理论创新、制度创新、科技创新、文化创新以及其他各方面创新上有没有取得新的突破，在维护好、实现好、发展好人民群众的根本利益上有没有取得新的实绩，在加强和改进党的建设上有没有取得新的成果。检验科学发展观这一科学理论的成效，要看在国际金融危机中能否引领中国经济走出困境、战胜危机，实现科学发展。面对严重的经济危机，中国坚持科学发展观在经济社会发展全局中的统领地位，运用科学发展观来确定应对危机的途径，找到应对危机的办法，制定应对危机的举措，把偏离科学发展轨道的发展方式、发展路径引导到科学发展的轨道上来。面对全球金融危机的冲击，中国把保增长作为当前的中心任务，但同时强调保增长决不能放弃科学发展，决不能为了保增长而"饮鸩止渴"，搞低水平重复建设，避免急功近利的短期行为；强调保增长是应对当前国际金融危机的目标，转变发展方式、科学发展才是根本目标，必须坚持科学发展，把经济增长建立在提高质量、优化结构、增加效益、降低消耗的基础之上，避免经济大起大落，实现经济的全面发展，实现经济发展与人口、资源、环境相协调。在科学发展观的引领下，中国率先在全球走出经济危机的阴影，从根本上扭转经济增速过快下滑的趋势，实现经济平稳较快发展；着力改善民生，促进了社会的和谐稳定；转变发展方式，提高核心竞争力，促进可持续发展，实现经济平稳运行和成功转型。科学发展观为中国提供了应对金融危机的理论武器，以实践的权威形式证明了科学发展观的真理力量。

第四章　习近平新时代中国特色社会主义思想：马克思主义中国化的新飞跃

党的十九届六中全会通过的第三个《决议》指出："习近平新时代中国特色社会主义思想是当代中国马克思主义、21世纪马克思主义，是中华文化和中国精神的时代精华，实现了马克思主义中国化新的飞跃。"这一重大论断科学阐明了习近平新时代中国特色社会主义思想的理论内涵和重要意义，标注了习近平新时代中国特色社会主义思想在马克思主义发展史、中华文明发展史上的重要地位。习近平新时代中国特色社会主义思想对关系新时代党和国家事业发展的一系列重大理论和实践问题进行了科学判断和系统回答，就新时代坚持和发展什么样的中国特色社会主义、怎样坚持和发展中国特色社会主义，建设什么样的社会主义现代化强国、怎样建设社会主义现代化强国，建设什么样的长期执政的马克思主义政党、怎样建设长期执政的马克思主义政党等重大时代课题，提出了一系列原创性的治国理政新理念新思想新战略。党的十九届六中全会确立习近平同志党中央的核心、全党的核心地位，确立习近平新时代中国特色社会主义思想的指导地位，反映了全党全军全国各族人民的共同心愿，对新时代党和国家事业发展、对推进中华民族伟大复兴历史进程具有决定性意义。习近平新时代中国特色社会主义思想是新时代中国共产党的思想旗帜，是国家政治生活和社会生活的根本指针。实践证明，正是因为有习近平总书记的掌舵领航，全党才有了"顶梁柱"，中国人民才有了"主心骨"；正是因为有习近平新时代中国特色社会主义思想的科学指引，全党全军全国各族人民才有了思想上的"定盘星"、行动上的"指南针"。

第一节　马克思主义中国化最新成果的集中体现

始终重视实践基础上的理论创新，并坚持用理论创新成果武装全党，是我们党的一条重要经验，也是一个巨大的理论优势。习近平新时代中国特色社会主义思想，深刻回答了新的历史条件下党和国家发展的一系列重大理论和现实问题，是马克思主义中国化最新成果的集中体现。

一、习近平新时代中国特色社会主义思想具有丰富的理论内涵、坚实的理论基础和鲜明的理论特征，为马克思主义理论发展作出了重大的原创性贡献

（一）具有丰富的理论内涵

党的十八大以来，中国特色社会主义进入新时代，习近平总书记统筹把握中华民族伟大复兴战略全局和世界百年未有之大局，把握人民群众的新期待，围绕坚持和发展中国特色社会主义、实现中国梦，围绕改革发展稳定、治党治国治军、内政外交国防，提出一系列原创性的治国理政新理念新思想新战略。党的十九大用"八个明确""十四个坚持"对习近平新时代中国特色社会主义思想作了系统概括和深刻阐释。党的十九届六中全会审议通过的第三个《决议》，进一步阐明了习近平新时代中国特色社会主义思想的理论内涵和重大意义，在党的十九大报告提出的"八个明确"的基础上，用"十个明确"对习近平新时代中国特色社会主义思想的核心内容进行了进一步概括。"十个明确""十四个坚持"，构成新时代坚持和发展中国特色社会主义的核心要义和主体内容，包括新时代坚持和发展中国特色社会主义的总任务、对我国社会主要矛盾的判断、总体布局和战略布局、总目标、发展方式、发展动力、外部条件、政治保证等基本问题，为我们在新的历史起点上实现新的奋斗目标提供了新的指导思想。"十个明确"是新时代坚持和发展中国特色社会主义的行动指南，着重回答了坚持和发展什么样的中国特色社会主义；"十四个坚持"是新时代坚持和发展中国特色社会主义的行动纲领，着重回答了怎样坚持和发展中国特色社会主义。特别是第三个《决议》把党的十九大报告中的第八个明确即"中国共产党领导"这一政治保证摆到第一个，重申"中国特色社会主义最本质的特征是中国共产党领导"，强调"中国特色社会主义制度的最大优势是中国共产党领导""中国共产党是最高政治领导力量"，讲清楚了中国特色社会主义事业的领导核心。新增了"明确必须坚持和完善社会主义基本经济制度"，并将其放在第七个，体现了以习近平同志为核心的党中央推动我国经济发展实践的经验总结和理论结晶，是马克思主义政治经济学的最新成果。第十个明确讲"全面从严治党",和第一个明确首尾呼应,也与党百年奋斗积累的十条宝贵经验中的"坚持党的领导"和"坚持自我革命"遥相呼应。习近平新时代中国特色社会主义思想内容涉及生产力和生产关系、经济基础与上层建筑的各个环节,贯通哲学、政治经济学、科学社会主义等领域,深刻回答历史之问、人民之问、实践之问、时代之问,成为党和国家一切工作的根本指导方针。

(二) 具有坚实的理论基础

习近平新时代中国特色社会主义思想贯穿了马克思主义的世界观和方法论,闪耀着历史唯物主义和辩证唯物主义的理论光辉,生动体现了马克思主义唯物史观和唯物辩证法的有机统一。习近平新时代中国特色社会主义思想要求全党掌握八种科学的思想方法,即把马克思主义哲学当作看家本领、坚持实事求是、保持战略定力、坚持问题导向、坚持统筹协调、重视调查研究、发扬钉钉子精神;领会六种科学思维,即战略思维、辩证思维、创新思维、法治思维、底线思维、历史思维;体悟三种科学理念,即知行合一的理念、立破并举的理念、稳中求进的理念。这些科学的思想方法、科学思维、科学理念彰显了我们党高超的政治智慧、领导艺术和领导能力,为夯实党的执政基础、防范应对风险挑战提供了重要思想法宝;充分体现了共产党人实事求是的理论品质、开拓创新的政治勇气、人民至上的价值追求、高瞻远瞩的思维品格和求真务实的工作作风,开阔了我们认识事物的角度视野,丰富了我们把握问题的思维路径,是辩证唯物主义和历史唯物主义的中国化、时代化的当代表达,是辩证唯物主义和历史唯物主义在当代中国的运用和发展。

(三) 具有鲜明的理论特征

主要表现为:一是实践性。习近平新时代中国特色社会主义思想来源于实践又指导实践,坚持以改革开放和社会主义现代化建设的实际问题、以我们正在做的事情为中心,树立问题导向意识,总结人民群众的实践经验,把改革开放40多年的实践探索尤其是新时代中国特色社会主义伟大实践探索上升为规律性认识,并用来指导新的实践,具有鲜明的实践特色。二是科学性。习近平新时代中国特色社会主义思想坚持马克思主义基本原理,始终用解放思想、实事求是、与时俱进这一马克思主义活的灵魂作为理论和实践活动的思想基础,始终用实践的观点、辩证的观点和群众的观点观察分析问题,始终做到将马克思主义基本原理同中国具体实际相结合、同中华优秀传统文化相结合,是指引实现中华民族伟大复兴中国梦的科学指南。三是时代性。习近平新时代中国特色社会主义思想顺应时代潮流，紧贴时代脉搏，吸纳时代精华，以马克思主义的宽广眼界观察世界、科学思维审视时代，围绕坚持和发展中国特色社会主义这个时代主题，始终牢牢把握国内外发展大势，充分吸纳借鉴当代人类社会有益文明成果，审时度势，始终站在时代前列谋划发展、引领中国进步，是中华文化和中国精神的时代精华。四是开放性。习近平新时代中国特色社会主义思想是不断发展开放的理论体系，是随着实践的发展而发展的理论体系。随着实践的深入，习近平新时代中国特色社会主义思想的理论内涵还会继续得到丰富、发展和完善。

二、习近平新时代中国特色社会主义思想是对中国特色社会主义理论体系的创新发展，续写了马克思主义中国化的新篇章

习近平新时代中国特色社会主义思想极大推进了党的指导思想的与时俱进。习近平新时代中国特色社会主义思想与邓小平理论、"三个代表"重要思想、科学发展观都是探讨完善和发展中国特色社会主义的规律问题，对象一致、主题一致。习近平新时代中国特色社会主义思想既承前启后又与时俱进，既不丢弃老祖宗又敢于突破陈规，特别是习近平新时代中国特色社会主义思想统筹国内国际两个大局，统揽伟大斗争、伟大工程、伟大事业、伟大梦想，对中国特色社会主义前途命运的重大问题进行了全面系统阐述，充分体现了坚持和发展、继承和创新的统一，把人们对共产党执政规律、社会主义建设规律、人类社会发展规律的认识提升到一个新高度，是马克思主义中国化的最新成果。在新时代，学习贯彻习近平新时代中国特色社会主义思想，就是真正坚持和发展马克思主义。高举习近平新时代中国特色社会主义思想伟大旗帜，就是真正高举马克思主义的旗帜。

习近平新时代中国特色社会主义思想能够承担起进一步发展中国特色社会主义的历史使命。习近平新时代中国特色社会主义思想关于坚持和发展中国特色社会主义的重要论述，明确宣示党在新征程上举什么旗、走什么路、以什么样的精神状态、朝着什么样的目标继续前进，对团结和激励全国各族人民为夺取中国特色社会主义新胜利而奋斗具有十分重大的意义，是深刻彻底的马克思主义科学理论，奠定了全国人民团结奋斗的共同思想基础；习近平新时代中国

特色社会主义思想关于实现中华民族伟大复兴中国梦的论述，反映了近代以来一代又一代中国人的美好夙愿，进一步揭示了中华民族的历史命运和当代中国的发展走向，成为海内外中华儿女的最大公约数和最大共识；习近平新时代中国特色社会主义思想关于改革开放的重要论述，阐明了全面深化改革的重大意义、指导原则和科学方法，强调改革开放是一场深刻革命，必须坚持正确方向，决不能在根本性问题上出现颠覆性错误，宣示了我们党坚定不移推进改革开放的坚定决心和勇气；习近平新时代中国特色社会主义思想关于立足新发展阶段、贯彻新发展理念、构建新发展格局、实现高质量发展的重要论述，强调中国经济发展有巨大韧性、潜力和回旋余地，经济长期向好的态势不会改变，有利于我们增强信心、保持定力、坚定底气。习近平新时代中国特色社会主义思想提出的一系列新思想、新观点、新论断和新要求，从理论和实践层面回应和解决了新发展阶段人们的思想疑虑，有力起到统一思想、澄清模糊认识的巨大作用，是鼓舞全国人民奋勇前进的强大动力，继续引领中国特色社会主义在科学的航道上破浪前行。

习近平新时代中国特色社会主义思想开创了我们党和国家事业发展的新局面。党的十八大以来，以习近平同志为核心的党中央，用中国梦点燃了全体中华儿女心中的激情，中国梦成为激励全体人民团结奋进的精神旗帜和高昂旋律；坚持立足新发展阶段、贯彻新发展理念、构建新发展格局、推进高质量发展、统筹发展与安全，稳增长、调结构、促改革，推动经济健康持续发展，集中力量实施脱贫攻坚战，谱写了保障和改善民生的新篇章，全面建成了小康社会，解决了困扰中华民族几千年的忍饥挨饿、缺衣少食的问题；保持强烈的忧患意识和责任意识，敢于啃硬骨头、敢于涉险滩，推动全面深化改革迈出重要步伐；统筹国内国际两个大局，坚持开放、合作、共赢的发展，扩大同世界各国各方利益汇合点，以人类命运共同体的理念开创中国外交新局面；坚持以加强作风建设为切入点，制定实施"八项规定"，深入推进反腐败斗争，加强党的执政能力建设、先进性和纯洁性建设，赢得全国人民的衷心拥护；坚持把完善中国特色社会主义制度、推进国家治理体系和治理能力现代化作为全面深化改革的总目标，保持中国改革正确的方向，开创了治国理政的新局面。党的十八大以来，提出一系列新理念新思想新战略，出台一系列重大方针政策，推出一系列重大举措，推进一系列重大工作，解决了许多长期想解决而没有解决的难题，办成了许多过去想办而没有办成的大事，推动党和国家事业发展取得历史性成就，发生历史性变革，中华民族迎来了从站起来、富起来到强起来的伟大飞跃。

三、习近平新时代中国特色社会主义思想以马克思主义的宽广眼界观察世界，展示了对社会主义和人类进步事业的高度自信

习近平新时代中国特色社会主义思想善于从国际形势和国际条件的变化中把握发展方向，深刻把握世界的深刻变化及其特点，统筹"两个大局"，团结带领全党全军全国各民族人民有效应对严峻复杂的国际形势和接踵而至的重大风险挑战，做到审时度势、未雨绸缪，保持战略定力，从而在纷繁复杂的国际形势下赢得主动权、打好主动仗，中华民族以新的姿态屹立于世界东方。统筹把握人类发展大潮流、世界变化大格局、中国发展大历史，推动构建人类命运共同体，弘扬和平、发展、公平、正义、民主、自由的全人类共同价值，引领人类进步潮流，推进和完善全方位、多层次、立体化的外交布局，科学回答了当今世界发展面临的重大问题，为人类文明进步提供了方向指引，是属于全人类进步的伟大事业。高举和平、发展、合作、共赢的旗帜，完善外交总体布局，全方位推进大国、周边、多边外交工作，积极构建不冲突、不对抗、相互尊重、合作共赢的新型大国关系，秉持正确义利观和"真实亲诚"的理念，加强同广大发展中国家团结合作，按照亲、诚、惠、容的理念推进周边外交，为中国发展赢得有利的国际环境。坚持走和平发展道路，强调中国不认同"国强必霸"的陈旧逻辑，决不会称霸，是一只和平的、可亲的、文明的狮子，树立中国良好的国际形象。坚定不移维护真正的多边主义、推进全球治理，走团结合作之路，有效应对全球面临的共同挑战，反对单边主义、以邻为壑、"甩锅"他国。坚持以联合国宪章宗旨和原则为遵循，实现共商共建共享，反对打着所谓"规则"旗号破坏国际秩序、制造对抗和分裂的行径。中国始终是世界和平的建设者、全球发展的贡献者、国际秩序的维护者、公共产品的提供者。正如习近平总书记在上合组织成员国元首理事会第二十一次会议上强调，"一时强弱在于力，千秋胜负在于理"，解决国际上的事情，不能从所谓"实力地位"出发，推行霸权、霸道、霸凌，应该以联合国宪章宗旨和原则为遵循。在出席第七十六届联合国大会一般性辩论时又进一步指出，世界只有一个体系，就是以联合国为核心的国际体系；只有一个秩序，就是以国际法为基础的国际秩序；只有

一套规则，就是以联合国宪章宗旨和原则为基础的国际关系基本准则。国与国难免存在分歧和矛盾，但要在平等和相互尊重基础上开展对话合作。一国的成功并不意味着另一国必然失败，这个世界完全容得下各国共同成长和进步。鉴于当代中国同世界的关系发生了历史性变化，中国的前途命运日益紧密地同世界的前途命运联系在一起，习近平新时代中国特色社会主义思想密切关注世界文明的发展趋势，重视从世界与中国的双重维度去观察、思考和解决问题，立足中国放眼世界，提出"鞋子合不合脚，自己穿了才知道。一个国家的发展道路合不合适，只有这个国家的人民才最有发言权"①。强调多样性是世界的基本特征，也是人类文明的魅力所在；多边主义的精髓就是尊重多样性，一个和平发展的世界应该承载不同形态的文明，必须兼容走向现代化的多样道路。习近平新时代中国特色社会主义思想增强了判断国际形势的战略性、前瞻性、指导性，极大提高了中国的国际地位，而且为推动世界多极化、经济全球化、国际关系民主化，为构建人类命运共同体、为人类和平与发展的崇高事业提供了中国智慧和中国方案。习近平新时代中国特色社会主义思想把中国道路与促进人类崇高事业统一起来，不仅为中华民族实现伟大复兴提供了重要的国际环境保障，而且为人类社会走向美好未来提供了具有充分说服力的道路和制度选择。

第二节　习近平新时代中国特色社会主义思想的时代价值

习近平新时代中国特色社会主义思想随着历史、时代和实践的发展而发展，不仅指引中国推动经济高质量发展，筑牢国家繁荣昌盛、人民幸福安康、社会和谐稳定的强大物质基础，也深刻改变世界发展趋势和格局，为世界社会主义发展作出重大贡献，在当代科学社会主义和国际共产主义发展史上也具有不可估量的重大意义，具有重要的时代价值。

一、深刻把握历史前进逻辑，让科学社会主义焕发强大生机活力

一是开启科学社会主义的新视野。社会主义的根本任务是解放和发展社会生产力。在20世纪80年代末90年代初，东欧剧变和苏联解体，社会主义遭到

---

① 习近平. 习近平谈治国理政：第一卷 [M]. 北京：外文出版社，2018：273.

严重挫折，重要原因之一是墨守成规、思想僵化，经济指导思想和经济理论严重脱离时代和本国实际，导致社会主义国家的经济长期得不到应有的发展，人民群众生活长期没有得到应有的改善，人心尽失，最终导致人亡政息。当今世界正经历百年未有之大变局，科学社会主义面临着良好的机遇，又面临着严峻的挑战。面对快速变化的世界和中国，习近平新时代中国特色社会主义思想把握马克思主义发展规律，把握社会主义经济建设规律，坚持解放思想和实事求是相统一、培元固本和守正创新相统一，创造性提出并阐明加强党对经济工作的全面领导的重大理论观点、坚持以人民为中心的发展思想、树立和坚持新发展理念、我国经济已由高速增长阶段转向高质量发展阶段的重大论断、市场在资源配置中起决定性作用和更好发挥政府作用的重要论述、供给侧结构性改革的重大方针、构建新发展格局的重大战略和以共建"一带一路"高质量发展为重点参与全球经济治理的重要思想等，开拓了马克思主义政治经济学的新境界，是马克思主义政治经济学中国化时代化的最新理论成果，标注了中国特色社会主义政治经济学的新高度。这一系列具有鲜明时代性和创造性的理论成果，深刻回答了马克思主义经典作家没有讲过、我们的前人从未遇到过、西方经济理论始终无法解决的许多重大理论和现实问题，深刻回答了新时代"实现什么样的发展、怎样实现发展"等一系列时代之问，为准确把握经济社会发展逻辑、推进社会主义经济建设提供了科学指引，是对科学社会主义经济理论的继承和发展。习近平新时代中国特色社会主义思想不仅推动新时代中国特色社会主义事业发展，也必将推动整个科学社会主义理论和实践不断创新和发展。二是开启国际共产主义运动新境界。以经济建设为中心是兴国之要，发展是中国共产党接力探索、着力解决的重大问题。党的十八大以来，在习近平新时代中国特色社会主义思想的科学指引下，中国经济社会发展取得了历史性成就，发生了历史性变革。2021年经济总量达到114.4万亿元，占世界经济的比重18%以上，创造了世所罕见的经济快速发展和社会长期稳定两大奇迹，在中华大地上全面建成小康社会，中华民族迎来从站起来、富起来到强起来的伟大飞跃，实现中华民族伟大复兴进入了不可逆转的历史进程。十八大以来的辉煌成就，以铁一般的事实印证了习近平新时代中国特色社会主义思想的科学性。这一科学理论使社会主义在中国焕发出强大生机活力并不断开辟发展新境界，在世界上高高举起了中国特色社会主义伟大旗帜，改变了当今世界社会主义与资本主义力量对比关系严重失衡的局面。随着中国日益走近世界舞台中央，中国特色社会主义事业已成为 21 世纪世界社会主义最重要的组成部分，成为 21 世纪世界社会主义发展振兴的标志性成果。在百年变局和世纪疫情交织的背景下，中国与西方国家在抗疫和经济社会发展中的迥异表现，引起了国际社会的广泛关注，使人们对西方发达国家的发展理念、发展模式及体制制度普遍提出了新的质疑，使马克思主义以崭新形象展现在世界上，使世界范围内社会主义和资本主义两种意识形态、两种社会制度的历史演进及其较量发生了有利于社会主义的重大转变。习近平新时代中国特色社会主义思想不仅深刻回答了关于中国发展的问题，也深刻回答和解决了许多国家，特别是经济相对落后的社会主义国家如何建设、巩固和发展社会主义的重大问题，对克服"信仰危机"、引领人民坚持马克思主义、坚持科学社会主义、推动国际共产主义走出低谷走向复兴、走向更加美好的未来具有重要意义，必将越出一国范围而对国际共产主义运动产生积极影响。

二、深刻阐明人类历史发展规律，创造性提出系列科学方法论，为世界经济社会发展注入强大正能量

习近平总书记指出："历史发展有其规律，但人在其中不是完全消极被动的"。习近平新时代中国特色社会主义思想把握历史发展大势，以始终站在历史正确一边的坚定自信，科学揭示人类历史发展动力，在解决中国自身发展问题的同时引领人类历史发展的潮流，具有深远的历史感召力和实践引领力。一是夯实"两个和解"的理论根基。马克思认为社会是个复杂的有机体，是由人和全部社会生活条件、要素构成并相互依存、相互作用和发展着的有机整体，但生产力是人类社会生存与发展的基础和前提，是社会发展的最终决定力量。在人类面临的诸多问题和复杂矛盾中，马克思、恩格斯将人类与自然的和解以及人类本身的和解看作是人类发展的两个最基本问题，认为人类的理想状态是"人和自然界之间、人和人之间的矛盾的真正解决"，即实现"两个和解"。"两个和解"提出了人类社会面临的两大根本任务，扬弃资本主义社会出现的人与自然、人与社会以及人与人的异化现象，体现了马克思、恩格斯正确处理人与自然、社会三者关系的最高价值追求。习近平新时代中国特色社会主义思想强调"社会主义的根本任务是解放和发展社会生产力"，强调"高质量发展不只是一个经济要求，而是对经济社会发展方方面面的总要求"，必须在经济、社会、文化、生态等各领域都体现出高质量发展的要求，推动物质文明、政治文

明、精神文明、社会文明、生态文明协调发展，让人民群众物质生活和精神生活都富裕，推动人的全面发展。习近平新时代中国特色社会主义思想拓宽了经济发展的内涵、视野和路径，丰富和发展了经典作家关于社会是一个有机体的认识，有助于我们从生产力与生产关系、经济基础与上层建筑的矛盾运动中去认识和把握经济社会发展的矛盾全局，从社会有机体的整体性要求出发，坚持统筹推进"五位一体"总体布局、协调推进"四个全面"战略布局。一方面，有利于实现人与人的和谐，克服资本主义人与社会以及人与人的异化现象。习近平新时代中国特色社会主义思想坚持以人民为中心的发展思想，强调发展为了人民，发展依靠人民，发展成果由人民共享，让人民获得感、幸福感、安全感更加充实、更有保障、更可持续，把多数人的需求满足和自由发展作为经济社会发展的本质和归宿，真正把人的发展和经济社会的发展统一起来。另一方面，有利于实现人与自然的和谐，克服资本主义人与自然的异化现象。习近平新时代中国特色社会主义思想注重解决人与自然和谐共生问题，提出"绿水青山就是金山银山"，坚持尊重自然、顺应自然、保护自然，把实现碳达峰碳中和纳入经济社会发展和生态文明建设整体布局，实现人与自然和谐共生。习近平新时代中国特色社会主义思想坚持以人民为中心与尊重社会发展规律相统一，坚持以经济建设为中心与社会全面发展相统一，坚持人的发展与尊重自然相统一，对人与自然关系、人与社会两大关系认识进行系统总结和科学归纳，为人类在人与自然、人与社会、人与人之间的和谐统一中实现自身的完善与发展，达到人与自然之间的和谐以及人与社会之间的和谐一致，最终实现"人的解放"提供了科学指引。二是丰富和发展马克思主义政治经济学方法论，为不确定的世界经济注入"中国确定性"。"历史从哪里开始，思想进程也应当从哪里开始"。近年来，世界进入新的动荡变革期，全球经济不确定不稳定因素显著上升，许多国家发展徘徊不前，中国却取得"当惊世界殊"的辉煌成就，展现"风景这边独好"的发展态势。这其中，习近平新时代中国特色社会主义思想蕴含的科学思想方法、科学思维、科学理念至关重要。作为马克思主义政治经济学在当代中国、21世纪世界的最新理论成果，习近平新时代中国特色社会主义思想处处闪耀着马克思主义世界观方法论的光芒。习近平总书记强调，领导干部必须不断接受马克思主义哲学智慧的滋养，更加自觉地坚持和运用辩证唯物主义世界观和方法论，增强辩证思维、战略思维能力，努力提高解决我国改革发展基本问题的本领，指出要运用马克思主义政治经济学的方法论，深化对我国经济发展规律的认识，提高领导我国经济发展能力和水平，掌握科学的思维方法，提出推动经济社会发展新思路、新举措，防止出现"新办法不会用，老办法不管用，硬办法不敢用，软办法不顶用"的情况。在领导推进新时代中国特色社会主义经济建设的实践中，习近平总书记提出需要树立战略思维、历史思维、辩证思维、创新思维、法治思维、底线思维"六大"思维方法，作为科学回答当代中国特色社会主义经济理论和实践问题的科学方法，创造性地发展了中国特色社会主义政治经济学的方法论。在驾驭新时代经济社会发展大局的实践中，形成了坚持稳中求进工作总基调、坚持系统观念、坚持目标导向和问题导向相结合、坚持集中力量办好自己的事、坚持以钉钉子精神抓落实、统筹发展和安全等一系列正确策略和科学方法，为我们做好新时代经济工作提供了基本遵循。只有掌握这系列重要方法，更加注重发展方法的科学性，才能不断增强经济工作的预见性、主动性和创造性，始终保持战略主动，有效防范和化解重大风险。习近平新时代中国特色社会主义思想把科学思想方法、科学思维、科学理念与经济社会发展进程紧密结合，实现了科学的认知态度和求实的科学精神的有机统一，实现了科学思维方式与人类社会发展进程的有机统一，实现了主观和客观、理论和实践的统一，对破解发展这一世界性难题、防范全球经济风险、提高全球经济治理能力和水平、推动世界经济发展提供了方法论启示，展现出强大的真理力量。2022年6月22日习近平总书记在以视频方式出席金砖国家工商论坛开幕式上的讲话中指出："当前，世界百年变局和世纪疫情相互交织，各种安全挑战层出不穷，世界经济复苏步履维艰，全球发展遭遇严重挫折。世界向何处去？和平还是战争？发展还是衰退？开放还是封闭？合作还是对抗？是摆在我们面前的时代之问"。面对世界地缘政治局势震荡，面对风高浪急的国际环境和严峻的全球性挑战，更需要熟练掌握和科学运用习近平新时代中国特色社会主义思想中蕴含的科学思想方法、科学思维、科学理念，解决好摆在我们面前的时代之问，稳住中国经济大盘，为动荡纷扰的世界经济注入"中国确定性"。

三、引领中国走出了中国式现代化道路，开创了人类文明新形态，为发展中国家实现现代化提供了全新选择

习近平总书记指出："世界上既不存在定于一尊的现代化模式，也不存在放

之四海而皆准的现代化标准。"习近平新时代中国特色社会主义思想立足中国国情，既发展自身又造福世界，深刻回答了"什么是中国式现代化、怎样建设中国式现代化"这一重大时代课题，引领创造了中国式现代化新道路，创造了人类文明新形态，彻底改写现代化的世界版图，其影响将是世界性的。第一，加强党对经济工作的领导，阐释了中国式现代化的根本特征。党的领导是党和国家的根本所在、命脉所在，是全国各族人民的利益所系、命运所系。中国共产党领导是中国特色社会主义最本质的特征，也是中国式现代化最本质的特征。中国式现代化是一种既不同于西方发达国家，又不同于其他发展中国家的，具有特定社会属性的现代化，坚持党的领导显得尤为重要。历史和现实都表明，我们能够成功开创中国式现代化道路，根本在于有中国共产党的坚强领导。只有坚持党的领导，才能确保中国式现代化道路始终沿着社会主义正确方向前进。习近平新时代中国特色社会主义思想强调党的领导要在经济工作中得到充分体现，充分发挥党总揽全局、协调各方的领导核心作用，切实把党领导经济工作的制度优势转化为治理效能，不断提高党领导经济工作能力和水平。坚持和加强党对中国式现代化的领导，是中国式现代化坚持社会主义方向的根本保障，从根本上关乎中国式现代化的前途命运。第二，强调完整、准确、全面贯彻新发展理念，揭示了中国式现代化的实现路径。新发展理念是习近平新时代中国特色社会主义思想的重要内容，也是习近平新时代中国特色社会主义思想的核心内容，指引中国走出中国式现代化道路。我们党强调完整、准确、全面贯彻新发展理念，将现代化的内涵逐步扩展到经济、政治、文化、社会、生态文明等多方面，中国式现代化的特征和优势越来越显著，中国式现代化道路越走越宽广。习近平新时代中国特色社会主义思想强调坚持把创新作为引领发展的第一动力，以科技创新催生新发展动能，以深化改革激发新发展活力，经济实力、科技实力、综合国力跃上一个大台阶，引领一个拥有14亿多人口的大国整体迈入现代化，实现持续解放和发展社会生产力、人口众多的现代化；坚持协调发展增强发展后劲，坚持以经济建设为中心，同步推进政治、文化、社会和生态文明建设，增强发展的整体性、协调性，努力实现经济发展和社会全面进步，实现物质文明和精神文明协调发展的现代化；把生态文明建设纳入中国特色社会主义事业"五位一体"总体布局，全面加强生态文明建设，强调人与自然是生命共同体，把美丽中国作为实现社会主义现代化的重要目标之一，实现人与自然和谐共生的现代化；实行更加积极主动的开放战略，构建更大范围、更宽领域、更深层次对外开放格局,建设更高水平开放型经济新体制,推动共建"一带一路"高质量发展,推动经济全球化朝着更加开放、包容、普惠、平衡、共赢的方向发展,构建人类命运共同体,打破"国强必霸"的西方现代化逻辑,实现走和平发展道路的现代化;坚持以人民为中心的发展思想,着力解决人民群众急难愁盼问题,创造更加公平正义的社会环境,在不断做大"蛋糕"的同时把"蛋糕"分好,实现走共同富裕道路的现代化。与西方以资本为中心的现代化、两极分化的现代化、物质主义膨胀的现代化、对外扩张掠夺的现代化相比,中国式现代化具有完全不同的特征,为追求发展振兴的广大发展中国家提供了重要启示。第三,强调没有定于一尊的现代化模式,阐明了中国式现代化的本质属性。现代化不是单选题,历史条件的多样性,决定了各国选择发展道路的多样性。由于现代化起源于西方,在过去西方也一直处于领先地位,又垄断了对现代化的解释权,给人们造成现代化就等于西方化的错觉。二战以来,许多发展中国家因复制西方现代化路径而陷入政治失序、经济低迷、社会纷乱的发展困境,一步一步沦为西方的附庸,吞下西方现代化模式的苦果。怎样跳出"现代化即西方化"的陷阱,成为广大发展中国家面临的现实课题。特别是疫情发生以来,一些现代化发展曾领先世界的西方国家也面临经济衰退严重、金融危机频发、两极分化加剧、社会矛盾凸显等诸多发展难题,广大发展中国家独立探索自身现代化道路的紧迫性更加突出。在习近平新时代中国特色社会主义思想指引下,中国式现代化建设取得非凡成就,既避免了社会主义传统模式的僵化,又在很大程度上摒弃了西方现代化模式的缺陷,打破了"现代化就是西方化"的迷思,为突破现代化的西方模式提供了可供借鉴的中国方案,拓展了发展中国家走向现代化的途径,给世界上那些既希望加快发展又希望保持自身独立性的国家和民族提供了全新选择和全新借鉴。实践证明,中国式现代化道路越走越宽广,展现无限光明的前景,将更好发展自身、造福世界,书写人类文明新史诗。

四、深刻洞察世界发展态势,实现了对西方发展理念的历史性超越,展现出强大的理论创新活力

习近平总书记指出:"我们坚持马克思主义政治经济学基本原理和方法论,并不排斥国外经济理论的合理成分。"马克思主义是不断发展的开放的理论,始

终站在时代前沿。习近平新时代中国特色社会主义思想积极借鉴世界各国发展的成败得失，顺应了当今时代的发展潮流，是对人类文明发展成果的科学总结，是一个不断发展、与时俱进的科学理论体系。第一，既借鉴西方经济学有益成分，又从多个方面实现了突破。习近平新时代中国特色社会主义思想既科学继承马克思主义政治经济学的理论精髓，在守正创新中不断超越自己，又充分吸收西方经济学有益成分，融通各种经济思想资源，如注意借鉴西方经济学关于金融、价格、货币、市场、竞争、贸易、汇率、产业、企业、增长、管理等方面的知识，借鉴西方经济学反映社会化大生产和市场经济一般规律的知识，同时也坚持去粗取精、去伪存真，以我为主、为我所用，突破了西方经济学的窠臼，如突破现代西方主流经济学政府和市场二元对立的分析范式和暗含的"现代化等于西方化"的理论导向，冲破西方主流经济学以利润最大化为理论发展前提的假设，超越西方经济学经济增长与发展理论，展现出强大的理论创新活力。习近平新时代中国特色社会主义思想在开放中博采众长，实现不忘本来和吸收外来的有机统一，不断丰富、发展和完善自己，彰显着开放性的理论品格，因而具有强大的真理穿透力、思想感召力和实践引领力。第二，既对传统发展理念和发展思想进行反思、借鉴，又对其进行系统集成和升华超越。受历史和时代条件的制约，传统发展理念、发展思想及其发展模式存在很大的缺陷和不足，大都片面追求 GDP 增长，忽视生态环境和资源承载能力，创新驱动发展动力不足，发展成果没有也不可能真正惠及广大人民群众。习近平新时代中国特色社会主义思想追踪世界发展理论前沿，注意吸取传统发展理念、发展思想中体现历史发展规律与社会进步成果的有益因素，积极借鉴世界各国有关发展的认识成果和成败得失，深刻总结反映社会化大生产和市场经济一般规律的经验，科学揭示发展的本质和内涵，强调要实现高质量发展，既关注发展的规模和总量，更注重发展质量的提升；既关注社会财富的创造和涌流，也注重社会利益的分配和调整，推进共同富裕取得更为明显的实质性进展；既关注经济实力的增长，也注重经济、政治、文化、社会以及生态等各方面的均衡发展和综合实力的提高；既关注金山银山，也关注绿水青山，宁要绿水青山，不要金山银山，而且绿水青山就是金山银山，注重人与自然和谐共生；既关注群众物质上的共同富裕，也注重精神上的共同富裕和人的全面发展。习近平新时代中国特色社会主义思想系统回答了什么是发展、靠谁发展、如何发展、为谁发展等重大问题，科学回答了什么是高质量发展、怎样实现高质量发展这一重大课题，实现了对传统发展理念、发展思想和发展模式的历史性超越,是对世界各国传统发展理念、发展思想的一次新概括和新总结,标志着我们党对社会主义经济发展规律的认识达到了新高度。第三,既体现科学理论的真理力量,又以高效统筹疫情防控和经济社会发展的辉煌成就展现实践伟力。习近平新时代中国特色社会主义思想着眼于世界未来发展趋势,着力把握发展规律、创新发展理念、转变发展方式、破解发展难题,实现高质量发展,为我们从更深层次上破解发展难题、创新发展思路,提供了强大思想武器,体现了毋庸置疑的科学真理性。特别是面对给世界经济带来重大和持续破坏性影响的世纪疫情,中国坚持以习近平新时代中国特色社会主义思想为指导,强调"疫情要防住、经济要稳住、发展要安全",统筹发展与安全,稳住经济大盘,实现经济的高质量发展;统筹推进新冠肺炎疫情防控和经济社会发展,畅通经济社会循环,促进经济社会尽快从疫情冲击中走出来,确保经济平稳健康发展;强调稳中求进,运用宏观政策工具,有力支撑"六稳""六保"工作,全力保障基本民生;坚持长远眼光和战略视野,用全面、辩证、长远的眼光看待我国发展,增强信心、坚定信心。在习近平新时代中国特色社会主义思想指引下,中国取得了全球经济社会发展最好的成绩,交出了一份人民认可、世界瞩目的答卷,充分印证了习近平新时代中国特色社会主义思想的真理力量、思想力量和实践力量。

第三节 把改革开放的旗帜举得更高更稳 厚植实现中华民族伟大复兴的物质基础

改革是社会主义制度的自我革新,也是中国共产党推动社会发展进步的活力之源。我国社会主义现代化建设所取得的举世瞩目的成就依靠的是改革开放,中国特色社会主义的未来发展仍然需要坚持改革开放。只有不断全面深化改革,才能进一步创新社会发展模式、完善社会制度体系、释放社会机制活力、协调社会利益关系、化解社会具体矛盾、助推社会文明进步。只有全面深化改革,推进国家治理体系和治理能力现代化,才能为实现中华民族伟大复兴的中国梦提供不竭动力。习近平总书记指出:"改革开放是决定当代中国命运的关键一招,也是决定实现'两个一百年'奋斗目标、实现中华民族伟大复兴的关键一招",强调全党全国各族人民要坚定不移走改革开放的强国之路,更加注重改革的系统性、整体性、协同性，做到改革不停顿、开放不止步，把全面深化改革纳入"四个全面"战略布局。中国特色社会主义制度更加成熟、更加定型，国家治理体系和治理能力现代化水平不断提高，党和国家事业焕发出蓬勃生机和旺盛活力。改革开放铸就的伟大改革开放精神，极大丰富了民族精神内涵，成为当代中国人民最鲜明的精神标识。

一、科学把握改革开放的三个向度

中国特色社会主义进入新时代，要在改革上有新作为、新气象和新突破，就需要在科学理论指引、领导核心维护和改革开放精神弘扬这三个向度上协同发力，把改革开放的旗帜举得更高更稳，开创改革开放新局面。

第一，以科学理论作为行动指南。习近平新时代中国特色社会主义思想，来源于新时代的改革实践，反过来又指导新时代的改革实践，在不断解决改革的重大现实问题中得到丰富、完善和发展，是指导改革开放再出发的根本遵循和行动指南。党的十八大以来，在习近平总书记关于全面深化改革的重要论述指引下，我们党坚定不移地全面深化改革，绘制了全面深化改革的路线图和时间表，全面深化改革的主体框架基本确立，重要领域和关键环节的改革取得实质性突破，啃下了不少硬骨头，闯过了不少激流险滩，改革呈现全面发力、多点突破、蹄疾步稳、纵深推进的局面，昭示了全面深化改革的光明前景。

习近平总书记关于全面深化改革的重要论述，科学回答了全面深化改革的总任务、总目标和改革动力、步骤、原则、方法等，不仅涉及生产力，而且涉及生产关系和上层建筑；不仅涉及经济体制，而且涉及政治体制、文化体制、社会体制、生态文明体制和党的建设；不仅是我国改革开放理论的重大创新成果，而且是改革实践经验的科学总结，廓清了困扰和束缚实践发展的思想迷雾，开辟了中国特色社会主义改革理论的新境界。在当代中国，只有贯彻落实好习近平总书记关于全面深化改革的重要论述，才能坚持方向不变、道路不偏、力度不减，推动新时代改革开放走得更稳、走得更远。实践已经并将继续证明，习近平总书记关于全面深化改革的重要论述是指引改革开放再出发的科学理论，必将随着改革实践和时代发展而不断丰富、完善和发展。习近平总书记关于全面深化改革的重要论述坚持马克思主义立场观点方法，以党带领人民进行的改革开放这一正在做的事情为中心，以一系列具有原创性的思想观点丰富了马克思主义理论，写出了马克思主义理论的时代篇章，为坚持和发展中国特色社主义注入了新的时代内涵。只有坚持用习近平新时代中国特色社会主义思想武装头脑、引领方向、指导实践，才能更好地激发广大人民群众参与改革的积极性、主动性和创造性，引导党员干部更好把握改革的规律性，不断创造改革奇迹，让当代中国马克思主义、21世纪马克思主义放射出更加灿烂的真理光芒。

第二，坚强的领导核心是改革开放再出发的根本保证。改革开放每一步都不是轻而易举的，正如习近平总书记指出："中华民族伟大复兴，绝不是轻轻松松、敲锣打鼓就能实现的。在前进道路上我们面临的风险考验只会越来越复杂，甚至会遇到难以想象的惊涛骇浪"。没有坚强的领导核心，没有习近平总书记、党中央举旗定向，就可能一盘散沙，甚至出现颠覆性错误。坚决维护习近平总书记党中央的核心、全党的核心地位，坚决维护党中央权威和集中统一领导，保证全党令行禁止，形成改革思想和行动的高度统一，不仅是成熟的马克思主义政党的必然要求，而且对全面深化改革、保证全国改革一盘棋具有重大而深远的意义，全党全国必须保持高度的思想自觉、政治自觉、行动自觉，丝毫不能动摇。坚定维护党中央一锤定音、定于一尊的权威，坚持党总揽全局、协调各方，提高党的执政能力和领导水平，不断提高党把方向、谋大局、定政策、促改革的能力和定力，确保改革开放这艘航船沿着正确航向劈波斩浪、破浪前行。

中国共产党领导是中国特色社会主义最本质的特征，是中国特色社会主义制度的最大优势。改革开放40多年来，正是因为始终坚持党的集中统一领导，我们才能实现伟大的历史转折，开启改革开放新时期和中华民族伟大复兴新征程，才能成功应对一系列重大风险挑战，克服无数艰难险阻。改革开放再出发，必须坚决维护习近平总书记党中央的核心、全党的核心地位，坚决维护党中央权威和集中统一领导，做到与以习近平同志为核心的党中央在政治上同向，在思想上同心，聚集起全党同向同力、实现改革目标的强大力量。要坚持用习近平总书记关于全面深化改革的重要论述指引改革实践，使改革既有利于增添发展新动力，又有利于维护社会公平正义。要抓住"关键少数"，积极引导党员干部在想干事、敢干事、干成事上下功夫，决不能话语上紧跟而行动上迟缓，进一步增强推进改革的思想自觉和行动自觉，形成改革同频共振、上下一心的良好局面，心往一处想、劲往一处使，同心同向，同力同行。党员干部要严守政治纪律和政治规矩，在改革中守住底线、不触红线，做到党中央提倡的坚决响应，党中央决定的坚决照办，党中央禁止的坚决杜绝，确保党中央令行禁止。

改革开放再出发，比认识更重要的就是决心，比方法更关键的就是担当。所谓担当，就是面对大是大非敢于亮剑，面对矛盾敢于迎难而上，面对危机敢于挺身而出，面对失误敢于承担责任，面对歪风邪气敢于坚决斗争。习近平总书记指出："要强化改革责任担当，看准了的事情，就要拿出政治勇气来，坚定不移干。"有担当、敢担当、善担当，推进改革才能善始善终、善作善成。党政"一把手"要亲力亲为抓改革，自觉从全局高度谋划推进改革，做到实事求是、求真务实，善始善终、善作善成，把准方向、敢于担当。要注重协调解决落实中遇到的困难，敢于在关键问题上拍板，坚持辩证唯物主义和历史唯物主义世界观和方法论，正确处理改革发展稳定关系，不断提高改革决策的科学性，创造改革新辉煌。

第三，大力弘扬伟大改革精神。改革开放铸就"敢闯敢试、敢为人先"的伟大改革精神，极大丰富了民族精神内涵，成为当代中国人民最鲜明的精神标识。这种精神是在改革开放创造性实践中激发出来的，是一种解放思想、探索创新的思想观念，是一种奋勇争先、拒绝平庸的责任感使命感，是一种自强不息、百折不挠的精神状态。改革开放再出发，必须坚持弘扬伟大改革开放精神，树立坚定的信仰、信念、信心。信仰、信念、信心，任何时候都至关重要。只要有信仰、信念、信心，在改革征程上，就会愈挫愈奋、愈战愈勇，否则就会不战自败、不打自垮。无论过去、现在还是将来，我们必须坚定对马克思主义的信仰、对中国特色社会主义的信念，对实现中华民族伟大复兴中国梦的信心，以更高站位更宽视野推进改革开放。这样才能坚持方向不变、道路不偏、力度不减，推动新时代改革开放走得更稳、走得更远。

当前，我国改革已经进入攻坚期和深水区，剩下的都是难啃的硬骨头。正如习近平总书记指出："我们现在所处的，是一个船到中流浪更急、人到半山路更陡的时候，是一个愈进愈难、愈进愈险而又不进则退、非进不可的时候。"改革开放只有进行时没有完成时，矛盾越大，问题越多，越要攻坚克难、勇往直前，敢于涉险滩，敢于向积存多年的顽瘴痼疾开刀。改革开放已走过千山万水，但仍须跋山涉水，摆在全党全国各族人民面前的使命更光荣、任务更艰巨、挑战更严峻、工作更伟大，绝不能有半点骄傲自满、故步自封，也绝不能有丝毫犹豫不决、徘徊彷徨。改革绝不是轻轻松松、敲锣打鼓就能实现的，要有敢闯敢试、敢为天下先的胆识气魄，坚定改革意志，当改革严峻形势和斗争任务摆在面前时，骨头要硬，敢于出击，敢战能胜，把改革开放进行到底。

弘扬伟大改革精神，需要深化对改革开放规律的认识和运用。40多年改革开放积累了大量的有益经验，形成了许多规律性认识，如必须坚持党对一切工作的领导，必须坚持以人民为中心，必须坚持马克思主义指导地位，必须坚持走中国特色社会主义道路，等等。要继续深化对上述改革规律、方法的认识和运用，加强对重大实践经验的总结，加强对改革方法论的研究，善于处理改革进程中遇到的各种矛盾关系，牢牢把握改革主动权，不断提升改革的科学化水平。

二、加快发展更高层次的开放型经济 构建新发展格局

开放是国家繁荣发展的必由之路。开放带来进步，封闭必然落后。2022年6月22日习近平总书记在以视频方式出席金砖国家工商论坛开幕式上的讲话中指出："中国将继续提高对外开放水平，建设更高水平开放型经济新体制，持续打造市场化、法治化、国际化营商环境"。加快发展更高层次的开放型经济、构建新发展格局，是以习近平同志为核心的党中央准确判断国际形势新变化、深刻把握国内改革发展新要求作出的重大战略部署，是开启全面建设社会主义现代化国家新征程、迈向富强民主文明和谐美丽的社会主义现代化强国的必由之路。

以开放促改革、促发展，不仅是我国经济持续增长的基本经验，也是我国现代化建设不断取得新成就的重要法宝。加快发展更高层次开放型经济，构建新发展格局，具有深刻的现实意义。

其一，适应全球经济格局变化的迫切需要。进入后疫情时期，世界经济进入动荡变革期，分化调整特征更趋明显。发达国家为摆脱危机纷纷实施量化宽松政策，结构性改革缺乏实质性举措，经济复苏曲折缓慢。发展中国家结构调整步伐放缓，追赶势头有所减弱。中国经济延续恢复态势，生产需求稳中有升，未来有望继续保持上升势头，仍是全球经济重要引擎，但面临全球格局变化的新挑战，要在国际竞争中赢得主动，必须在保持传统竞争优势基础上，加快发展更高层次开放型经济，构建新发展格局，增强体制机制竞争优势。

其二，积极参与全球经济治理的客观要求。经过40多年改革开放，我国已成为世界第二大经济体、全球第一货物贸易大国，成为全球重要的跨国投资目的地和主要对外投资大国，通过贸易、投资、金融等渠道，国内国际经济的互动效应明显增强，相互联系、相互影响、相互依存不断加深。未来我国与世界

经济的关系将更加紧密，与国际经济的互动关系将进一步增强，参与全球经济治理的要求更加紧迫，必须加快发展更高层次开放型经济，构建新发展格局，增强对外开放优势。

其三，推动我国经济结构转型升级的必然选择。近年来，我国要素成本持续攀升，资源环境约束加大，传统比较优势明显弱化。与此同时，我国人力资本、科技创新、基础设施、产业集聚等方面的能力持续增强，资本技术密集型的比较优势正在形成和强化，培育国际经济合作和竞争新优势的基础更加坚实。随着我国优化经济结构、转变经济发展方式的任务更为迫切，既需要通过加快发展更高层次开放型经济，扩大对外开放引进先进要素，提升产业核心竞争力，也需要通过加快发展更高层次开放型经济，构建新发展格局，改变我国在国际市场中分工不利的局面，全方位参与全球价值链，提高我国产业在全球价值链中的地位。

当前，世界正处于大发展大变革大调整时期，我国经济正处在转变发展方式、优化经济结构、转换增长动力的攻关期，对外开放面临的国内外形势正在发生深刻复杂的变化。如何进一步走向世界、发展更高层次的开放型经济？这需要把握好以下三个主攻方向：

第一，构建开放型经济新体制。面对国际国内形势的新变化、新挑战，我们要牢牢抓住体制改革这个"牛鼻子"，加快构建开放型经济新体制，构建新发展格局，进一步破除体制机制障碍。要以扩大开放促进深化改革，以深化改革促进扩大开放，以体制机制创新赢得国际竞争的主动，为经济发展注入新动力、增添新活力、拓展新空间。

第二，形成全方位开放新格局。坚持引进来与走出去更好结合，在提高引进来质量和水平的同时，支持企业积极稳妥走出去，拓展经济发展空间。坚持沿海开放与内陆沿边开放更好结合，优化区域开放布局，在深化沿海开放的同时，推动内陆和沿边地区从开放的洼地变为开放的高地，形成陆海内外联动、东西双向互济的开放格局，进而形成区域协调发展新格局。坚持向发达国家开放和向发展中国家开放并重，积极发展全球伙伴关系，全面发展同各国的平等互利合作，实现出口市场多元化、进口来源多元化、投资合作伙伴多元化。

第三，打造国际合作竞争新优势。要充分利用国际国内两个市场、两种资源，巩固和拓展传统优势，加快培育竞争新优势。要更加注重提高高附加值产品的出口竞争力，深度参与全球经济分工；更加注重提升中国出口在全球价值链的地位，提升技术密集型、高附加值、低资源消耗、低环境污染的产品的出口规模和国际竞争力。此外，还要以创新驱动为导向，以质量效益为核心，大力营造竞争有序的市场环境、透明高效的政务环境、公平正义的法制环境和合作共赢的人文环境，加速培育产业、区位、营商环境和规则标准等综合竞争优势，促进产业转型升级。

当前和今后一个时期，要从培育贸易新业态新模式、推进自由贸易区建设、加快"一带一路"建设、加强创新能力开放合作四方面入手，制定战略举措，不断改革完善开放体制，加快发展更高层次的开放型经济，构建新发展格局。

一是加快培育贸易新业态新模式。外贸新业态是外贸发展的新动能、新亮点。近年来，我国跨境电子商务等新业态新模式快速发展，已经形成了一定的产业集群和交易规模，为促进外贸回稳向好和创新发展发挥了积极作用。一大批企业通过跨境电商平台打造自主品牌，开拓国际市场。新业态已成为促进外贸供给侧结构性改革、培育竞争新优势、建设贸易强国的重要动力，推动大众创业、万众创新的重要平台，提升开放型经济水平的重要渠道。加快培育贸易新业态新模式，就要深化外贸领域供给侧结构性改革，继续推进国际市场布局、国内区域布局、商品结构、经营主体和贸易方式"五个优化"，加快外贸转型升级示范基地、贸易平台、国际营销网络"三项建设"，积极培育贸易新业态新模式，促进加工贸易创新发展，积极扩大进口，进一步提高贸易便利化水平，推进外贸大国向外贸强国转变。要发挥政府引导作用，依托大数据、物联网、移动互联网、云计算等新技术推动服务贸易新模式的发展，加快培育供应链管理、跨境电商等服务新业态，推动国际服务外包转型升级。

二是加快推进自由贸易区建设。加快实施自由贸易区战略，是适应经济全球化新趋势的客观要求，是全面深化改革、构建开放型经济新体制的必然选择，也是我国积极运筹对外关系、实现对外战略目标的重要手段。加快实施自由贸易区战略，有助于发挥自由贸易区对贸易投资的促进作用，更好帮助我国企业开拓国际市场，为我国经济发展注入新动力、增添新活力、拓展新空间。要着眼于提高自贸试验区建设质量，对标国际先进规则，强化改革举措系统集成，努力在内外贸、投融资、财政税务、金融创新、入出境等方面，探索更加灵活的政策体系、监管模式、管理体制，加强风险防控体系建设，打造开放层次更高、营商环境更优、辐射作用更强的开放新高地。

三是积极推进"一带一路"建设。"一带一路"建设是我国扩大对外开放的重大战略举措，也是今后一段时期对外开放的工作重点。加快发展更高层次开放型经济，就要遵循共商共建共享原则，积极促进"一带一路"国际合作，努力实现政策沟通、设施联通、贸易畅通、资金融通、民心相通，打造国际合作新平台，增添共同发展新动力。要依托"一带一路"建设，夯实与各国全面合作的基础，加强与"一带一路"沿线国家的外交沟通，以经贸合作提升外交互信和安全合作；要聚焦发展这个根本，大力推动互联互通和产业合作，拓展金融合作空间；要提高贸易和投资自由化便利化水平，与相关国家商谈优惠贸易安排和投资保护协定，全面加强海关、检验检疫、运输物流、电子商务等领域合作；要建立多层次的人文合作机制，推动教育、科技、文化、体育、卫生等领域合作。

四是加强创新能力开放合作。历史与现实告诉我们，创新推动发展，开放带来进步。在深入实施创新驱动发展战略的当下，创新能力的培养和提升，已成为引进来和走出去的重要内容和关键抓手。站在新时代的起点上，高水平、深层次的开放合作将更加注重"创新能力"的培养和提升。创新能力的引进来和走出去，也将成为资金、技术之外，更具决定作用、持久价值的力量。自主创新不是闭门造车，需要努力学习先进、用好全球资源、培养国际视野。不拒众流，方为江海。中国正在向建设世界科技强国的目标前进，更需要消除科技创新中的"孤岛"现象，需要通过开放合作不断充实自己的创造力、筑牢自己的创新力。当前，要以全球视野、国际标准，建设一批在国际上有影响力的科学机构、大科学中心，培养在国际上有影响力的科学家群体；要产生一些有国际影响力的基础研究成果，孕育出一些变革性的新理念。人才是创新能力培养的"牛鼻子"，是科技创新最关键的因素。创新驱动实质上是人才驱动。在这一过程中，不仅要"引资"，更要"引智"，不仅要"招商"，更要"聚才"，要不断优化科技创新的环境，继续深化科技体制改革，不断激发人才的创新活力，不断凝聚创新发展的新动能。

三、统筹发展与安全 在更高安全水平的基础上推进经济高质量发展

安全是发展的前提，发展是安全的保障。统筹好发展和安全，在复杂环境下更好推进我国经济社会发展，意义重大。党的十八大以来，习近平总书记高

度重视统筹做好发展和安全两件大事，强调"坚持统筹发展和安全，坚持发展和安全并重，实现高质量发展和高水平安全的良性互动"，为妥善应对和化解各种国内外风险挑战，打好化险为夷、转危为机的战略主动战提供了根本遵循和行动指南。要实现高质量发展和高水平安全的良性互动，必须处理好四方面的重大关系。

第一，推进开放发展战略与维护国家核心利益的辩证统一。我国积极推进开放发展战略，大力开展同世界各国的交流合作，但决不放弃我们的正当权益，决不牺牲国家核心利益。任何国家不要指望我国会拿自己的核心利益做交易，不要指望我们会吞下损害我国主权、安全、发展利益的苦果。捍卫国家核心利益是国与国之间进行良性互动的前提，任何发展都不应以牺牲国家核心利益为代价。国家主权、国家安全、领土完整、国家统一、我国宪法确立的政治制度和社会大局稳定、经济社会可持续发展等国家核心利益不容侵犯，也理应得到国际社会的确认和尊重。正如习近平总书记指出："凡是危害中国共产党领导和我国社会主义制度的各种风险挑战，凡是危害我国主权、安全、发展利益的各种风险挑战，凡是危害我国核心利益和重大原则的各种风险挑战，凡是危害我国人民根本利益的各种风险挑战，凡是危害我国实现'两个一百年'奋斗目标、实现中华民族伟大复兴的各种风险挑战，只要来了，我们就必须进行坚决斗争，毫不动摇，直至取得胜利。"[1] 为此，应广泛宣传我国的开放发展战略，引导国际社会正确认识和对待我国的发展。我国发展绝不以牺牲别国利益为代价，我们绝不做损人利己、以邻为壑的事情，将坚定不移做和平发展的实践者、共同发展的推动者、多边贸易体制的维护者、全球经济治理的参与者。

第二，深化对外开放与维护国家经济安全的辩证统一。当前，我国对外开放在广度、深度、力度上均得到深化和拓展。我国经济发展环境空前开放，为经济发展带来了良好机遇，但也面临深层次的风险与挑战。这主要表现在：形成更加公正合理的国际政治经济秩序依然任重道远，世界经济仍未找到全面复苏的新引擎；我国经济大而不强的问题依然突出，经济实力仍有待转化为国际制度性话语权，支撑我国实现高水平开放和大规模走出去的体制和力量仍显薄弱，等等。我们要趋利避害，使开放的顺序、步骤、节奏与我国国情和风险管

---

[1] 习近平. 习近平谈治国理政：第四卷 [M]. 北京：外文出版社，2022：71.

理能力相适应，不断强化抗风险能力，化解开放带来的风险挑战，着力维护国家经济安全；把握开放型经济的风险来源，根据我国改革开放的进程，逐步建立风险防范机制，做好国家经济风险的评估与预警，建立国家经济安全防范、预警和应对机制，确保我国经济安全和资源安全。

第三，"引进来"与"走出去"的辩证统一。随着我国经济社会发展和国际地位提高，国际社会对我国的关注度也越来越高。国际社会对"中国奇迹"有着浓厚兴趣，对我国发展道路和发展方式的认识逐步加深，但同时也存在不少误解，一些西方媒体仍在"唱衰"中国。因此，在推进对外开放中必须处理好"引进来"与"走出去"的关系。除了资金、技术等的"引进来"与"走出去"，还要加强国际传播能力建设，打造融通中外的新概念新范畴新表述，用西方学者和民众能够理解、乐于接受的话语体系解释中国问题，创新中国故事的对外话语表述方式，阐释好中国梦的深刻内涵和世界意义，阐释好中国特色社会主义的制度优势和发展成就，阐释好当代中国价值观念及其对人类文明的独特贡献，营造于我国有利的国际舆论环境。同时，不断拓展渠道和路径，使更多的国际人士走进中国、了解中国，消除认识误区，增进交流共识。

第四，内循环与外循环的辩证统一。习近平总书记指出："构建新发展格局的关键在于经济循环的畅通无阻。"构建以国内大循环为主体、国内国际双循环相互促进的新发展格局，是根据我国发展阶段、环境、条件变化作出的战略决策，是事关全局的系统性深层次变革。改革开放以来，我国加入国际大循环，对我国快速提升经济实力、改善人们生活发挥了重要作用。从长远看，经济全球化仍是历史潮流，各国分工合作、互利共赢是长期趋势。我们要站在历史正确的一边，以开放、合作、共赢胸怀谋划发展，坚定不移扩大对外开放，推动建设开放型世界经济，为构建新发展格局提供强大动力。同时，随着全球政治经济环境变化，必须把发展立足点放在国内，更多依靠国内市场实现经济发展，正如习近平总书记指出："只有立足自身，把国内大循环畅通起来，才能任由国际风云变幻，始终充满朝气生存和发展下去。"要增强国内国际经济联动效应，推动形成顺畅的国内经济循环，形成参与国际经济合作和竞争新优势。

第五，维护正当权益与彰显负责任大国形象的辩证统一。随着我国综合国力的增强，国际上要求我国承担大国责任的声音越来越多。事实上，我国一直在为世界和平与发展贡献力量。我国是现行国际体系的参与者、建设者、贡献者，是国际合作的倡导者和国际多边主义的积极参与者。推进开放发展、实现合作共赢，必须坚持权利与义务相平衡原则，不仅要看到我国发展对世界的贡献，也要看到国际社会对我国的期待，把维护我国正当权益同维护广大发展中国家共同利益结合起来，彰显负责任大国形象。

第四节　全面推进依法治国 厚植实现中华民族伟大复兴的法治根基

依法治国是人类文明进步的重要标志，是坚持和发展中国特色社会主义的本质要求和重要保障。习近平总书记指出："依法治国是党领导人民治理国家的基本方略，法治是治国理政的基本方式，要更加注重发挥法治在国家治理和社会管理中的重要作用，全面推进依法治国，加快建设社会主义法治国家""坚持党的领导，更加注重改进党的领导方式和执政方式。依法治国，首先是依宪治国；依法执政，关键是依宪执政"。党的十八大以来，习近平总书记围绕全面依法治国发表了一系列重要论述，形成了习近平法治思想。建设中国特色社会主义法治体系，建设社会主义法治国家，是全面依法治国的总目标。全面推进依法治国，关系我们党执政兴国，关系人民幸福安康，关系党和国家长治久安。只有坚持以习近平法治思想为指导，全面推进依法治国，才能为实现中华民族伟大复兴中国梦提供最坚实的法治保障。

一、良法是善治之前提

依法治国是全面建设社会主义现代化国家的迫切要求。确保到新中国成立一百周年时实现全面建设社会主义现代化国家的宏伟目标，是我们党作出的庄严承诺。未来几十年，是全面建设社会主义现代化国家的决定性阶段，也是全面推进依法治国的关键时期。良法是善治之前提。科学立法、严格执法、公正司法、全民守法，是社会主义现代化国家的重要标志。从世界范围看，很多国家实现现代化的成功经验是走法治道路。现代国家必须是法治国家，完备的法律规范体系、高效的法治实施体系、严密的法治监督体系、有力的法治保障体系，是现代国家治理的重要支撑。法治是调节社会利益关系的基本方式，是社会公平正义的集中体现。我国改革发展稳定、内政外交国防、治党治国治军，无不以法治为框架，用法治作支撑，由法治来贯穿。法治作为全面深化改革、完善发展中国特色社会主义制度的重要保障,是提高党的执政能力和执政水平的重要支撑。全面推进依法治国,既是全面建设社会主义现代化国家的重要内容和内在目标,又是全面建设社会主义现代化国家的制度动力和根本保障。这就要求我们党必须把全面推进依法治国放在更加突出、更加重要的全局性、基础性和战略性地位,着力构建系统完备、科学规范、运行有效的制度体系,使各方面制度更加成熟更加定型。

依法治国是全面深化改革的迫切要求。全面推进依法治国,是确保各项改革事业既生机勃勃又井然有序的必然要求。全面推进依法治国,实现科学立法、严格执法、公正司法、全民守法,既是各项体制改革的重要组成部分和主要路径依赖,又能为全面深化改革提供法治引领、法治促进、法治规范和法治保障。只有在法治的框架内规范改革,在法治的引领下推进改革,才能统筹社会力量、平衡社会利益、调节社会关系、规范社会行为,依法解决各种社会矛盾和问题。

依法治国是实现国家治理体系和治理能力现代化的迫切要求。法律是治国之重器。国家治理体系和治理能力的现代化本质上是要更加注重发挥法治在国家治理和社会管理中的重要作用,真正实现国家各项工作的法治化。推进依法治国,能够依托法治的稳定性、严谨性、可预期性、可操作性,实现党、国家、社会事务治理的制度化、规范化、程序化。

依法治国是提高党的执政能力与执政水平的迫切要求。坚持依法治国,是新形势新任务对我们党领导人民更好地治国理政提出的基本要求,是实现国家长治久安的一项根本措施。中国共产党依法治国和依法执政,集中反映了我们党在新形势下治国执政方式的与时俱进和制度创新。通过全面推进依法治国,把党的主张和意志通过法定程序上升为国家意志,把路线方针政策规范化、程序化、法律化,落实到经济、政治、文化、社会和生态文明建设的各个方面和各个环节,能够使我们党有效应对执政考验、改革开放考验、市场经济考验、外部环境考验,提高拒腐防变和抵御风险的能力。

二、坚持依宪治国、依宪执政

坚持依法治国首先要坚持依宪治国,坚持依法执政首先要坚持依宪执政。宪法以国家根本法的形式,确立了党和国家的根本任务、基本原则、重大方针、重要政策,是治国安邦的总章程,具有最高的法律地位、法律权威、法律效力,具有根本性、全局性、稳定性、长期性。没有宪法之治,就没有法治。依宪治国是依法治国的重中之重,只有推进依宪治国和依宪执政,才能实现真正意义上的法治。

坚定不移走中国特色社会主义法治道路是全面推进依法治国的根本方向。道路决定方向,方向决定命运。在走什么样的法治道路问题上,必须向全社会释放正确而明确的信号。中国特色社会主义法治道路是社会主义法治建设成就和经验的集中体现,适应中国具体国情、解决中国实际问题、彰显中国法治特色,是建设社会主义法治国家的唯一正确道路。在这一根本性问题上,我们必须坚定道路自信、理论自信、制度自信、文化自信,增强战略定力。

构筑完备系统的国家法治体系是全面推进依法治国的核心内容。按照"科学立法、严格执法、公正司法、全民守法"的总要求,党的十八届四中全会提出要形成完备的法律规范体系、高效的法治实施体系、严密的法治监督体系、有力的法治保障体系,形成完善的党内法规体系等五个体系。五个体系相互支撑,相互补充,互相促进,形成了以法律规范体系为基础,法治实施体系为核心,法治监督体系为关键,法治保障体系为手段,党内法规体系为动力的中国特色社会主义法治体系总体布局。

加强对公共权力的有效监督和制约是全面推进依法治国的本质要求。依法治国本质在于依法治权,把权力关进制度的笼子。如果没有对公共权力的依法监督和制约,依法治国也就无从谈起。而依法治权就要坚持法律高于权力的原则,依法规范公共权力,依法确立运用公共权力的准则、范围、区域、方式和程序,依法设定规避职责或滥用权力的法律责任以及追究责任的方式,从根本上构建起对权力的制约和监督机制,让权力规范运行。

坚持依法执政和依法行政是全面推进依法治国的关键环节。全面推进依法治国,必须抓住依法执政和依法行政这两个关键环节。依法执政要求执政党在宪法和法律的范围内活动,要求各级领导干部带头遵守法律,带头依法办事,不得违法行使权力,更不能以言代法、以权压法、徇私枉法,这样就能为依法治国创造良好条件。依法行政要求行政机关行使行政权力,管理公共事务,必须有法律的授权和法律依据。依法行政原则所要求的法律至上、权利本位、社会自治、程序法治等理念正是依法治国战略在行政领域内的应有之义。

维护司法公正和提升司法公信力是全面推进依法治国的重要保障。公正是法治的生命线。司法公正对社会公正具有重要引领作用,司法不公对社会公正具有致命破坏作用。司法是维护社会公平正义的最后一道防线。全面推进依法治国，就应该着力确保司法机关依法独立公正行使审判权和检察权，保证案件的审理以事实为根据、以法律为准绳，不办金钱案、关系案、人情案，确保司法的公正性，提升司法的公信力。

培育社会主义法治文化是全面推进依法治国的基础工程。法治文化主要体现为社会公众广泛认同和持有的法治观念，能够从意识、精神乃至文化层面为实现法治创造条件。只有通过全社会共同参与和共同努力，形成自觉学法守法用法的社会氛围，弘扬法治精神，把法治理念与法治精神融入社会公众的内心，使民众能够认同法治的实践力量，从而发自内心地信任法治、推崇法治，才能为全面推进依法治国奠定坚实的基础。

三、依法治国和坚持党的领导本质上是一致的

把依法治国与坚持党的领导有机统一起来。依法治国和坚持党的领导从本质上来说是一致的，社会主义法治必须坚持党的领导，党的领导必须依靠社会主义法治。两者是有机统一、相互促进的关系。其中，坚持党的领导，是建设社会主义法治的根本要求。只有在党的领导下依法治国、厉行法治，国家和社会生活法治化才能有序推进。而坚持依法治国是新的历史条件下加强和改善党的领导的必然选择，也是实现和保障党的领导取得成功的最佳途径。当前，一方面要坚持党的领导核心作用，确保党的主张贯彻到依法治国全过程和各方面；另一方面，党要自觉在宪法法律范围内活动，不断提高党领导依法治国的能力和水平。

把依法治国与人民当家做主有机统一起来。依法治国与人民当家做主具有内在的一致性。其中，依法治国是人民当家做主的制度保障，从制度上、法律上保证人民的政治、经济、文化和社会权利的全面实现。而人民当家做主是社会主义法治的内在要求，人民是依法治国的主体和力量源泉。因此，要切实通过依法治国保障人民当家做主的权利，同时增强全社会学法遵法守法用法意识。

把依法治国与全面深化改革有机统一起来。改革与法治内在统一、相辅相成。改革离不开法治的引领和保障，否则就可能引起混乱。在整个改革过程中，都要高度重视运用法治思维和法治方式，凡属重大改革都要于法有据。法治必须紧跟改革的进程和步伐，随着实践发展而发展，否则就可能被废弃淘汰。因此，必须在法治轨道上全面深化改革，推进国家治理体系和治理能力现代化，在全面深化改革总体框架内推进依法治国各项工作，在法治保障下不断深化

改革。

把依法治国与以德治国有机统一起来。法律与道德作为上层建筑的组成部分，都是维护社会秩序、规范人们思想和行为的重要手段。法治以其权威性和强制手段规范社会成员的行为，德治以其说服力和劝导力提高社会成员的思想认识和道德觉悟。国家和社会治理需要法律和道德共同发挥作用，实现法律和道德相辅相成、法治和德治相得益彰。当前，必须坚持一手抓法治，重视发挥法律的规范作用，强化法律对道德建设的促进作用；一手抓德治，大力弘扬社会主义核心价值观，发挥道德的教化作用，以道德滋养法治精神。

第五节　构筑精神家园 厚植实现中华民族伟大复兴的精神根基

习近平总书记指出："人无精神不立，国无精神不强"。实现中华民族伟大复兴，不仅需要强大的物质力量作为基础，更需要强大的精神力量作为驱动。精神家园是人们精神寄托、心灵得到安慰的地方，表现为理想、信念、人生观、价值观等多种形式。党的十八大以来，习近平总书记高度重视精神家园建设。2013年8月19日，习近平总书记在全国宣传思想工作会议上强调，要练就"金刚不坏之身"，必须用科学理论武装头脑，不断培植我们的精神家园。2017年10月31日，习近平总书记在瞻仰上海中共一大会址时强调："毛泽东同志称这里是中国共产党的'产床'，这个比喻很形象，我看这里也是我们中国共产党人的精神家园"。2021年8月27日至28日，习近平总书记在中央民族工作会议上强调，要全面推进中华民族共有精神家园建设。精神家园是中国共产党团结带领人民实现中华民族伟大复兴的精神之源，习近平新时代中国特色社会主义思想厚植中华民族伟大复兴的精神根基。

一、加强科学理论指引，领悟实现民族复兴的精神密码

信仰对一个政党、一个民族、一个国家任何时候都至关重要。只要有信仰，就会愈挫愈奋、愈战愈勇，否则就会不战自败、不打自垮。马克思主义是我们立党立国的根本指导思想，是我们党的思想旗帜和精神灵魂。习近平总书记指出："中国共产党为什么能，中国特色社会主义为什么好，归根到底是因为马克

思主义行！"马克思主义及其在中国的发展，为党和人民事业发展提供了既一脉相承又与时俱进的科学理论指导，是支撑我们坚定共产主义理想、中国特色社会主义信念和实现中华民族伟大复兴信心的强大精神支柱，为增进全党全国各族人民团结统一提供了坚实的思想基础，使全党始终保持统一的思想、坚定的意志、协调的行动、强大的战斗力。

一百多年来，中国共产党坚持把马克思主义基本原理同中国具体实际相结合、同中华优秀传统文化相结合，不断推进马克思主义中国化时代化，创立了毛泽东思想，形成了中国特色社会主义理论体系，创立了习近平新时代中国特色社会主义思想，推动中华民族实现思想上先进、精神上主动，实现中华民族伟大复兴进入了不可逆转的历史进程。百余年来，无论身处顺境还是逆境，中国共产党从未动摇对马克思主义的信仰，始终把马克思主义这一科学理论作为自己的行动指南，发挥思想理论、精神力量在推进党的事业发展中的强大引领、凝聚和统摄作用，完成了近代以来各种政治力量不可能完成的艰巨任务。历史已经证明并将继续证明，无论过去、现在还是将来，对马克思主义的信仰都是指引和支撑中华民族迎来从站起来、富起来到强起来的强大精神力量。

厚植中华民族伟大复兴的精神根基，必须从党的非凡历程中感悟马克思主义的真理力量和实践力量。习近平新时代中国特色社会主义思想系统回答了新时代坚持和发展什么样的中国特色社会主义、怎样坚持和发展中国特色社会主义，建设什么样的社会主义现代化强国、怎样建设社会主义现代化强国，建设什么样的长期执政的马克思主义政党、怎样建设长期执政的马克思主义政党等重大时代课题，提出了一系列原创性的治国理政新理念新思想新战略，引领党和国家事业发生历史性变革、取得历史性成就，是具有强大真理力量、思想力量和实践力量的科学理论，是实现民族复兴的强大思想武器；它以全新视野深化对三大规律的认识，在理论上形成了许多重大突破和创新发展，开辟了马克思主义新境界、中国特色社会主义新境界、中国共产党治国理政新境界，是马克思主义中国化的最新理论成果；它承载着中国共产党人为民族谋复兴的历史使命，描绘了实现民族复兴的宏伟蓝图，开辟了通向全面建成社会主义现代化强国的真理道路。习近平总书记在 2021 年"七一"重要讲话中提出的"九个必须"，揭示了过去我们为什么能够成功、未来我们怎样才能继续成功的深刻道理，科学回答了党和国家事业发展的一系列重大问题，是对习近平新时代中国特色社会主义思想的丰富和发展。党的十八大以来，我们党之所以能够在具有许多新的历史特点的伟大斗争中不断取得新胜利,中国人民之所以能够在理想信念、价值理念、道德观念上保持高度一致,始终保持矢志民族复兴的那么一股子气、那么一股子劲,推动中华民族伟大复兴进入不可逆转的历史进程,最根本在于有习近平新时代中国特色社会主义思想这一思想旗帜和精神灵魂。在新征程中,要认真学习贯彻习近平新时代中国特色社会主义思想,让当代中国马克思主义、21世纪马克思主义放射出更加灿烂的真理光芒,汇聚起风雨无阻、凯歌前行的强大精神力量。

二、弘扬伟大建党精神,砥砺实现民族复兴的精神品格

伟大事业孕育伟大精神。习近平总书记在2021年"七一"重要讲话中提炼概括的"坚持真理、坚守理想,践行初心、担当使命,不怕牺牲、英勇斗争,对党忠诚、不负人民"的伟大建党精神,为新时代共产党人树立了精神丰碑。

百年党史既是一部感天动地的精神锻造史,也是伟大建党精神的发展史。伟大建党精神是中国共产党的精神之源,是立党兴党强党的精神原点、思想基点,展现了党的强大思想政治优势、精神优势和道德优势,凝聚着中国共产党人艰苦奋斗、牺牲奉献、开拓进取的伟大品格。百余年来,我们党压倒一切敌人而不被任何敌人所压倒、征服一切困难而不被任何困难所征服,不断在磨难中成长、从磨难中奋起,创造出惊天动地的人间奇迹,根本的一条就是我们党始终弘扬伟大建党精神。百余年来,中国共产党弘扬伟大建党精神,在长期奋斗中构筑起包括井冈山精神、长征精神、延安精神、抗美援朝精神、"两弹一星"精神、红旗渠精神、大庆精神、特区精神、抗疫精神、脱贫攻坚精神等在内的精神谱系,锤炼出鲜明的政治品格。这些伟大精神虽然呈现形态各异,但本质上都是中国共产党的宝贵精神财富,集中体现了党的坚定信念、价值追求、精神品格和优良作风,使中国共产党、中华民族、中国人民的精神面貌发生巨大变化,从精神层面变得越来越自信。

伟大建党精神积淀着中华民族最深层的精神追求,彰显共产党人初心不改、本色不变、信念不移的执着坚守,是党领导人民不畏挑战、克服困难、艰苦奋斗、夺取胜利的成功密码,为实现民族复兴提供了丰厚的精神滋养。厚植中华民族伟大复兴的精神根基,必须始终弘扬伟大建党精神,使之成为中国共产党人的安身之魂、立命之本,成为激励全党不断攻坚克难、从胜利走向胜利的强大精神动力和共同精神纽带,为实现中华民族伟大复兴的中国梦提供更持久、

更深沉、更强大的精神力量。踏上实现第二个百年奋斗目标新的赶考之路，我们要从弘扬伟大建党精神中汲取信仰信念的力量，始终保持理论清醒、政治坚定，毫不动摇坚持党的领导、毫不动摇维护党中央权威，在大是大非面前旗帜鲜明，不断提高政治判断力、政治领悟力、政治执行力，不断增强"四个意识"，坚定"四个自信"，做到"两个维护"。从弘扬伟大建党精神中继承拼搏进取的基因，牢记"国之大者"，接续奋斗永不停歇、永不止步，坚决破除制约高质量发展、高品质生活的体制机制障碍，不断提升立足新发展阶段、贯彻新发展理念、构建新发展格局、推动高质量发展的政治能力、战略眼光、专业水平。从弘扬伟大建党精神中砥砺锐意创新的勇气，在危机中育先机、于变局中开新局，准确识变、科学应变、主动求变，不断夺取全面建设社会主义现代化国家的新胜利。从弘扬伟大建党精神中推动自我革命，坚决清除一切损害党的先进性和纯洁性的因素，坚决清除一切侵蚀党的健康肌体的毒瘤，确保党不变质、不变色、不变味。从弘扬伟大建党精神中锻造忠诚担当的品格，赓续红色血脉，敢于担当作为，敢于动真碰硬，做到平常时候看得出来、关键时刻站得出来、危急关头豁得出来，充分发挥先锋模范作用，创造出经得起实践、人民、历史检验的实绩。

三、敢于斗争敢于胜利，增强实现民族复兴的精神力量

历史发展有其规律，但人在其中不是完全消极被动的。不管遇到什么样的惊涛骇浪，中国共产党人能够充分发挥主观能动性，锤炼钢铁意志，锻造政治品格，团结带领人民不畏强敌、不惧风险、敢于斗争、敢于胜利。敢于斗争、敢于胜利是百年大党始终立于不败之地、赢得胜利的精神基石，正如习近平总书记指出的："敢于斗争、敢于胜利，是中国共产党不可战胜的强大精神力量。实现伟大梦想就要顽强拼搏、不懈奋斗。"①

建立中国共产党、成立中华人民共和国、实行改革开放、推进新时代中国特色社会主义事业，都是在斗争中诞生、在斗争中发展、在斗争中壮大的。党的历史，就是一部我们党为了实现民族独立和人民解放、国家富强和人民幸福的斗争史。习近平总书记在2021年"七一"重要讲话中庄严宣告中国共产党领

---

① 习近平. 习近平谈治国理政：第四卷[M]. 北京：外文出版社，2022：12.

导中国人民取得"四个伟大成就"时,分别用了"浴血奋战、百折不挠""自力更生、发愤图强""解放思想、锐意进取""自信自强、守正创新",这些字眼正是中国共产党人敢于斗争、敢于胜利强大精神力量的精彩展现和生动演绎。党的十八大以来,以习近平同志为核心的党中央以顽强的斗争意志、充沛的斗争精神,勇于应对各个领域的重大风险挑战。可以说,没有伟大斗争,就没有新时代的历史性成就、历史性变革。我们党在具有新的历史特点的伟大斗争中,升华了斗志,锤炼了意志,成为一个敢于斗争、敢于胜利的伟大政党。历史和现实告诉我们,唯有做到"骨头要硬,敢于出击,敢战能胜",才能抵御惊涛骇浪,战胜艰难困苦,书写新的辉煌。敢于斗争、敢于胜利成为共产党人愈挫愈勇的革命气节、锐意进取的精神风骨,是鼓舞中国共产党人应对风险挑战、攻克艰难险阻的强大精神动力。

当今世界正经历百年未有之大变局,世界进入动荡变革期,我国将面对更多逆风逆水的外部环境,各种风险挑战不断积累叠加,对我们实现中华民族伟大复兴中国梦构成不确定性和诸多挑战,我们面临的风险考验只会越来越复杂。我们面临的各种斗争不是短期的而是长期的,至少要伴随我们实现第二个百年奋斗目标全过程,必须要充分认识这场伟大斗争的长期性、复杂性、艰巨性,准备付出更为艰巨、更为艰苦的努力,做到面对大是大非敢于亮剑、面对矛盾敢于迎难而上、面对危机敢于挺身而出。厚植中华民族伟大复兴的精神根基,必须始终弘扬伟大斗争精神,增强忧患意识、居安思危,贯彻总体国家安全观,统筹发展和安全,统筹中华民族伟大复兴战略全局和世界百年未有之大变局,深刻认识我国社会主要矛盾变化带来的新特征新要求,深刻认识错综复杂的国际环境带来的新矛盾新挑战,敢于斗争,善于斗争,逢山开道、遇水架桥,勇于战胜一切风险挑战。要与危害中国共产党领导的各种风险挑战作斗争,树牢"江山就是人民、人民就是江山"的强烈意识,树牢"从来不代表任何利益集团、任何权势团体、任何特权阶层的利益"的强烈意识,团结带领中国人民不断为美好生活而奋斗,粉碎任何想把中国共产党同中国人民分割开来、对立起来的图谋。要与危害我国社会主义制度的各种风险挑战作斗争,把命运掌握在自己手中,在中国特色社会主义道路上昂首阔步走下去,绝不接受"教师爷"般颐指气使的说教。要确保民族复兴所需要的和平国际环境和周边环境,同时,绝不允许任何外来势力欺负、压迫、奴役,谁妄想这样干,必将在14亿多中国人民用血肉筑成的钢铁长城面前碰得头破血流。要与危害我国核心利益和重大原则的风险挑战作斗争，实现祖国完全统一，任何人都不要低估中国人民捍卫国家主权和领土完整的坚强决心、坚定意志、强大能力。要加强国防和人民军队建设，坚持党指挥枪，坚持党对军队的绝对领导，把人民军队建成世界一流军队，为实现民族复兴提供坚强后盾，粉碎任何敌对势力妄图使中华民族伟大复兴进程发生逆转的迷梦，确保中华民族伟大复兴进程不被迟滞和中断。

第六节　加强党史学习教育　汲取实现中华民族伟大复兴的历史智慧

习近平总书记在2021年2月党史学习教育动员大会上的重要讲话中指出：历史是最好的老师，我们党的历史是中国近现代以来历史最为可歌可泣的篇章。党的历史，蕴含着我们党领导革命、建设和改革的经验和智慧，也蕴含我们党丰富的治党治国治军的经验和智慧。习近平新时代中国特色社会主义思想汲取党的历史智慧，推动党的理论创新实现重大飞跃。

一、深入学习领会总书记关于党史学习的重要论述，做到学史明理、学史增信、学史崇德、学史力行

习近平总书记高度重视党史学习，十八大以来特别是在党史学习教育动员大会上发表了许多关于党史学习的重要论述，提出一系列新思想新观点新要求，系统回答了"我们党的历史是一部什么样的历史，为什么学习党史，怎样学习党史"这一重大问题，为我们开展党史学习教育提供根本遵循。

第一，总书记指出："我们党已经发展成为一个走过百年光辉历程、在最大的社会主义国家执政70多年、拥有9100多万党员的世界上最大的马克思主义执政党，中国共产党立志于中华民族千秋伟业，百年恰是风华正茂，要始终站在时代潮流最前列、站在攻坚克难最前沿、站在最广大人民之中，永远立于不败之地。"总书记的这一重要论述是对中国共产党如何跳出历史周期率的科学回答。早在1945年，著名教育家与社会活动家黄炎培就对毛泽东提出中共如何才能跳出"其兴也勃焉，其亡也忽焉"的历史周期率问题。"历史周期率"是指世界上任何一个国家的政权都会经历兴衰治乱，往复循环呈现出的周期性现象。如何跳出历史周期率的问题始终是摆在中国共产党面前的一道难题，总书记提

出的这"三个最",指明了中国共产党人的执政品格,就是执政的时代性(始终站在时代潮流最前列)、先进性(攻坚克难最前沿)和人民性(站在最广大人民之中)。"三个最"就是要我们解决好中国共产党两大历史课题,即提高领导水平和执政水平、提高拒腐防变和抵御风险的能力。只要做到这"三个最",就一定能够在"赶考"中交出优异答卷,就一定能够永远立于不败之地,就一定能够最终跳出历史周期率。在中国共产党成立100年的关键点上提出历史周期率问题,意义非同寻常。

第二,总书记指出:"历史是最好的老师,我们党的历史是中国近现代以来历史最为可歌可泣的篇章,历史在人民探索和奋斗中造就了中国共产党,我们党团结带领人民又造就了历史悠久的中华文明新的历史辉煌。一切向前走,都不能忘记走过的路,走得再远、走到再光辉的未来,也不能忘记走过的过去,不能忘记为什么出发"。总书记的这一重要论述指明了中国共产党的成功密码,就是"不忘初心、牢记使命"。总结历史经验、吸取历史智慧,对我们党来说,最重要的就是不忘初心、牢记使命,真正认识到人民就是江山,江山就是人民。正如2021年习近平总书记在河南考察时指出:"我们共产党打江山、守江山,都是为了人民幸福,守的是人民的心。"人民为国家之基,人心则为国家之根。如何守住人民的心?这是讲政治的首要问题,也是"国之大者"的根本所在。历史和现实都一再表明,一个政权也好,一个政党也好,其前途与命运最终取决于人心的向背。不能赢得最广大人民群众的支持,就必然垮台。《苏共亡党十年祭》中说"苏共亡党,竟无一人是男儿"。苏联解体时,千千万万党员为何"竟无一人是男儿"?根本原因是民心丧失。

第三,总书记指出:"学习党的历史,是坚持和发展中国特色社会主义、把党和国家各项事业推向前进的必修课,这门功课不仅必修,而且必须修好"。总书记的这一重要论述指明了中国特色社会主义是改革开放以来我们党全部理论与实践的主题,只有社会主义才能救中国,只有中国特色社会主义才能发展中国。只有学习好党的历史特别是改革开放史,才能增强中国特色社会主义的道路自信、理论自信、制度自信、文化自信;也只有学习好党的历史特别是改革开放史,才能正确理解中国特色社会主义的历史逻辑、理论逻辑和实践逻辑。也就是说,只有学好党史,才能真正认识到中国特色社会主义不是天上掉下来的,是党的百年奋斗历程、新中国72年、改革开放40多年的奋斗历程中走出来的,深刻认识红色政权来之不易,新中国来之不易,中国特色社会主义来之不易，必须倍加珍惜、不懈奋斗。

第四，总书记指出："中国革命历史是最好的营养剂，重温这部伟大历史能够受到党的初心使命、性质宗旨、理想信念的生动教育，必须铭记光辉历史、传承红色基因"。总书记的这一重要论述指明了中国共产党的"青春秘籍"，就是在百年革命史中形成的革命文化、社会主义先进文化，特别是中国共产党人精神谱系。我们党100年了，为什么还是风华正茂、生机勃勃？原因是我们党也有营养剂，而且是最好的营养剂。中国共产党建立丰功伟绩的历程，也是不断培育形成其伟大精神的历程。中国共产党精神谱系已经或正在命名的就有30多种，据不完全统计，实际上有90多种。在四个不同时期不同阶段，接续培育了中国共产党人精神谱系。第一类是革命精神，指新民主主义革命时期形成的精神，如井冈山精神、长征精神、延安精神、西柏坡精神等等。第二类是艰苦创业精神，指社会主义革命和建设时期形成的精神，如大庆精神、红旗渠精神、雷锋精神、焦裕禄精神、"两弹一星"精神等等。第三类是改革开放和社会主义现代化建设时期形成的精神，如女排精神、新时期创业精神、孔繁森精神、抗洪精神、抗击非典精神、抗震救灾精神、北京奥运精神等。第四类是中国特色社会主义新时代形成的精神，如抗疫精神、脱贫攻坚精神、"三牛"精神、科学家精神、载人航天精神、探月精神等。这些精神犹如鲜活生动的历史链条，生动展示中国共产党人的精神世界，是中国共产党人智慧、情感、意志、理想、信念、人格的审美升华。这些精神，集中彰显了中华民族和中国人民长期以来形成的伟大创造精神、伟大奋斗精神、伟大团结精神、伟大梦想精神，所以我们党能够永远年轻、永葆生机与活力。这四类精神在不同历史时期起了巨大的历史作用，如革命精神赢得民族独立、人民解放，使中国人民在政治上站起来的同时，也从精神上站起来，彻底扭转近代以来中华民族精神被动的局面。艰苦创业精神改变国家一穷二白的面貌，建成独立的工业体系和国民经济体系，维护中国的独立、主权和尊严。改革开放精神激励中国人民在改革开放中砥砺奋进，"杀出一条血路"，成为当代中国人民最鲜明的精神标识，是中国共产党和中华民族的又一次伟大觉醒。新时代伟大奋斗精神为进行新的历史特点的伟大斗争注入强大精神力量，使党和国家事业取得历史性成就和历史性变革，极大改变中国人民的面貌、中华民族的面貌、中华人民共和国的面貌、中国共产党的面貌、人民军队的面貌。通过学习伟大建党精神和中国共产党精神谱系，深刻认识党先进的政治属性、崇高的政治理想、高尚的政治追求、纯洁的政治品质，具有震撼人心、塑造灵魂的作用。我们学习党史，要从红色基因中汲取强大的信仰力量，提振干事创业的精气神。

第五，总书记指出："要学习党史、新中国史、改革开放史、社会主义发展史，广大党员要以学习党的历史为重点，做到知史爱党、知史爱国，在学习领悟中坚定理想信念，在奋发有为中践行初心使命"。总书记的这一重要论述指明了爱党爱国的前提是要知史，要把爱党爱国建立在对党的历史的认知上，建立在对历史规律的把握上，建立在党情国情的认识上，从党的百年历史中汲取智慧和力量。离开这"三个建立"，要做到爱党爱国是不可能的，至少是不牢固的。知史，就是要了解我们党和国家事业发展的来龙去脉，汲取我们党的历史经验，正确了解党和国家历史上的重大事件和重要人物，旗帜鲜明反对历史虚无主义。党的历史蕴含丰富的党史资源，党史事件多、革命先辈多，有富集多姿、丰富多彩的红色资源，各个时期都浓墨重彩，红色基因非常丰富齐全、典型鲜明，这在世界历史上都是非常罕见的。要引领党员干部群众从党的辉煌成就、艰辛历程、历史经验、优良传统中深刻领悟中国共产党为什么能、马克思主义为什么行、中国特色社会主义为什么好等道理。要在党史学习教育中做到学史明理，明理是增信、崇德、力行的前提。

第六，总书记指出："我们党的历史就是我们党与人民心心相印、与人民同甘共苦、与人民团结奋斗的历史，一定要一块过、一块干，始终保持同人民群众的血肉联系"。总书记的这一重要论述指明了百年来我们党坚持什么立场的根本问题，就是坚持人民至上的价值立场。立场问题是一个政党首先要解决的根本问题。人民立场是中国共产党的根本政治立场，是我们党作为马克思主义政党区别于其他政党的显著标志。纵观中外政治发展实践，执政党合法性，最根本的决定性力量在于人民。民心是最大的政治，是判断执政合法性的试金石，是中国共产党执政最坚实的合法性基础。有人却机械地把西方学术话语中的"合法性"概念和"合法性理论"套用于中国，用各种玄妙繁杂的指标体系，随意裁剪或片面解读中国共产党执政的合法性基础。与西方政治学中合法性理论不同，中国共产党执政的合法性基础，就讲两个字——民心。民心向背，是衡量一个社会政治认同的根本尺度，是政权兴衰的一个决定性力量。

第七，总书记指出："全面宣传党的历史，充分发挥党的历史以史鉴今、资政育人的作用，是党和国家工作大局中一项十分重要的工作"。总书记的重要论述指明了党史工作在党和国家大局中的重要地位，党史工作不是可有可无的，是党的一项十分重要的工作，事关共产党人精神家园的坚守，事关共产党优良传统的继承与发扬，事关党的前途命运。党员干部要有历史思维，运用红色资源，坚定理想信仰。革命博物馆、纪念馆、党史馆、烈士陵园等是党和国家红色基因库。要把红色资源作为坚定理想信念、加强党性修养的生动教材。习近平总书记每次到革命老区考察调研，都去瞻仰革命历史纪念场所，正如他所说："每到井冈山、延安、西柏坡等革命圣地，都是一次精神上、思想上的洗礼。每来一次，都能受到一次党的性质和宗旨的生动教育，就更加坚定了我们的公仆意识和为民情怀。"红色基因不能变，变了就意味变质。

第八，总书记指出："回顾历史不是为了从成功中寻求慰藉，更不是为了躺在功劳簿上、为回避今天面临的困难和问题寻找借口，而是为了总结历史经验、把握历史规律，增强开拓前进的勇气和力量"。总书记的重要论述指明了学习党史学习独一无二的功能和目的，就是总结历史经验、把握和运用历史规律。早在100多年前，马克思、恩格斯在《德意志意识形态》中就指出："我们仅仅知道一门唯一的科学就是历史科学"。恩格斯说："历史就是我们的一切，我们比其他任何一个先前的哲学学派，甚至比黑格尔，都更重视历史。"习近平总书记的重要论述与经典作家的论述既一脉相承又与时俱进，指出了历史学科的独一无二的功能和作用。党史学习有利于进一步深化对共产党执政规律、社会主义建设规律、人类社会发展规律的认识，为我们提供了历史的经验和教训，使我们不仅能够避免重走前人已走的弯路、避免犯前人已犯过的错误，而且能够在运动的现在看到运动的将来。毛主席一生酷爱学习历史，《资治通鉴》看了17遍，"二十四史"从1952年读到1976年，就是为了从历史中汲取经验教训，从对历史的了解中来变革现实，提高治国理政的水平。毛主席高超的政治智慧、卓越的军事指挥才能和炉火纯青的斗争艺术都跟学习历史有很大的关联，可谓"掌上千秋史，胸中百万兵"。我们要从党史学习中提高历史思维能力，敬畏历史，做好现实工作，更好地走向未来。

第九，总书记指出："要坚持用唯物史观来认识历史，坚持实事求是的思想路线，分清主流和支流，坚持真理，修正错误，发扬经验，吸取教训"。总书记的重要论述指明了学习历史的正确方法，方法对路，才能真正学好，否则就会走向反面。唯物史观内容博大精深，内涵丰富，但联系总书记的讲话内容，至少有如下几点是需要把握的。一是坚持社会存在决定社会意识，要把事物放在特定的历史条件下比较，要用历史的眼光看待历史事件和历史人物，不能苛求于前人，不能要求前人为解决后人遇到的问题提供现成的答案。要注重历史发展的连续性和整体性，用联系的、发展的而不是用静止的、孤立的观点看待历史。如有些人割裂党史，把改革开放前和改革开放后两个历史时期割裂开来、对立起来，就没有注意历史发展的连续性和整体性，没有认识到这是两个相互联系又有重大区别的时期，但本质上都是我们党领导人民进行社会主义建设的实践探索。不能用改革开放后的历史时期否定改革开放前的历史时期，也不能用改革开放前的历史时期否定改革开放后的历史时期。又比如，关于党在历史上的失误，习近平同志在党史学习教育动员大会上的讲话中指出，要实事求是看待党史上的一些重大问题，既不能因为成就而回避失误和曲折，也不能因为探索中的失误和曲折而否定成就，第三个《决议》也并没有删除"文化大革命"的内容。如果掩饰党的失误，还叫实事求是吗？我们党的伟大不在于不犯错误，而在于坚持真理、修正错误。我们党承认失误，依靠自己的力量纠正错误，是我们党有力量、有信心的表现。中国共产党是一个伟大光荣正确的党，不是因为她从来不犯错误，而是她敢于面对错误、勇于纠正错误，有着很强的自我修正和纠错能力。我们党通过总结经验，吸取教训，在新的起点上继续前进。这也符合历史辩证法，正如恩格斯指出："历史上的巨大灾难无不是以历史的巨大进步作为补偿的"。二是正确认识群众、阶级、政党、领袖之间的关系。唯物史观揭示了群众、阶级、政党、领袖之间的辩证关系。如何认识和处理这四者之间的辩证关系，关系马克思主义政党特别是执政党的生死存亡。群众是划分为阶级的，阶级是由政党来领导的，政党通常是有最有威信、最有影响、最有经验被选出来担任最重要职务被称为领袖的人们所组成的比较稳定的集团来主持的。列宁认为这是马克思主义政党起码的常识。维护核心、拥护核心是唯物史观的重要内容。作为马克思主义政党要善于经常同群众保持真正的联系，也要造就有经验、有极高威信的党的领袖。承认领袖的作用并不否定人民群众创造历史的作用，相反，是在承认人民群众创造历史作用的前提下肯定人民领袖的作用。任何把承认人民群众创造历史作用和肯定人民领袖作用割裂开来、对立起来的观点和论调，在理论上是错误的，在实践中是有害的。三是唯物史观揭示了人民群众是历史的推动者、是物质财富和精神财富的创造者、是社会变革的决定性力量。党把人民对美好生活的向往作为奋斗目标，坚持以人民为中心的发展思想，是对唯物史观的科学运用和发展。这就要做到任何时候任何情况下，与人民同呼吸共命运的立场不能变，全心全意为人民服务的宗旨不能忘,群众是真正英雄的历史唯物主义观点不能丢。

总书记关于党史学习的重要论述,立意高远,博大精深,体现了总书记对党的历史深入的思考研究、独到的真知灼见,具有很强的思想性、指导性、针对性,为开展党史学习教育提供了科学指南。学习历史是为了更好走向未来,我们要把握百年党史的主题主线和主轴,深刻认识和理解党的历史的基本内涵,从中深刻领悟中国共产党为什么能、马克思主义为什么行、中国特色社会主义为什么好,弄清楚其中的历史逻辑、理论逻辑、实践逻辑。

二、深刻认识学党史的重大意义,增强学习党史的自觉性

第一,有利于借鉴历史经验,传承历史智慧。

重视历史、研究历史、借鉴历史是中华民族5000多年文明史的一个优良传统。通过学习历史,了解历史上治乱兴衰的真谛和规律,中华5000年文明生生不息、薪火相传,中国以此成为世界四大文明古国中唯一一个没有被中断文明的国家。从这个意义上说,不重视历史的民族是没有希望的民族。历史是民族记忆的宝库,忘记历史就意味着背叛

重视历史的政党是有前途的政党。中华民族重视历史、研究历史、借鉴历史的优秀传统被中国共产党继承下来并进一步发扬光大。中国共产党成为世界上最大发展中国家长期执政的唯一的马克思主义政党。我们党历来重视历史经验总结。每当历史发展的关键时刻,我们党总是善于通过总结和运用党的历史经验,从中获得启迪、吸取教训,推动党和国家事业不断前进。党的历史上具有深远意义和重大影响的重要文献"三个历史决议"实际就是对历史经验的科学总结。党的历史蕴含着丰富的治党治国治军经验和智慧,是宝贵的政治财富,因为今天遇到的很多事情都可以在历史上找到影子,历史上发生过的很多事情也都可以作为今天的镜鉴。正如毛泽东说"我们党是靠总结经验吃饭的"。

能否正确地对待历史是判断一个马克思主义政党是否成熟的重要标志。东欧剧变、苏联解体,是从否定共产党的历史打开缺口的。这是共产党应该永远铭记的历史教训。苏共党内始终潜伏着一股否定斯大林、否定列宁、否定十月革命道路进而否定全部苏共党史的逆流。1988年苏联取消中小学历史科目考试,原因是戈尔巴乔夫通过一次调研,认为苏联的历史课本充满编造和谎言,惊人地坦白:"测验学生知道多少谎言是没有意义的"。1990年苏联销毁所有历史教科书。1991年苏联发生震惊世界的"8·19"事件,叶利钦上台,百年大

党一夜之间红旗落地、江山变色。习近平总书记指出:"对历史要心怀敬畏、心怀良知"。对历史没有敬畏和良知的政党,离灭亡也就不远了。

第二,有利于完成艰巨任务和使命。

我们党领导人民实现第一个百年目标已经很不容易,但要实现第二个百年目标、实现中华民族伟大复兴更不容易,绝对不是轻轻松松、敲锣打鼓就能够实现的。矛盾问题更加复杂,其复杂性、艰巨性、关联性丝毫不亚于实现第一个百年目标,其深度、广度、难度也不亚于实现第一个百年目标。越是面对艰巨任务,越要学习党的历史,发扬党的光荣传统和优良作风,激发斗志、勇往直前。

前进的道路上面临的风险和考验一点也不会比过去少,困难和危机方方面面都存在。2018年1月在学习贯彻党的十九大精神专题研讨班开班式上,习近平总书记一口气列举了8个领域16个方面的风险。任何一个风险如果应对不当,都会迟滞或者中断中华民族伟大复兴的进程。百年党史是个经验宝库,蕴含着许多克敌制胜的法宝。越是面对更加尖锐复杂的风险挑战,越要学习党的历史,从历史经验中提炼出克敌制胜的法宝,提高应对风险、迎接挑战、化险为夷的能力水平,更好应对前进道路上各种可以预见和难以预见的风险挑战。

世界的不稳定性、不确定性大大增加。过去几十年基本上是顺风顺水,我们是顺势而为;今后面临的国际环境更多是逆风逆水,甚至是狂风恶浪,特别是世纪疫情发生,更增加世界的不稳定性、不确定性。面对美国的极限打压,我们越要学习党的历史,丢掉幻想、准备斗争,从党史中寻找斗争规律、积累斗争智慧,以两手对两手,不怕鬼、不信邪,要迎着风雨上、顶着子弹冲,打出新天地、展现新气象、创造新辉煌。

第三,有利于提高政治站位、增强工作能力和应对人生逆境。

一是利于提高政治站位。党员干部作为党和国家事业的生力军,增强"四个意识"、坚定"四个自信"、做到"两个维护"是最重要的政治规矩和政治纪律,但要做到这几点,就需要学习党史,把"两个维护"建立在对党的历史的认识上,建立在历史规律的把握上。比如说要做到"两个维护",通过学习党史,可以知道什么时候有坚强的领导核心,我们党就攻无不克、战无不胜,否则就会走向失败。1935年遵义会议前,由于没有形成成熟的党中央领导集体,李德、博古等组成最高三人团,导致党的事业几经挫折,甚至面临失败的危险。遵义会议确立了毛泽东同志在红军和党中央的领导地位,我们党开始形成以毛泽东同志为核心的坚强的领导集体，使我们党绝处逢生。长征途中发生"密电事件"，叶剑英在危急关头冒着生命危险迅速而巧妙地将张国焘"南下，彻底开展党内斗争"的密电送给了毛泽东。为贯彻北上方针，避免红军内部可能发生的大分裂，毛泽东决定连夜率红一军、红三军和军委纵队先行北上。毛泽东曾多次提到这件事，称赞叶剑英"诸葛一生惟谨慎，吕端大事不糊涂"。甚至在"文革"时期毛泽东还说，叶剑英在长征路上"救了党，救了红军，救了我们这些人"。周恩来评价叶剑英"疾风知劲草，板荡识诚臣"，高度评价叶剑英关键时刻体现出对党的无限忠诚。朱德反对张国焘另立中央，表示"要我反对毛主席，除非把我劈成两半"，最后张国焘被迫取消非法"中央"，同意北上，实现红军主力胜利会师。增强"四个意识"、坚定"四个自信"、做到"两个维护"不能停留在口头上。只有学了党史，才能把增强"四个意识"、坚定"四个自信"、做到"两个维护"建立在对党的历史的认知上，才能渗入灵魂深处，这样的意识才是持久的、永恒的。

二是有利于增强工作能力。党的历史是形成中国共产党科学思想方法、科学思维、科学理念的历史。我们党从小到大、从弱到强，战胜国内外的强大敌人，引领中华民族迎来站起来、富起来、强起来的历史飞跃，就是靠科学思想方法、科学思维和科学理念。我们党靠这些方法不断提高治国理政的能力和水平，把党和国家治理得井井有条，"风景这边独好"。我们党员干部如果学会这些方法，也一定能够提高自己的工作水平，一定能够增强工作的原则性、系统性、预见性、创造性。从党的历史中学会我们党科学思想方法、科学思维、科学理念，对我们的工作大有裨益。

三是有利于应对人生逆境。历史是最好的老师。它不仅传授成功经验，也给予我们成长的启示，告诉我们怎样才能少走弯路、少犯错误，使我们的人生更加从容、自信、坚强。这也是一个人走向成功的人文要素。一个人在迷茫、困惑、失望甚至遭到不公正待遇的时候，不妨学习党的历史，不妨学习伟人成长的经历，从历史中获得启迪。在1956年中共八大预备会议上，毛主席说他一生受过不下20次的处分和打击。如在攻打长沙失利后，他从敌强我弱的客观形势出发，果断率领部队向农村进军，开辟了井冈山革命根据地。这一开创中国革命新道路的壮举，不仅没有得到应有的肯定和支持，反而遭到了瞿秋白主持的中共中央的严厉批评，撤销了毛泽东的政治局候补委员和湖南省委委员的职务。这一决定在井冈山传达时又传达错了，把中央给毛泽东的纪律处分误传为

"开除党籍",结果他一度成为"党外人士",取消前敌总指挥职务,只能担任红一师师长。但如果没有毛主席创建井冈山革命根据地,怎么会有农村包围城市,最后夺取全国胜利这一革命道路的开辟?毛泽东受到的最大一次挫折,是在1932年10月宁都会议后遭受错误批判,他正确的军事方针被严厉地指责为"狭隘经验论""富农路线,丝毫马克思主义都没有""保守退却""右倾机会主义",并被剥夺对红军的军事指挥权,被迫离开红军领导岗位,被"搞得臭得很",受到孤立,许多人不敢与他接近。1960年毛主席接见英国蒙哥马利元帅时,回忆当时的情况是"连一个鬼也不上门"。直到长征出发前,依然处于被排挤、被压制的境地。甚至李德、博古不准备让毛泽东参加长征,最初长征名单上没有毛主席的名字。后担心毛泽东在井冈山东山再起,又加上周恩来等人的劝说,李德、博古才勉强同意毛泽东跟随长征,毛泽东最终踏上了长征路。毛泽东在遭受冷落的时间里,没有消沉,埋头苦读马列著作。这段时期阅读的马列著作,让他受益匪浅。他后来写成的《矛盾论》《实践论》,就是在这两年读马列著作中打下基础的。毛泽东愈挫愈奋,最后成功走出人生困境,成为中国人民的伟大领袖。邓小平一生"三落三起",1977年复出时说:"我出来工作,可以有两种态度,一个是做官,一个是做点工作,我想,谁叫你当共产党人呢。既然当了,就不能够做官,不能够有私心杂念,不能够有别的选择。"习近平总书记要求党员干部立志做大事,不要立志做大官。习近平同志15岁到陕北当知青7年,也是一种磨炼,锤炼了他坚韧不拔的性格,铸造了他志存高远的情怀,培育了他同人民群众的深厚感情,是他读懂人生、读懂人民、读懂中国、读懂中国共产党的重要起点。孟子说过:"天将降大任于是人也,必先苦其心志,劳其筋骨,饿其体肤,空乏其身,行拂乱其所为,所以动心忍性,增益其所不能"。学习党史,学习中国共产党领袖成长的经历,我们会学出自信——"自信人生二百年,会当水击三千里";会学出从容——"暮色苍茫看劲松,乱云飞渡仍从容";会学出淡定,处变不惊——"不管风吹浪打,胜似闲庭信步";会学出直抵人心的革命豪情——"为有牺牲多壮志,敢教日月换新天"。

三、旗帜鲜明反对历史虚无主义

习近平总书记指出:"要警惕和抵制历史虚无主义的影响,坚决抵制、反对党史问题上存在的错误观点和错误倾向。"在2021年2月党史学习教育动员大会上又强调"要旗帜鲜明反对历史虚无主义,加强思想引导和理论辨析",进一步树立正确的历史观，不断提高政治判断力。历史虚无主义往往打着"起底"历史的旗号，介入现实、影响政治，对此，我们有必要对历史虚无主义进行"起底"，旗帜鲜明地揭露其险恶用心和深刻危害。

历史虚无主义妄图否定社会主义道路和中国共产党领导。历史虚无主义具有怀疑主义、相对主义、解构主义与颓废主义等思想特色。它伴随着西方资本的扩张、侵略战争以及西方文化的传播与渗透来到我国。特别是20世纪80年代末90年代初，东欧剧变、苏联解体，使世界社会主义运动遭受严重挫折，各种西方思潮在我国社会广泛传播，其中就包括否定革命、鼓吹改良的历史虚无主义思潮。

历史虚无主义的根源是唯心史观，主要手法是混淆历史的支流和主流、现象和本质。历史虚无主义主要有三种表现。一是否定革命和历史发展规律，鼓吹"革命无用论""革命破坏论"等，否认历史进程的客观性和规律性，通过贬损和否定革命，竭力抹黑中国共产党领导的反帝反封建斗争，通过否定革命来否定中国共产党历史，否定社会主义代替资本主义的历史合理性和历史必然性。二是否定社会主义道路是历史和人民的选择。如鼓吹"中国社会主义是早产儿""选择社会主义是误入歧途"，否定走中国特色社会主义道路的历史必然性。三是歪曲党史，企图否定党史的主流和本质。打着"解密""戏说""秘史"等幌子，置历史事实于不顾，偷梁换柱，生搬硬套，篡改、歪曲、拼凑、裁剪党的历史，肆意夸大事实，捏造骇人听闻的数字，编造似是而非的故事，企图全盘否定我党为争取民族独立、人民解放和国家富强、人民幸福所作出的巨大牺牲和贡献，企图动摇中国共产党的执政根基和执政合法性。

历史虚无主义具有极大的渗透性、隐蔽性、蛊惑性。历史虚无主义不是一般地否定历史，而是通过否定或者歪曲某些历史事件或人物，来宣传他们错误的理论观点。历史虚无主义思潮从西方的话语体系出发，引诱人们重新认识某一历史事件或历史人物，调侃崇高、扭曲经典，企图颠覆中国人民用血肉书写的历史，摧毁中华民族引以为豪的革命精神和科学信仰。历史虚无主义还精心设置学术陷阱，和军事政治图谋相互配合。由于世界范围内各种思想文化交流交融交锋更加频繁，西方敌对势力看到这样的机会，转而以学术交流为幌子，培植学术代理人，披着学术外衣，进行意识形态渗透，并与对中国的军事、政治围剿结合起来。应该说，历史虚无主义从一开始就不是纯理论、纯学术的东西，但其戴着学术研究的假面具，具有极大的渗透性、隐蔽性、蛊惑性。

历史虚无主义消解主流意识形态搞乱历史价值观。历史虚无主义是包藏祸心的理论，如果听之任之，会动摇党的执政根基和文化领导力。因此，必须始终保持理论上的清醒和政治上的坚定，认清历史虚无主义的严重危害。必须坚持以习近平新时代中国特色社会主义思想为指导，提高政治判断力、政治领悟力、政治执行力，必须旗帜鲜明坚决摒弃历史虚无主义，敢于亮剑，敢于横刀立马，维护意识形态安全。

清代思想家龚自珍曾言，"欲知大道，必先为史；灭人之国，必先去其史"。历史虚无主义消解主流意识形态，搞乱人们正确的历史价值观。其以"反思历史""重写历史""翻案历史"等吸引人们眼球的方式现身，妄图通过否定中国近现代史、中国共产党历史以及中华人民共和国历史来扰乱人们的历史价值观，妄图通过否定战争中革命英雄主义的崇高性及其巨大的历史作用、为已被历史淘汰的旧势力评功摆好，来否定革命战争的历史合理性，摧毁国人心中的英雄人物，毁灭中国人的精神支柱。历史虚无主义热衷于诋毁马克思主义在意识形态领域的指导地位。其所散布的种种言论和谬误观点，不仅涉及学术研究的大是大非问题，而且关涉党和国家的指导思想问题。如果听任这种思潮继续传播、流行，就会削弱马克思主义在意识形态领域的指导地位，失去全国人民团结奋进的共同思想基础。历史虚无主义还利用影视剧和文学作品等载体诋毁中华优秀传统文化，抹杀中华文明所承载的价值观，消解广大民众的价值认同和文化认同，质疑民族的历史记忆、混淆是非判断，瓦解人们的民族自尊心和自豪感，削弱中华民族的自信心和凝聚力。

坚持以史铸魂补好精神之"钙"。面对历史虚无主义的抹黑、攻击与诘难，必须以习近平新时代中国特色社会主义思想为指导，发扬"亮剑"精神，坚决抵制并积极应对。

反对历史虚无主义，就要坚持以史铸魂，补好精神之"钙"。习近平总书记指出，"历史是最好的教科书"，强调"学习党史、国史，是坚持和发展中国特色社会主义、把党和国家各项事业继续推向前进的必修课"。要盘活党史资源，加强革命遗址普查、纪念场馆建设及红色旅游活动，讲活身边的党史故事，使党史资源动起来、活起来，使党员干部和广大群众深深感受到信仰之魂、理想之光和奋斗之艰。要以青少年学生为重点，将英雄烈士事迹和精神的宣传教育纳入国民教育体系，引导青少年树立正确的历史观、民族观、国家观、文化观，加强对学生的爱国主义、集体主义、社会主义教育。

在历史领域，正确的历史观不去占领，错误的历史观必然去占领。要组织专家学者对重大历史问题开展储备性前瞻性研究，推出一批高质量的理论研究成果，帮助人们划清是非界限、澄清模糊认识，巩固和壮大主流思想舆论。积极回应人民群众的历史关切，解答人民群众关心关注的历史问题，用正面的声音有力地抨击历史虚无主义者的荒诞言论。充分发挥中共党史研究的科学性和战斗性，加强中共党史的学科体系建设，发挥唯物史观视野下中共党史的"求真"功能，全面提升中共党史的影响力。

历史虚无主义的大多数言论是在互联网上散布和传播开来的。要占领意识形态领域斗争的网络阵地，绝不能让恶搞者的"得意之作"放在网络上博取眼球。要形成完善的互联网舆情监测体系，及时发现历史领域的苗头性倾向性问题，提升舆情管控的科学化水平。丰富网络平台和网络话语体系，塑造一批有内涵有影响力的历史作品，提高党史国史军史传播的趣味性和影响力。要提高网络环境治理的技术运用水平，营造网络空间健康的信息环境。增强新兴媒体的社会责任感和从业人员的政治素养、职业道德，把社会效益放在首位。

第七节　勇于自我革命　为我们党跳出历史周期率探索出"第二个答案"

勇于自我革命是我们党最鲜明的品格，是我们党最大的优势，是区别于其他政党的显著标志。中国共产党一经诞生，就把为中国人民谋幸福、为中华民族谋复兴确立为自己的初心使命，点亮了实现中华民族伟大复兴的征程。在党的十九届六中全会第二次全体会议上，习近平总书记专门提到了"窑洞对"：我们党历史这么长、规模这么大、执政这么久，如何跳出治乱兴衰的历史周期率？毛泽东同志在延安的窑洞里给出了第一个答案，这就是"只有让人民来监督政府，政府才不敢松懈"。经过百年奋斗特别是党的十八大以来新的实践，我们党又给出了第二个答案，这就是自我革命。自我革命，意味着刀刃向内、自剜腐肉，犹如拿起手术刀给自己动手术。我们党为什么能够做到？因为我们党代表中国最广大人民根本利益，没有任何自己特殊的利益，从来不代表任何利益集团、任何权势团体、任何特权阶层的利益。这是我们党敢于自我革命的勇气之源、底气所在，也是立于不败之地的根本所在。自我革命精神是党永葆青春活力的强大支撑。

一、"三严三实"是对马克思主义执政党建设理论的创新与发展

党的十八以来，习近平总书记多次强调，党员干部特别是各级领导干部要严以修身、严以用权、严以律己，谋事要实、创业要实、做人要实。总书记关于"三严三实"的论述，精辟凝练、内涵丰富、指向明确，是新形势下我们党对党员领导干部政治品格和做人操守做出的最基本规范，体现了以习近平同志为核心的党中央从严从实的鲜明执政风格，贯穿着马克思主义执政党建设的基本原则和内在要求，是对马克思主义执政党建设理论的创新与发展。

第一，深刻把握"三严三实"丰富的理论内涵。

科学世界观与方法论的有机统一。"三严"主要是教育党员干部树立正确的世界观，以严守魂、以严守道，蕴含着马克思主义信仰、共产主义远大理想和中国特色社会主义共同理想，蕴含着正确的政绩观、权力观、事业观、人生观，是管方向、管根本、管长远的，是"总开关"。"三实"主要是引导党员干部掌握科学的方法论，以实为本、以实提能、以实显绩，是行动路线、工作原则和操作方法。"三严三实"蕴含着严肃的政治原则和严明的纪律要求，蕴含着一切从实际出发、实事求是的思想路线，涵盖修身用权律己、谋事创业做人多个方面，体现了科学世界观和方法论的有机统一。

真理力量与人格力量的有机统一。"三严三实"无论在世界观还是在方法论上，都闪耀着辩证唯物主义真理光芒，能引导人们信服和追求真理，也能引导人们沿着正确的方向去实践，展现了真理力量。另一方面，"三严三实"以从严的精神管党治党，以务实的作风干事创业，集中展现了马克思主义执政党的人格力量，即坚定的理想信念、执着的为民情怀、踏实的工作作风、强烈的担当精神。一个践行"三严三实"的马克思主义政党，能够集中展现该政党及其成员的党性修养、道德情操、领导艺术、榜样作用，具有积极、健康的感召力和影响力。可见，"三严三实"彰显了真理之美和人格之美，是对党员干部道德修养的最好注解，是真理力量和人格力量相统一的有效载体。

改造主观世界与改造客观世界的有机统一。"三严"针对主观世界改造，是内在要求，从信念和世界观上打造党员干部的"金刚不坏之身"。"三实"针对客观世界改造，是行为取向，使党员干部把"三严"内化于心，外化于行。有了"三严"，"三实"就有了思想前提；有了"三实"，"三严"的实际价值

就能得以体现。"三严三实"强调做到主观世界上"严",客观世界上"实",严实相成、严以责实,体现了知行合一、主客观世界改造相结合。

思想建党与制度治党的有机统一。全面推进从严治党,需要思想教育和制度治理同向发力、同时发力,通过教育拧紧思想"总开关",依靠制度增强行为"硬约束"。"三严"的实质是进行思想建党,强调党员干部要从思想上严格要求自己,其核心落于一个"严"字;"三实"是党员干部的行为要求,强调要从思想上的"严"外化于行动上的"实",而行动上的"实"要想取得长效的结果就必须建立相应的制度并加以固化,要以制度治党来保障。总之,"三严三实"坚持思想建党与制度治党紧密结合,开启刚柔相济的党建新思维。

第二,科学把握"三严三实"鲜明的理论特色。

科学性。"三严三实"是马克思主义唯物史观基本原理在党建工作中的具体运用和发展,体现了马克思主义的立场、观点和方法。"三严三实"也是我们党在长期实践中,不断总结和运用自身建设正反两方面经验,积极借鉴国外执政党建设的经验教训,深入探索全面从严治党的规律过程中提炼出来的,是对我们党的建设实践经验的科学总结。

创新性。虽然"修身""用权""律己""谋事""创业""做人"都是中国人常用词汇,但习近平总书记用"严"和"实"将其重新整合和集成,使之成为一个有机统一的整体,这样就使党对领导干部零散的行为要求,变成了统一而明朗、深刻而易懂的行为规范。"三严三实"用最简洁凝练的话语表达方式,阐明了党员干部的修身之本、为政之道、成事之要,丰富了党要管党、从严治党的思想理念,是马克思主义执政党建设的重大理论创新成果。

时代性。习近平总书记着眼于世界不断发展变化的时代大潮流大趋势,着眼于我们党正在进行的有许多新的历史特点的伟大斗争,突出强调改革方向、问题导向、忧患意识,突出强调保持党的先进性和纯洁性,突出强调党的执政使命,彰显了时代发展变化对党的建设提出的新要求,回应了全国各族人民对中国共产党的新诉求。"三严三实"准确把握了时代特点,体现了鲜明的时代精神,是一个深深打上时代主题烙印的科学理论。

历史性。"三严三实"传承了共产党人的优良传统,与"三大纪律八项注意""三大作风""八个坚持、八个反对"以及"八项规定"、反对"四风"等,一脉相承又与时俱进,是对管党治党优良传统和求真务实作风的发展和深化。"三严三实"也蕴含着中华民族优秀传统文化的精华,融汇了中华优秀传统文化中"修身齐家治国平天下"的思想精髓,是对中华文化从政修养精华的继承和发展,是对中国优秀政治道德和个人品德的当代诠释。

整体性。"三严"与"三实"分别指向修身、用权、律己和谋事、创业、做人,六个方面缺一不可,组成一个有机整体。其中,修身、律己是基础,用权是关键,谋事、创业是核心,做人是根本。"三严"不立,"三实"就成为空中之楼阁,只有做到"三严"才能打牢"三实"的思想基础;没有"三实","三严"就成了空洞的概念,做到"三实",才能巩固"三严"。"三严"与"三实"相辅相成、互为因果、相互转化,是不可分割的有机统一体,共同构成我们党关于作风建设的新要求和党员领导干部党性修养的新标准,辩证统一于全面从严治党的伟大实践中。

第三,深刻认识"三严三实"的重大现实意义。

深入推进作风建设的重要举措。高度重视作风建设是党的事业取得成功的宝贵经验和重要法宝。"四风"是当前群众最深恶痛绝、反映最强烈的问题,是损害党群关系的重要根源。"四风"集中表现为不严不实。"三严三实"着重从修身要严、用权要严、律己要严入手,强调谋事要实、创业要实、做人要实,可谓切中了时弊,把准了作风建设的命脉。"三严三实"第一次鲜明地把"严""实"作为作风建设的新标准,既给为官之道指路,又为行为准则定向,是新常态下党员干部作风建设的"指南针"和"方向盘",是反对"四风"的锐利思想武器。

实现全面从严治党的战略抓手。全面从严治党,贵在把各项严的要求落到实处,真正转化为从严治党的具体行动,见到实实在在的治党成效。全面从严治党,最为关键的是一个"严"字。"三严三实"的"严"字,包括严教育、严要求、严管理、严监督、严追责、严惩处,蕴含的是严肃的政治追求、严格的组织原则和严明的纪律规范,与全面从严治党的"严"字在本质上是一致的。"三严三实"的"实"字,凸显了党的求真务实、尊重实践、注重实效的工作方法,以"实"的要求推进全面从严治党,才能创造经得起历史、实践和人民检验的实绩。

营造良好政治生态的基础工程。政治生态状况,直接决定着从政环境的好坏,关系着党的形象和人心向背。政治生态清明,从政环境就优良,就能凝心聚力、鼓舞士气。政治生态污浊,庸俗的"圈子"文化、潜规则就会大行其道,必将在党内滋生消极腐败。践行"三严三实",就是要严肃党内政治生活,进一步明规矩、严纪律、强约束，使全党各级组织和全体党员干部都按照党内政治生活准则和党的各项规定办事，坚决反对吹吹拍拍、团团伙伙、人身依附，坚决反对弄虚作假、投机钻营，努力形成从严从实的氛围，营造风清气正、激浊扬清的政治生态，使每一名干部都能健康成长。

打造过硬执政队伍的有力手段。"三严三实"从精神支柱、价值追求、行为规范等方面，全面阐述了新时期党员干部应有的精神特质，对党员干部作风建设提出了新要求、新标准。"三严三实"是教育培养干部的重要内容，通过纳入各级党校、行政学院和各类干部院校的教学之中，纳入各级党委（党组）中心组的学习之中，有利于引导领导干部的党性修养；是考核评价干部的重要依据，通过制定科学规范的考核体系、严格细致的考核程序、真正有效的考核方法，有利于形成重德才、重实绩的考核评价导向；是监督管理干部的根本要求，通过加强对干部的日常监督管理，对干部身上出现的倾向性问题及时提醒、严肃批评，有利于促进干部队伍健康成长。

二、加强党内政治文化建设是保持党的先进性纯洁性的重要基础

中国共产党是中国特色社会主义事业的坚强领导核心，治国理政离不开中国共产党这个"主心骨"和"领路人"。只有推进全面从严治党，切实增强党的自我净化、自我完善、自我创新、自我提高的能力，我们党才能始终走在时代的前列，真正担负起执政兴国的历史责任，才能团结和带领中国人民实现中华民族伟大复兴。加强党内政治文化建设，是保持党的先进性纯洁性的重要基础，是解决党内政治生活突出问题、深化全面从严治党的治本之举。党的十八大以来，习近平总书记多次强调要注重加强党内政治文化建设，不断培厚良好政治生态的土壤。

政治文化是一个政党固牢根基的坚实土壤。在党的十八届六中全会上的重要讲话中，习近平总书记提出了政治文化的概念，并阐述了党内政治生活、政治生态、政治文化相辅相成的关系。政治文化涵盖范围非常广泛，包括政治认知、政治情感和政治评价等多个方面。作为政治生活的灵魂，政治文化往往对政治生态具有潜移默化的作用，是一个政党固牢根基的坚实土壤，是凝心聚力的精神纽带。我们要深刻把握党内政治文化的鲜明特色，从深层次上加强党内政治文化建设，引导党员干部通过弘扬党的政治理想、政治伦理、政治价值来引领社会主流价值。

一是要深刻认识党内政治文化的鲜明特色。中国共产党是在社会主义中国执政的马克思主义政党，其党内政治文化有着区别于其他任何政党的特征。我们的党内政治文化，是以马克思主义为指导、以中华优秀传统文化为基础、以革命文化为源头、以社会主义先进文化为主体、充分体现中国共产党党性的文化。我们可以从以下几个方面来理解党内政治文化的特色。

以马克思主义为"魂"。马克思主义是中国共产党的指导思想和理论基础，也是党内政治文化的灵魂。我们党从诞生之日起，就把马克思列宁主义确立为自己的指导思想，并根据中国的具体实际和时代条件的变化，使之同中国革命、建设和改革的任务紧密结合起来，创立了毛泽东思想，形成了中国特色社会主义理论体系，创立了习近平新时代中国特色社会主义思想。习近平新时代中国特色社会主义思想是当代中国马克思主义、21世纪马克思主义，是中华文化和中国精神的时代精华，实现了马克思主义中国化新的飞跃，开辟了马克思主义中国化的新境界，续写了马克思主义中国化的新篇章。党的十九届六中全会通过的第三个《决议》，提出"两个确立"重要论断：确立习近平同志党中央的核心、全党的核心地位，确立习近平新时代中国特色社会主义思想的指导地位。深入学习贯彻习近平新时代中国特色社会主义思想，是党内政治文化建设的旗帜和指南。

以中华优秀传统文化为"基"。中华优秀传统文化是中国特色社会主义植根的文化沃土，也是党内政治文化的基础。在5000多年文明发展中孕育的中华优秀传统文化，积淀着中华民族最深沉的精神追求，代表着中华民族独特的精神标识，支撑着中华民族生生不息、薪火相传，是中华民族生存和发展的"根"。中华民族和中国人民在修齐治平、尊时守位、知常达变、开物成务、建功立业过程中培育和形成的基本思想理念，为我们党认识和改造世界提供了有益启迪，为我们党治国理政提供了有益启示，是党内政治文化最丰富的精神宝库。

以革命文化为"源"。孕育和成长于战斗岁月中的革命文化，是中国道路、中国理论和中国制度发展的深厚土壤，也是党内政治文化的源头。革命文化是中国共产党和中国人民在革命、建设和改革开放各个历史时期形成的精神追求、精神品格、精神力量，是中国共产党和中国人民革命斗争史的高度文化凝聚。对中国共产党人来说，中国革命历史是最好的营养剂，革命文化是最可宝贵的精神优势。我们党在革命、建设和改革实践中积淀下来的诸如红船精神、井冈山精神、大庆精神、航天精神、抗震救灾精神、抗疫精神、脱贫攻坚精神等富有时代特征、民族特色的革命文化精神,是我们党永不变色的红色基因,也是党内政治文化须臾不能缺的精气神。

以社会主义先进文化为"体"。社会主义先进文化是马克思主义政党思想精神上的旗帜,也是党内政治文化的主体。社会主义先进性与党内政治文化有着高度的内在一致性。其中,马克思主义是社会主义先进文化的指导思想,也是党内政治文化的指导思想;社会主义核心价值观是社会主义先进文化的价值追求,也是党内政治文化的价值追求;以爱国主义为核心的民族精神和以改革创新为核心的时代精神,同样贯穿党内政治文化并且进一步发扬光大。因此,可以说,社会主义先进文化就是党内政治文化的主体,而党内政治文化是社会主义先进文化在中国共产党政治实践中的文化反映。

以中国共产党党性为"用"。中国共产党党性是中国共产党区别于其他政党的本质属性,也是党内政治文化的集中体现。中国共产党的党性体现为作为中国共产党组织整体的党性和作为党员个体的党性两方面。从组织整体的角度来看,党性集中体现为党的政治性、阶级性、民族性、时代性、先进性和纯洁性等属性,直接反映党的基本性质、政治倾向、健康程度和进步水准。中国共产党作为马克思主义政党,是一个高度组织起来的政党,统一的思想和统一的意志让党更团结、更有战斗力,必然要求党员个体加强党性修养,体现党的本质属性。党内政治文化体现了中国共产党作为一个政治组织对政治实践的文化思考与价值导向,也是政党成员的思想行为的集中反映。党内政治文化潜移默化的影响,有助于督促党员干部增强践行党性要求的思想自觉和行动自觉,进而有效塑造党员干部的党性品格。

二是要科学把握党内政治文化的建设路径。要建设具有中国共产党人鲜明特色的政治文化,必须深刻把握党内文化建设的内在逻辑,积极推进党内政治文化在传承中创新,在借鉴中超越,在交汇中引领。

在传承中创新。文化建设是一个继承传统与创新发展相统一的过程。加强党内政治文化建设,要大力传承我们党的理论联系实际、密切联系群众、批评和自我批评以及"两个务必""八个坚持、八个反对"等优良传统,弘扬中华民族优秀传统文化、革命文化和社会主义先进文化,弘扬革命英雄主义和集体主义精神。特别是我们党在长期实践中形成的党内政治生活的光荣传统,不论过去、现在还是将来,都是党的宝贵财富。加强党内政治文化建设,也要坚持解放思想、坚持问题导向，聚焦党内政治生活和党内监督存在的薄弱环节，适应新的时代要求、适应国家经济社会发展、适应党的建设伟大工程的推进，不断发展和创新党内政治文化。党内政治文化建设只有顺时应势、与时俱进，才能与党的事业同发展、共进步。

在借鉴中超越。随着经济全球化进程的加快，世界性大市场的形成，人们在政治、文化方面的交往越来越频繁，越来越深入。这是一个不以人们意志为转移的客观趋势。在经济全球化大潮中，封闭的文化形态既不可能，也没有前途。文化的发展要有开放的心态，做到海纳百川、兼容并蓄。党内政治文化建设也是如此。世界各国政党在长期的政治发展实践中积累了许多经验，创造了不同类型的政治文化，这是人类的共同财富，值得我们党学习借鉴。当然，政治文化有鲜明的政治性、阶级性和民族性的特点，不可以简单复制、模仿和照搬。而且，我们党是马克思主义政党，党的性质和宗旨决定了我们党的党内政治文化必然有别于其他政党。对于在14亿多人口的最大发展中国家长期执政的党，党内政治文化建设必须要走自己的路，既体现马克思主义政党的性质和宗旨，又体现中国特色、中国风格、中国气派。

在交汇中引领。党内政治文化既来自政党自身的实践活动，也来自国家和社会的政治生活。政党与国家和社会是相互联系、相互影响、相互依存的，党内政治生态与国家和社会的政治生态是紧密联结在一起的，党内政治文化与国家和社会的政治文化也是互相交汇、互相作用、互相依存的。作为社会主义先进文化的一部分，党内政治文化既受到国家和社会政治文化影响，同时又作用于国家与社会政治文化。加强党内政治文化建设，必须大力推进党内外政治文化的交汇与融合，积极吸收国家和社会政治文化中的积极成分。但是，作为中国工人阶级的先锋队、中国人民和中华民族的先锋队，中国共产党必然是在思想文化上进步的党，党内政治文化也必然是国家和社会政治文化中的最先进部分。因此，在加强党内外政治文化交流和融合的过程中，必须发挥党内政治文化的引领作用，并通过党内政治文化引领，推动整个国家和社会政治文化的进步。

建设具有中国共产党人鲜明特色的政治文化，要落脚到引导党员干部自觉弘扬党的政治信仰、政治伦理和政治价值，并以此引领社会主流价值、形成良好社会氛围上来。要引导党员干部坚定理想信念，坚守共产党人的精神追求，把践行中国特色社会主义共同理想和坚定共产主义远大理想统一起来，做到虔诚而执着、至信而深厚。要坚持全心全意为人民服务的宗旨，这是马克思主义政党的政治伦理目标，也是我们党的初心。坚持党纪严于国法，这是中国共产党人的政治伦理自律，也是党员干部的基本道德要求。突出清正廉洁，这是中国共产党人的政治伦理美德，也体现了党员干部道德操守和道德原则。强化自我监督，这是中国共产党人的政治伦理约束，也体现了党员干部的道德责任和担当精神。要全方位向党的政治价值看齐，不搞选择，不讲条件，不打折扣，将党的政治价值落实到日常工作的一言一行中，并引领广大人民群众培育和践行社会主义核心价值观，凝聚全党全社会价值共识。

三、提高政治能力是党员领导干部应对风险挑战应具备的极端重要能力

习近平总书记深刻指出，在干部干好工作所需的各种能力中，政治能力是第一位的。政治能力是把握方向、把握大势、把握全局的能力，是党员领导干部加强修养、提高本领、干好工作、应对风险挑战应具备的极端重要能力，并指出领导干部要增强政治定力、纪律定力、道德定力、抵腐定力，为领导干部提高政治能力指明了科学路径和正确方向。政治能力是总书记提出的"七种能力"中核心的、管总的、党员干部必备的能力。立足新发展阶段，贯彻新发展理念，构建新发展格局，推动高质量发展，对于党员领导干部而言，必须立足岗位职责，不断提高政治能力。

第一，增强政治定力。政治定力，是在思想上政治上排除各种干扰、消除各种困惑，坚持正确立场、保持正确方向的能力。政治定力是对一个党员最基本的政治要求。党员干部只有保持政治定力，才能不为噪音所扰、不为歪风所惑、不为暗流所动、不为利益所俘，在纷繁复杂的形势变化中始终坚持正确方向。

要牢固树立政治理想。理想信念是定力的根和源，信仰不坚、信念不强，则定力难强、定力难恒。在社会思潮纷繁多样、意识形态斗争复杂的环境下，作为党的领导干部，必须始终保持对马克思主义的坚定信仰、对共产主义和中国特色社会主义的坚定信念，对实现中华民族伟大复兴的信心，始终把人民放在心中最高位置，把为党和人民事业贡献力量作为自己的最高追求，以此来开阔胸襟和眼界，以此来增强政治定力和政治敏锐性，以此来提高抵御各种风险

和经受住各种考验的能力。

要正确把握政治方向。只有牢牢把握政治方向，才能在波谲云诡的形势面前廓清迷雾、心明眼亮，才能在重大政治原则和大是大非问题上毫不含糊、毫不动摇。要深入学习领会习近平新时代中国特色社会主义思想，不断加深认识和理解，强化政治担当，保持坚如磐石的政治定力，忠诚捍卫"两个确立"，坚决做到"两个维护"。全面贯彻执行党的基本路线，任何时候都不能有丝毫偏离和动摇。对一切违背、歪曲、否定党的基本路线的言行，必须旗帜鲜明加以反对和抵制。对"国之大者"了然于胸，科学把握大局形势、精准识别现象本质、清醒明辨行为是非、有效抵御风险挑战。加强思想淬炼、政治历练、实践锻炼、专业训练，做到知责于心、担责于身、履责于行，使自己的政治能力同担任的工作职责相匹配。

要坚定站稳政治立场。坚定的政治立场是对党员干部的最基本要求。坚定站稳政治立场，最根本的一条，就是要增强政治意识、大局意识、核心意识、看齐意识，始终与党中央保持高度一致，坚决维护党中央权威、保证政令畅通。中央要求开展的工作，毫不迟延地开展；中央决定禁止的事项，毫不犹豫地禁止。全体党员特别是高级干部都要向党中央看齐，向党的理论和路线方针政策看齐，向党中央决策部署看齐，做到党中央提倡的坚决响应、党中央决定的坚决执行、党中央禁止的坚决不做。党员干部特别是高级干部在大是大非面前不能态度暧昧，不能动摇基本政治立场，不能被错误言论所左右。

第二，增强纪律定力。增强纪律定力，就要把纪律挺在前面，在任何情况下，都不逾越纪律的底线和红线。习近平总书记曾强调指出："领导干部工作上要大胆，用权上则要谨慎，常怀敬畏之心、戒惧之意，自觉接受纪律和法律的约束。"领导干部要始终坚持不逾矩、不越轨、不放纵，做到慎独慎微，始终心存敬畏、手握戒尺。

要增强党章意识和纪律意识。我们党是靠铁的纪律组织起来的马克思主义政党，纪律严明是党的光荣传统和独特优势。党员干部要时刻绷紧纪律规矩这根弦，自觉用党章和党规党纪约束自己的言行。认真学习党章，严格遵守党章。党章是党的总章程，是全党必须遵守的根本行为规范。广大党员干部要自觉学习党章、遵守党章、贯彻党章、维护党章，牢固树立党章意识，自觉用党章规范自己的一言一行。自觉遵守《中国共产党廉洁自律准则》《中国共产党纪律处分条例》，切实将其内化于心、外化于行，真正做到在法律和制度范围内行使职权,从程序和制度上规范权力、约束权力。必须牢记共产党员的第一身份和为党工作的第一职责,时刻用党章党规严格要求自己,及时校准偏差,守住底线,习惯在受监督和约束的环境中工作生活,始终做到忠诚干净担当。

要严守政治纪律政治规矩。政治纪律是各级党组织和全体党员在政治方向、政治立场、政治言论、政治行为方面必须遵守的规矩,是维护党的团结统一的根本保证。全党特别是高级干部必须严格遵守党的政治纪律和政治规矩。党员不准散布违背党的理论和路线方针政策的言论,不准公开发表违背党中央决定的言论,不准泄露党和国家秘密,不准参与非法组织和非法活动,不准制造、传播政治谣言及丑化党和国家形象的言论。领导干部位高权重,要自觉接受纪律约束,特别是政治纪律约束。

要切实将纪律转化为自律。党员干部要从各方面严格要求自己,切实增强党的纪律观念,带头遵守党章和党纪党规,自觉遵守国家法律法规,真正做到在法律和制度范围内行使职权,并把纪律、法律转变为高度的自律。在任何情况下,都能在意识深处设置一个底线,划出一条红线,守得住清贫、耐得住寂寞、稳得住心神、经得住考验。要自觉维护党的政治纪律、组织纪律、廉洁纪律、群众纪律、工作纪律和生活纪律,做到顾全大局、淡泊名利、作风正派、清正廉洁,始终保持高尚的精神追求和健康的生活情趣,做到知敬畏、守规矩。

第三,要增强道德定力。道德定力,是人们在履行道德义务过程中所表现出来的自觉克服困难和障碍,抵御各种不良风气诱惑和侵蚀,坚守道德标准、作出道德决断的能力和毅力。习近平总书记指出,面对纷繁复杂的社会现实,党员干部特别是领导干部务必把加强道德修养作为十分重要的人生必修课。

要加强共产党人的政治品德建设。所谓政治品德,也就是从政道德,是为官当政者从政德行的综合反映,包括思想政治和品德作风等方面的素养。政治品德具有示范和导向作用,直接关系到社会主义道德建设的成效。党员干部要做到"常修为政之德、常思贪欲之害、常怀律己之心",切实把"讲道德、有品行"内化于心、外化于行,在思想、作风和工作上做先锋、当表率,以德立威、以德服人、以德化人。

要继承和发扬党的优良传统和作风。党领导人民在革命、建设和改革的进程中,培育和形成了优良的传统和作风,如理论与实际相结合的作风、密切联系群众的作风、批评与自我批评的作风等。党的优良传统和作风是党在艰苦斗争实践中培养起来的,彰显着党的先进性,是我们党区别于其他政党的显著标志和重要优势。领导干部要善于在继承和发扬党的优良传统和作风中提高道德修养和增强道德定力。

要弘扬中华传统美德。习近平总书记指出,中华传统美德是中华文化精髓,蕴含着丰富的思想道德资源。要继承和发扬中华传统美德,积极引导人们讲道德、守道德,追求高尚的道德理想,不断夯实中国特色社会主义的思想道德基础。领导干部要多读优秀传统文化书籍,经常接受优秀传统文化熏陶,不断提高道德认识、加强道德修养、提升道德境界、涵养道德定力。

要带头践行社会主义核心价值观。核心价值观是决定文化性质和方向的最深层次要素,是一个国家的重要稳定器。培育和践行社会主义核心价值观,有效整合社会意识,是社会系统得以正常运转、社会秩序得以有效维护的重要途径,也是国家治理体系和治理能力的重要方面。历史和现实都表明,构建具有强大感召力的核心价值观,关系社会和谐稳定,关系国家长治久安。习近平总书记指出,对一个民族、一个国家来说,最持久、最深层的力量是全社会共同认可的核心价值观。领导干部要以社会主义核心价值观来指导思想和行动,切实内化为精神追求,外化为实际行动,做到明大德、守公德、严私德。

第四,增强抵腐定力。党员干部要常思贪欲之害,常怀廉洁之心,保持并不断增强抵御腐败的定力,筑起拒腐防变的防线,消除腐败危险。党的十八大以来,以习近平同志为核心的党中央坚定不移"打虎""拍蝇""猎狐",让腐败分子无藏身之地,让党员干部普遍受到教育,让一些党员干部学会收手收敛,有力营造了不敢腐、不能腐、不想腐的氛围。

要树立正确的权力观。领导干部必须筑牢思想防线,加强主观世界改造,牢固树立正确的权力观,坚持公正用权、谨慎用权、依法用权,做到持之为明镜、内化为修养、升华为信条,严格执行党员领导干部廉洁从政各项规定,防止手中的权力商品化、庸俗化,绝不能把权力变成谋私的工具。

要着力消除特权思想。特权思想奉行的是权力至上、金钱至上、实用主义、享乐主义等极端个人主义和利己主义,与我们党的性质和宗旨背道而驰。特权的本质特点是执掌权力者不把权力当作为人民服务的工具和平台,而是将其视为荣誉、等级、身份、权势和地位的一般等价物,背离了掌权用权的目的。

增强自我监督意识。权力的监督机制不健全、监督乏力是导致腐败现象的重要原因。但无论是何种形式的监督,都是外部的约束,关键要靠领导干部增强自我监督意识。如果一个领导干部不能自觉接受监督,不愿进行自我监督,一旦主观心理动机与外界可利用的客观条件相结合,就会独断专行、滥用权力,以至以权谋私,搞权钱交易。领导干部要练就"心不动于微利之诱,目不眩于五色之惑"的抵腐定力,就必须从自身做起,净化自己的社交圈、生活圈、朋友圈,注重家庭、家教、家风涵养,洁身自好,志存高远,淡泊名利,不为虚名私利所缚,不为物欲浮华所惑。

第八节 实现中华民族伟大复兴进入了不可逆转的历史进程 凝聚实现中华民族伟大复兴的中国力量

习近平总书记在庆祝中国共产党成立100周年大会上庄严宣告:"经过全党全国各族人民持续奋斗,我们实现了第一个百年奋斗目标,在中华大地上全面建成了小康社会""中华民族迎来了从站起来、富起来到强起来的伟大飞跃,实现中华民族伟大复兴进入了不可逆转的历史进程"。这一庄严宣告,昭示了中华民族伟大复兴的光明前景。

实现中华民族伟大复兴,是中华民族近代以来最伟大的梦想。为了拯救民族危亡,中国人民奋起反抗,仁人志士奔走呐喊,太平天国运动、戊戌变法、义和团运动、辛亥革命接连而起,各种救国方案轮番出台,但都以失败而告终。十月革命一声炮响,给中国送来了马克思列宁主义。在中国人民和中华民族的伟大觉醒中,在马克思列宁主义同中国工人运动的紧密结合中,中国共产党应运而生。中国共产党一经诞生,就把为中国人民谋幸福、为中华民族谋复兴确立为自己的初心使命。一百年来,中国共产党团结带领中国人民进行的一切奋斗、一切牺牲、一切创造,归结起来就是一个主题:实现中华民族伟大复兴。我们党坚持用马克思主义观察时代、把握时代、引领时代,洞察和把握社会发展大趋势,始终"站在历史正确的一边",坚持走自己的路,开辟了新民主主义革命道路,开辟了社会主义革命和建设道路,开辟了中国特色社会主义道路,创造了新民主主义革命的伟大成就,创造了社会主义革命和建设的伟大成就,创造了改革开放和社会主义现代化建设的伟大成就。

党的十八大以来,以习近平同志为核心的党中央团结带领中国人民,自信自强、守正创新,统揽伟大斗争、伟大工程、伟大事业、伟大梦想,创造了新时代中国特色社会主义的伟大成就。我们坚持和加强党的全面领导,统筹推进

"五位一体"总体布局、协调推进"四个全面"战略布局，坚持和完善中国特色社会主义制度、推进国家治理体系和治理能力现代化，坚持依规治党、形成比较完善的党内法规体系，战胜一系列重大风险挑战，实现第一个百年奋斗目标，明确实现第二个百年奋斗目标的战略安排，党和国家事业取得历史性成就、发生历史性变革，为实现中华民族伟大复兴提供了更为完善的制度保证、更为坚实的物质基础、更为主动的精神力量，实现中华民族伟大复兴进入了不可逆转的历史进程。

一是更为完善的制度保证。中国特色社会主义制度是当代中国发展进步的根本制度保障。党的十八大以来，以习近平同志为核心的党中央坚持党的领导、人民当家作主、依法治国有机统一，着力构建系统完备、科学规范、运行有效的制度体系，坚持和完善支撑中国特色社会主义制度的根本制度、基本制度、重要制度，推动各方面制度更加成熟更加定型，并把我国制度优势更好转化为国家治理效能，在制度建设和治理能力建设上迈出了新的步伐。实践证明，中国特色社会主义制度和国家治理体系是具有强大生命力和巨大优越性的制度和治理体系，能够为实现中华民族伟大复兴提供强有力的制度保障。

二是更为坚实的物质基础。党的十八大以来，以习近平同志为核心的党中央坚持新发展理念，坚持稳中求进工作总基调，以推动高质量发展为主题，以深化供给侧结构性改革为主线，以改革创新为根本动力，以满足人民日益增长的美好生活需要为根本目的，统筹发展和安全，推动我国经济实力、科技实力、综合国力和人民生活水平跃上新的大台阶。当前，我国国内生产总值超过114万亿元，是世界第二大经济体、制造业第一大国、货物贸易第一大国，特别是脱贫攻坚战取得全面胜利，历史性地解决了困扰中华民族几千年的绝对贫困问题。同时，我国已转向高质量发展阶段，制度优势显著，治理效能提升，经济长期向好，物质基础雄厚，人力资源丰富，市场空间广阔，发展韧性强劲，社会大局稳定，继续发展具有多方面优势和条件。

三是更为主动的精神力量。敢于斗争、敢于胜利，是中国共产党不可战胜的强大精神力量。党的十八大以来，以习近平同志为核心的党中央科学把握国际国内形势发生的深刻复杂变化，坚持底线思维，增强忧患意识，统筹发展和安全两件大事，把防范化解重大风险摆在更加突出位置，有效化解了经济、科技、社会、网络、外交等领域的风险挑战，在一系列重大问题上敢于斗争、善于斗争，有力维护了我国主权、安全、发展利益，赢得了战略主动。新的征程上，必须坚持以习近平新时代中国特色社会主义思想为指导，进一步激发人民的精神追求、丰富人民的精神境界、增强人民的精神力量，为实现中华民族伟大复兴提供丰厚的精神滋养，让全党全国各族人民鼓起迈进新征程、奋进新时代的精气神。

今天，中华民族向世界展现的是一派欣欣向荣的气象，正以不可阻挡的步伐迈向伟大复兴。中国共产党团结带领中国人民踏上了实现第二个百年奋斗目标新的赶考之路。我们必须紧密团结在以习近平同志为核心的党中央周围，心往一处想，劲往一处使，用14亿多人的智慧和力量汇集起不可战胜的磅礴力量，为实现伟大梦想而努力奋斗。

要发挥党的领导核心作用。中国共产党领导是中国特色社会主义最本质的特征，是中国特色社会主义制度的最大优势，是党和国家的根本所在、命脉所在，是全国各族人民的利益所系、命运所系。历史充分证明，没有中国共产党，就没有新中国，就没有中华民族伟大复兴。新的征程上，我们必须坚持党的全面领导，不断完善党的领导，增强"四个意识"、坚定"四个自信"、做到"两个维护"，牢记"国之大者"，不断提高党科学执政、民主执政、依法执政水平，充分发挥党总揽全局、协调各方的领导核心作用。坚持党要管党、全面从严治党，不断应对好面临的风险考验，确保我们党在世界形势深刻变化的历史进程中始终走在时代前列，在应对国内外各种风险挑战的历史进程中始终成为全国人民的主心骨。

要紧紧依靠人民创造历史伟业。人民群众是历史活动的主体，是历史发展和社会进步的决定性力量。中国共产党根基在人民、血脉在人民、力量在人民。实现中华民族伟大复兴，需要充分发挥海内外全体中华儿女的聪明才智，充分调动最广大人民的积极性、主动性、创造性。新的征程上，我们必须紧紧依靠人民创造历史，坚持全心全意为人民服务的根本宗旨，站稳人民立场，贯彻党的群众路线，尊重人民首创精神，践行以人民为中心的发展思想，发展全过程人民民主，维护社会公平正义，着力解决发展不平衡不充分问题和人民群众急难愁盼问题，推动人的全面发展、全体人民共同富裕取得更为明显的实质性进展。

要不断提高应对风险挑战的能力和水平。实现中华民族伟大复兴，时和势都在我们这边，但在复兴之路上必然要面对各种重大挑战、重大风险、重大阻力、重大矛盾，必然会遇到各种风险考验甚至会遇到惊涛骇浪。今天，我们比历史上任何时期都更接近、更有信心和能力实现中华民族伟大复兴的目标，同时必须准备付出更为艰巨、更为艰苦的努力。新的征程上，我们必须增强忧患意识、始终居安思危，贯彻总体国家安全观，统筹发展和安全，统筹中华民族伟大复兴战略全局和世界百年未有之大变局，深刻认识我国社会主要矛盾变化带来的新特征新要求，深刻认识错综复杂的国际环境带来的新矛盾新挑战，敢于斗争，善于斗争，逢山开道、遇水架桥，勇于战胜一切风险挑战。有中国共产党的坚强领导，有全国各族人民的紧密团结，全面建成社会主义现代化强国的目标一定能够实现，中华民族伟大复兴的中国梦一定能够实现。

但实现中华民族伟大复兴的中国梦，必须坚持走中国道路，弘扬中国精神，凝聚中国力量。习近平新时代中国特色社会主义思想提出实现中国梦必须凝聚中国力量这一重要论断，这不仅对于我们统一思想、凝聚力量，实现中华民族伟大复兴，具有十分重要的意义，而且为新时代党的理论创新提供了力量源泉。

第一，凝聚中国力量是实现中国梦的根本保证。中国梦的本质内涵是实现国家富强、民族振兴、人民幸福，凝聚中国力量是实现中国梦的根本保证。

凝聚中国力量是实现国家富强的前提。实现中国梦，基础在于不断提升我国的综合国力。只有加快经济发展，才能提升综合国力，为实现中国梦奠定坚实的物质基础。推动经济发展，必须有一个安定和谐的政治局面。凝聚中国力量，不仅有利于创造良好的经济发展环境，推动经济持续健康发展，提升我国综合国力；而且可以把各方面的压力转化为发展的动力，进而有效化解矛盾、推动发展，加快实现国家富强。

凝聚中国力量是实现民族振兴的关键。回顾我们党领导人民进行革命、建设和改革的历史，我们之所以能够击败强敌、化解难题，取得一个又一个胜利，靠的就是全党全国各族人民的团结奋斗。邓小平同志曾明确指出："如果搞得乱七八糟、一盘散沙，那还有什么希望？过去帝国主义欺侮我们，还不是因为我们是一盘散沙？"① 习近平总书记强调："中国梦归根到底是人民的梦，必须紧紧依靠人民来实现，必须不断为人民造福"，最大限度团结一切可以团结的力量。今天的中国，利益格局多样化、社会意识多样化和人民利益诉求多样化相互交织，增进共识、凝聚力量显得更加必要和紧迫。只有凝聚中国力量，在不

---

① 邓小平.邓小平文选：第三卷［M］.北京：人民出版社，1993：197.

同社会阶层中形成最大限度的理想认同和价值认同，才能把中华民族伟大复兴事业不断推向前进。

凝聚中国力量是实现人民幸福的基础。中国梦不仅仅是国家和民族的宏伟目标，更是亿万人民群众的福祉所系。让广大人民群众享受到发展的成果、感受到生活的幸福，是中国梦的一个基本价值取向。凝聚中国力量，汇集来自中国特色社会主义事业各个领域、各条战线、各行各业的力量，团结一切可以团结的力量，形成改革合力、攻坚合力、追梦合力，不断使改革取得新突破、发展取得新成就，就能不断为广大人民群众造福，让人民群众得到看得见、摸得着的实惠，让人民群众生活得更加幸福、更有尊严。

第二，把握中国力量的丰富内涵。凝聚中国力量，就是凝聚全国各族人民团结奋斗的力量，就是使14亿中国人心往一处想、劲往一处使，汇聚起不可战胜的磅礴力量。

中国力量是个体力量与整体力量的有机结合。中国力量的基础是14亿中国人每个个体的力量。中国梦是民族复兴之梦，也是在复兴过程中每个个体自我实现之梦。因此，凝聚中国力量，应激发每个个体积极向上的力量，让每个人都享有人生出彩的机会，享有梦想成真的机会，享有同祖国和时代一起成长与进步的机会。同时，中国梦是14亿中国人的共同理想信念，中国力量是来自中国特色社会主义事业各个领域、各条战线、各行各业的共同力量。广大工人、农民、知识分子以及新的社会阶层人士等，都是推动我国经济社会发展的主体。凝聚中国力量，必须把全体中国人的力量汇聚成一个整体。

中国力量是国内各族人民大团结与全体中华儿女大团结的有机结合。实现中华民族伟大复兴的中国梦，首先要依靠国内力量，即国内各族人民在理想、目标、利益一致基础上所聚合起来的强大而深厚的力量，同时也需要凝聚全体中华儿女的力量。长期以来，港澳台同胞和海外中华儿女凭着对中华民族的深厚感情，积极支持、参与中华民族伟大复兴事业，作出了积极贡献。今天，实现中华民族伟大复兴这一神圣而艰巨的历史使命，仍然需要发挥港澳台同胞和海外中华儿女的作用，实现海内外全体中华儿女的大团结。

中国力量是硬实力与软实力的有机结合。硬实力是指看得见、摸得着的物质力量，包括基本资源（如土地、人口、自然资源等）、军事力量、经济力量和科技力量等；软实力指的是精神力量，包括政治力、文化力、外交力等，是国家制度、文化和理念等的影响力、吸引力、竞争力。实现中国梦既需要坚强的硬实力作后盾，也需要深厚的软实力作支撑，两者紧密联系、相辅相成。凝聚中国力量，必须把两者有机结合起来，在增强我国硬实力的同时，不断提升我国软实力。

中国力量是传统力量与现实力量的有机结合。实现中国梦，既是一个历史命题，更是一个时代命题。同样，凝聚中国力量，既要倚重传统力量，更要倚重现实力量。在五千年的文明史中，中华民族不仅创造了灿烂的物质文明，也创造了辉煌的精神文明，培育了自强不息的民族精神，这些传统力量是中国力量的重要组成部分。同时，我们在改革开放新时期所形成的以改革创新为核心的时代精神，以及在探索中国特色社会主义实践中所积累的宝贵经验和物质基础，是实现中国梦的现实力量。实现中国梦，必须在继承中创新、在创新中发展，在凝聚传统力量与现实力量中不断前行。

第三，凝聚中国力量的关键是依靠广大人民群众。人民群众是历史的创造者，也是实现中国梦的中坚力量。中国梦归根到底是人民的梦，必须紧紧依靠广大人民来实现。凝聚中国力量必须依靠广大人民群众，调动广大人民群众实现中国梦的积极性、主动性和创造性。

必须坚持人民主体地位。人民群众中蕴含着无穷的智慧和力量，永远是我们克敌制胜、推进事业的力量源泉。人民群众越是有身为国家主人的认同感，对民族复兴伟业的担当就越自觉。只有坚持人民主体地位，尊重人民群众的首创精神，汇聚人民群众的聪明才智，才能把实现中国梦这一伟大事业不断推向前进。为此，应进一步坚持和发展人民民主，不断增进人民群众对公共事务的知情权、参与权、管理权和监督权，使人民群众真切感受到自己是民族复兴伟业的主人翁，从而将个人前途命运同整个民族前途命运融为一体，积极推动民族复兴伟业。

必须维护社会公平正义。公平正义是中国特色社会主义的内在要求。只有切实维护和实现社会公平正义，才能让广大人民群众拥有追梦、圆梦的空间及社会环境，各方面的社会关系才能和谐，人民群众追梦的能动性才能充分发挥出来。因此，应把建立以权利公平、机会公平、规则公平为主要内容的社会公平保障体系作为中国特色社会主义的重大任务，摆在现代化建设更加突出的位置抓紧抓好，使全体人民在经济社会发展中平等参与、平等竞争、平等发展、平等享有，使人人都拥有实现梦想的机会，从而激发广大人民群众团结奋斗的力量。正如习近平总书记指出："要随时随刻倾听人民呼声、回应人民期待，保证人民平等参与、平等发展权利,维护社会公平正义"。

必须着力保障和改善民生。民生连着民心,民心关系国运。提高人民物质文化生活水平,是改革开放和社会主义现代化建设的根本目的,也是凝聚广大人民群众力量的内在要求。在追梦的道路上,应从维护最广大人民根本利益的高度,多谋民生之利,多解民生之忧,千方百计帮助群众解决最关心的就学、就业、就医、养老和住房等方面的现实问题,在学有所教、劳有所得、病有所医、老有所养、住有所居上持续取得新进展,努力让人民过上更好生活,让老百姓的日子越过越红火。始终坚持民生为先、民生为重、民生为本,不断实现好、维护好、发展好最广大人民的根本利益,使发展成果更多更公平惠及全体人民,在经济社会不断发展的基础上,朝着共同富裕方向稳步前进,让广大人民群众都成为追梦途中的受益者。

下篇：
理论创新的实践逻辑

  伟大的实践催生伟大的理论，伟大的理论指导伟大的实践。改革开放以来，特别是党的十八大以来，党的理论创新始终扎根于中国特色社会主义的伟大实践，坚持把马克思主义基本原理同中国具体实践相结合、同中华优秀传统文化相结合，用马克思主义观察时代、把握时代、引领时代，推动中华民族伟大复兴进入不可逆转的历史进程。党领导人民在政治、经济、文化、社会、生态文明、党的建设和治国理政方法论等领域进行了系统全面深刻的理论创新，取得了一系列开创性、历史性成就，成功走出中国式现代化道路，创造了人类文明新形态。下篇将重点阐述党的理论创新开展的实践逻辑。第五章到第八章将阐述理论创新在党的建设、改革开放、经济建设、马克思主义方法论等领域的实践运用，充分彰显党的创新理论特别是习近平新时代中国特色社会主义思想的实践力量。

第五章　党的建设的实践创新

党的建设领域的实践成果是中国共产党人对马克思主义政党理论的创造性运用和创新性发展。改革开放以来特别是党的十八大以来，我们党在加强党的建设上提出了一系列新理念新思想新战略，勇于自我革命，在全面从严治党上取得历史性成就。以习近平同志为核心的党中央坚持全面从严治党的伟大实践，实现了党的建设在实践经验上的伟大创新，探索出依靠党的自我革命跳出历史周期率的成功路径。

第一节　加强理论学习 建设马克思主义学习型政党

中国共产党是一个重视学习、善于学习的马克思主义政党。加强学习、建设学习型政党是中国共产党的鲜明特点，学习是中国共产党独特的精神气质。习近平总书记多次强调："中国共产党人依靠学习走到今天，也必然要依靠学习走向未来。全党同志要跟上时代步伐，不能身子进了新时代，思想还停留在过去，看问题、作决策、推工作还是老观念、老套路、老办法。这样的话，不仅会跟不上时代、做不好工作，而且会贻误时机、耽误工作。"[①] 要求领导干部一定要把学习放在很重要的位置上，改变"追求享乐、玩物丧志，不好读书；热衷应酬、忙于事务，不勤读书；浅尝辄止、不求甚解，不善读书；学而不思、知行不一，学用脱节"现象，建设学习型、服务型、创新型的马克思主义执政党。党的十八大以来，习近平总书记带领中央政治局坚持集体学习制度，2012年11月至2022年2月先后进行了80次集体学习，为全党做出表率，引领全党在大学习中不断提高治国理政的能力和水平。踏上新征程，必须大兴学习之风，坚持学习、学习、再学习，坚持实践、实践、再实践，养成爱读书、读好书、善读书的良好习惯，克服本领恐慌，提高能力水平，不断谱写新时代坚持和发

[①] 习近平. 习近平谈治国理政：第三卷 [M]. 北京：外文出版社，2020：540.

展中国特色社会主义的新篇章。

一、明确学习内涵，把学习升级到一个新的层次

重视和加强学习，倡导建设学习型组织、学习型社会，已经成为当今世界的一种趋势。但建设马克思主义学习型政党，不是简单抄袭外国经验，不是盲目跟风，而是中国共产党以开放的胸怀引进世界新理念，站在新时代的高度做出的重大战略选择，是把传统的学习真正升级到一个新的层次上。要引导广大党员干部深化对"学习"的认识。建设马克思主义学习型政党，不是一般意义上的读书活动，不只是为了读几本书、记几个概念、背几条原理，也不仅是要求广大党员领导干部爱读书，而且包括提高思想水平、增强工作能力、完善知识结构、提升精神境界等问题。也就是说，要真正建设马克思主义学习型政党，不能就学习谈学习，而要看到是为了适应形势发展的需要，赶上时代，正如习近平总书记指出："到了知识经济时代，一个人必须学习一辈子，才能跟上时代前进的脚步。"也是为了坚定马克思主义信仰，坚定中国特色社会主义道路自信、理论自信、制度自信、文化自信，勇敢战胜各种重大困难和严峻挑战，正如习近平总书记强调："把学习成果转化为不可撼动的理想信念，转化为正确的世界观、人生观、价值观，用理想之光照亮奋斗之路，用信仰之力开创美好未来。"因此，必须使学习的内涵由只是看书读报等狭隘、片面方面转向全面提高学习能力、提高自身素质等方面。

建设马克思主义学习型政党的"学习"含义，应该包括这几个方面：第一，是与实践联系起来的学习。建设马克思主义学习型政党，首先要学习，重点在实践。实践也是学习，而且是更重要的学习。习近平总书记指出："既要向书本学习，也要向实践学习；既要向人民群众学习，向专家学者学习，也要向国外有益经验学习"，"要坚持知行合一，注重在实践中学真知、悟真谛，加强磨炼、增长本领。"在多读书、善读书、读好书的同时，还要着力向实践学习、向群众学习，做到理论联系实际，在实践中掌握新知识、积累新经验、增长新本领，形成学以致用、用以促学、学用相长的良性循环。如果把学习与实践割裂开来、对立起来，就容易引发教条主义和本本主义，就会一切从定义、公式、概念出发，不从实际出发，反对具体问题具体分析，生搬硬套，把书本、理论当教条。在党的历史上，教条主义割裂理论与实践、主观与客观的具体的历史的统一，曾给革命和建设带来严重危害，教训极其惨重。把学习与实践联系起

来，就可以防止学用脱节，防止被动性的应付学习，避免学习中可能出现的教条主义和经验主义。当前，尤其要把学习的成果转化为研究解决人民群众最关心最直接最现实的利益问题、本地区本部门改革发展稳定的重大问题、党的建设的突出问题的能力，推动经济高质量发展。第二，是与思考联系起来的学习。"学而不思则罔，思而不学则殆"，要养成勤奋学习和深入思考的习惯，以强烈的求知欲和积极的进取精神，尽量多学一点、思考得深一点，要把学习同思考、研究、解决实际问题结合起来，在学习的过程中增强战略思维能力和解决实际问题的能力；通过对问题的思考深化对知识的理解，在解决实际问题的过程中提高学习水平，养成边学习边思考问题的习惯，以取得实实在在的学习效果。第三，是与创新联系起来的学习。习近平总书记强调："我们的学习应该是全面的、系统的、富有探索精神的，既要抓住学习重点，也要注意拓展学习领域。"中国特色社会主义事业是全新的事业。创新是广大党员干部特别是各级领导干部必须具备的重要素质。建设马克思主义学习型政党的基本要求就是要进一步增强全党的创新精神，把我们党建设成为充满生机和活力，不断追求发展和进步的马克思主义政党，保持与时俱进、奋发有为、昂扬向上的精神状态。实现创新的根本途径就是创造性地学习。没有创新，党的生机就要停止，社会就不会前进。而学习与创新互相依存，学习是创新的前提，创新是学习的目的，创新也是学习，还是更高层次的学习。建设马克思主义学习型政党，要把提高党员干部的创新能力结合起来，鼓励党员干部善于学习、敢于创新，通过加强学习、勇于创新来推动解决新情况新问题。党员干部要增强创新精神，以改革创新的精神状态，改革创新的思想作风，改革创新的工作方法来推进中国特色社会主义事业。第四，是与提高精神境界联系起来的学习。建设马克思主义学习型政党，要引导党员干部把学习当作人生的一个目标，一种价值观念，一种生活方式，一种生活态度，把学习作为一种政治责任和一种精神追求。学习还要联系自身世界观和人生观的改造来进行，通过学习培养健康的生活情趣，在学习中感悟人生、开阔视野和胸怀，提升思想境界和人生境界；在学习中丰富知识、把握规律、探求真理，努力掌握和运用一切科学的新思想、新知识、新经验，不断优化知识结构、提高综合素质，不断提高能力和水平，使自己变得更加充实、更加睿智。第五，是更多地掌握方法和技巧的学习。传统的学习方式存在着"要我学"的硬性灌输现象，听报告、开大会、发文件、集中学习等学习方式，如果没有其他具体的措施相配合，难免令人生厌，其作用越来越有限。

不要把建设学习型政党当作简单的传统模式学习的翻版，要认真深入地分析总结以往学习活动效果不理想的症结所在，克服你教我学、形式单调、方法陈旧等老方法、老套路，特别要善于运用互联网、融媒体等全新的技术手段实现学习方式的科学提升。要坚决铲除学习上的形式主义，改被动学习为主动学习，让人们自觉自愿地参加学习活动。坚决杜绝学习简单化，防止在方式上把学习简单理解为书本学习、课堂学习，切实提高学习的针对性与实效性。要更多地掌握学习方法和学习技巧，学会如何学习，用创新性学习方式去解决新问题，克服学习中急功近利倾向。要与时俱进地更新学习内容，既要抓住学习重点又要注意拓展学习领域，不断学习、吸收和处理外界各种知识信息等，提高进行应变和创新的能力。

二、深化对马克思主义学习型政党主要特征的认识

一是鲜明的人文性。修炼道德操守，提升道德境界，最好的途径就是加强学习，推动全社会形成崇德向善、见贤思齐的浓厚氛围。建设马克思主义学习型政党是促进人的全面发展的重要途径，它将使人的综合素质得到全面提升，使人的潜能得到充分调动，使人的主观能动性和创造精神得到充分发挥，最大限度地提高党员干部的综合素质、实现全面发展。通过学习，促使全体党员自觉优化知识结构，提高综合素质，增强创新能力。建设学习型政党必须把调动全体党员干部学习热情、激发学习兴趣、增强学习效果放在重要位置，发挥每个成员的积极性和创造性。

二是鲜明的时代性。世界在变化，形势在发展，中国特色社会主义实践在前进，作为马克思主义执政党，必须深刻认识时代条件，科学判断时代发展特征和趋势，统筹"两个大局"，以马克思主义的宽广眼界观察世界，善于从中国与世界的联系中谋划落实重大举措；需要我们每个党员干部有强烈的时代意识，努力掌握和运用一切科学的新思想、新知识、新经验，将"学习工作化"与"工作学习化"完美结合起来，奋力追赶信息化、经济全球化和高科技发展的时代，不落后于时代发展步伐。不学习就无法跟上时代的发展，会被时代淘汰。

三是鲜明的政治性。当前，许多发达国家为了应对激烈的国际竞争纷纷提出要把自己的国家建设成"学习型社会"的口号，提出了"向学习化社会前进"的目标。但马克思主义学习型政党还区别于一般的学习型组织，科学理论

武装是我们马克思主义学习型政党和西方其他学习型组织的根本区别。坚持用马克思主义来武装头脑,掌握辩证唯物主义和历史唯物主义的世界观和方法论,这是建设马克思主义学习型政党的首要任务。要注重和西方其他学习型组织的根本区别,解决好学习的方向问题,永葆共产党员的先进性。必须推进马克思主义中国化、时代化、大众化,坚持把马克思主义作为立党立国的根本指导思想,用发展着的马克思主义指导新的实践,用习近平新时代中国特色社会主义思想武装全党,提升党员干部政治能力;必须提高政治站位,筑牢思想防线,保持政治头脑清醒,守牢行为底线,不为名利失心、不为权欲熏心,踏踏实实做事,清清白白做人。

四是鲜明的创新性。创新是一个民族进步的灵魂,是一个国家兴旺发达的不竭动力,是一个政党永葆生机的源泉,也是马克思主义与时俱进的理论品质。建设学习型政党,就要努力掌握和运用党的创新理论,努力掌握和运用一切科学的新思想、新知识、新经验,顺应时代发展,实现知识的不断更新,克服惯性和套路,不断挖潜创新、与时俱进,提高党员干部及各级党组织的创新能力,解决好有些党员干部学习力不能转化为创新力等问题。只有这样,才能敏锐把握时代前进脉搏,科学判断世界发展大势,更好地带领人民在时代风云变幻和激烈的国际竞争中抢占先机、掌握主动,始终立于不败之地。

五是鲜明的规律性。按照客观规律办事是提高党的执政能力建设、保持和发展党的先进性的基础和前提。建设马克思主义学习型政党,要组织党员干部以马克思主义为指导,深入研究和把握共产党执政规律、社会主义建设规律、人类社会发展规律,同时要学习现代市场经济、现代科学技术、现代管理,增强思维和决策的科学性。在重点学习党的基本理论的同时,广泛学习经济、法律、科技、文化、管理、国际和信息网络等多方面知识,学习做好本职工作所必需的各种新知识、新技能,切实提升科学思维能力,使各项工作体现时代性、把握规律性、富有创造性,避免陷入少知而迷、不知而盲、无知而乱的困境。

三、建设马克思主义学习型政党的当务之急

建设马克思主义学习型政党是一项长期而艰巨的战略任务,是一项宏大的系统工程,工作千头万绪,当务之急应该是:

一是要进一步营造学习光荣的良好氛围,用榜样的形象、榜样的力量激励和感召广大党员,形成激励学习的正确导向,在全党大兴学习光荣的良好风尚。

习近平总书记指出："读书已成为我的一种生活方式。""读书可以让人保持思想活力，让人得到智慧启发，让人滋养浩然之气。""要发扬'挤'和'钻'的精神，多读书、读好书，从书本中汲取智慧和营养。"习近平总书记给全党树立了勤于学习、善于学习的典范。

二是对学习做出全面的整体性的战略规划。提高学习能力不是一朝一夕的事，要把加强学习摆在战略地位，根据实际，分对象、分层次地制定一定时期学习规划纲要，有计划、分阶段地推进学习活动，使党员领导干部的理论水平和知识储备始终适应党的事业发展要求，促进学习型政党建设事业持续稳定发展。

三是要建立健全相关制度机制，使学习由"软任务"变成"硬指标"。要建立科学、简便、有效的考核机制和监督机制，制定切实可行的考学、评学制度，把学习情况作为考核的重要内容，用制度机制来保证学习的经常化、常态化，确保学习的连续性、持久性。在建立健全学习考勤、学习档案、学习通报等各项制度的同时，更要建立健全科学的考核评价办法，把德才兼备和经得起实践、人民、历史检验的实绩，作为考核领导班子和选拔任用领导干部的根本依据，发挥考核结果运用的激励导向作用。

四是深化干部人事制度改革，解决目前干部工作中存在的学习"无用"、学与不学一个样，甚至学还不如不学的突出问题，使有知识、能干事的人有更多的机会和舞台，使用心学习的人多起来。

五是构建学习平台，促进学习方式的变革。依托学习强国等，发挥数字传媒等技术优势，充分发挥学习网站、党建网站等阵地作用，建设党员终身学习网络平台。尤其要高度重视运用网络等现代科学技术手段开展和推动全党学习，建立健全党的学习数据库和网络平台，提供电子书籍和信息，提供在线阅读和手机阅读，使广大党员干部的学习及时便捷，及时掌握新信息、新动态、新知识，跟上信息化时代的步伐，促进阅读方式的革命。要创出一批有新意、有实效的活动载体，寓教于乐，促进全党学习活动的开展。

四、建设马克思主义学习型政党，必须解决好三大问题

第一，要解决好学习的动力问题，让学习成为一种生活习惯。建设马克思主义学习型政党，关键是要解决好党员干部学习的内在动力问题。只有解决了动力问题，学习才有积极性、主动性，才学得进，学得深，否则，学习容易走

过场，会成为一阵风。如果党员、干部个人没有学习的动力，仅仅依靠各级党组织号召、发动，不可能在全党形成自觉学习的积极性和良好的学习氛围。而当前，一些党员干部的学习动力不足，学习状况确实不容乐观，有些党员干部热衷应酬、心浮气躁、借口工作繁忙不愿学、不爱学、不真学。与此相联系的是，有些人享乐多、应酬多、拉关系多，由此而滋生了种种腐败现象。一些人对党的创新理论特别是对习近平新时代中国特色社会主义思想没有做到真学、真懂、真信、真用，一些人不信马列，信歪理邪说，到封建迷信中寻找精神寄托。要改变这种不愿学、不爱学、不真学状况，就要解决好学习的动力问题，提升党员干部的精气神。习近平总书记曾在中央党校开班式上强调"各级党员干部，要把读书学习当成一种生活态度、一种工作责任、一种精神追求，自觉做到爱读书、读好书、善读书"。有了这种觉悟、精神、责任和境界，才能克服一切困难、摆脱一切干扰坚持学习。面对信息技术高度发达的知识经济时代，每一名党员要有自发的、内在的学习动力，养成自觉学习的良好习惯并把学习内化为自觉行动。要改变这种不愿学、不爱学、不真学现象，要建立动力机制，培养广大党员的学习兴趣，变"要我学"为"我要学"，使学习成为一种常态化、普遍化和制度化的行为。广东处在"两个前沿"，党员干部要做到先学先知，要以锐意进取的精神超前学习、加快学习、高水平学习，在复杂多变的环境中保持广阔的理论视野、强劲的创新能力、宽广的世界眼光和科学的思维方式。

第二，解决好用人导向问题，营造学习氛围。把理论素养、学习能力作为选拔任用领导干部的重要依据，具有很强的现实意义，树立了选拔任用干部的一个重要导向，在提拔使用干部时尤其要把具有理论素养和学习能力、对马克思主义真学真懂真信真用的干部提拔到重要岗位上来。在新时代，一个没有良好理论素养的党员干部，一个对新思想一无所知的党员干部，一个对习近平总书记教给我们的科学思想方法和工作方法熟视无睹的党员干部，是不可能做好任何工作的。学习贯彻习近平新时代中国特色社会主义思想，必须做到真学真懂真信真用，不能浮在表面、做做样子，决不能一知半解、似懂非懂，决不能学用两张皮，否则就会犯方向性错误。这就要进一步深化干部人事制度改革，积极探索把理论素养和学习能力作为干部选任依据的有效做法，激励和带动广大党员干部进一步重视学习、崇尚学习。要重点在培养、选拔领导干部的体制机制上下功夫，不让"老实型"干部吃亏，不让学习型干部吃亏，不让创新型干部吃亏。要制定相关激励政策和奖优罚劣措施，对涌现出来的学习标兵进行表彰和奖励，使学习赶有目标、比有方向。要通过加强和完善干部人事制度建设，解决广大党员、干部学习的内在动力缺乏、外在压力不够的问题。如果"老实型"干部、学习型干部吃亏，甚至不学习的人反而提拔得快，是没有多少人去愿意学习的。许多贪官落马，固然有多方面原因，但都与有些地方、部门用人不当、用人失察和这些贪官不重视学习、不注意提高理论素养、不注重主观世界改造密切相关。当前许多贪官的忏悔也都不约而同地归结到了"放松了政治理论学习，党的基本理论和党纪国法淡薄，忽视了世界观改造"。面对执政考验、改革开放考验、市场经济考验、外部环境考验，我们比以往任何时候都更加需要学习，更加需要努力培养健康的生活情趣，努力形成党员干部主动学习、善于学习的良好社会风尚。

第三，解决好学习的理念问题，使学习成为全党的自觉行动。正确的学习理念是学习取得应有成效的源泉，是建设马克思主义学习型政党的前提，是保持学习积极性的动力。要使建设马克思主义学习型政党成为全党的自觉行动，就必须树立正确的学习理念。首先要正确把握学习的方向。学习最首要的是要正确把握学习的方向。习近平总书记指出："忽视了马克思主义所指引的方向，学习就容易陷入盲目状态甚至误入歧途，就容易在错综复杂的形势中无所适从，就难以抵御各种错误思潮。没有正确方向，不仅学不到有益的知识，还很容易被一些天花乱坠、脱离实际甚至荒唐可笑、极其错误的东西所迷惑、所俘虏"。其次树立学习是克服"本领恐慌"需要的理念。在知识经济时代，知识以前所未有的速度不断更新发展，人人必须有"本领恐慌"，随时接受最新的知识，持续不断增强学习能力，才能在这迅变的时代中生存、发展、成功。而人的一生又是有限的，一个人特别是共产党员要有强烈的渴求知识的愿望，才能与时俱进地全面提高自身素质和工作能力；不掌握新知识新本领，工作就没有创造性、预见性，就不能进步。一个人特别是共产党员要明白，学习既是对未来的投资，也是为自己在竞争中提升本领而学习，还是为自己的不断发展、承担更重要职责而学。再次，树立终身学习的理念。在知识更新、扩展的速度不断加快的今天，必须不断进行知识更新，一辈子勤奋学习，使终身学习成为每一个人特别是共产党员生活的一部分，成为终身习惯，不断提高自身的理论素养，不断增强党性修养和拒腐防变的能力。然后，是树立人人学习的理念。各级领导干部要带头成为勤奋学习、善于思考的模范。但建设马克思主义学习型政党，不仅是领导干部的事，更是每个党员的事。在注重领导干部的培训和学习的同时，更要注重全体党员尤其是基层广大党员的学习。只有实现全员学习化，促进党员在学习中不断交流和碰撞，使每个党员相互学习，相互借鉴，相互督促，相互提高，才能实现党员的自我超越，保持每个党员的创造性张力，并在这个基础上提高党的整体执政能力。最后是树立学习与工作相结合的理念，把学习引入工作，使学习与工作有机结合，把学习、工作、生活融为一体，时时学习，处处学习，通过学习来实现工作创新，解决学习和工作"两张皮"问题。习近平总书记多次强调要学以致用。学习不仅仅是为了认识世界，更重要的是改造世界。这样，就把学习从被动地接受客观知识变为主动提高内在素质，转化为创造性活动的过程。

第二节 完善党的领导体制机制 提升执政成效

任何一个马克思主义政党取得政权后，都应当着眼于巩固执政地位、夯实执政基础。在党的十九大报告中，习近平总书记指出："党政军民学，东西南北中，党是领导一切的"，强调加强党的长期执政能力建设，就要全面推进党的政治建设、思想建设、组织建设、作风建设、纪律建设，把制度建设贯穿其中。党的十九届四中全会强调"坚持和完善党的领导制度体系，提高党科学执政、民主执政、依法执政水平"。党的十九届五中全会把坚持党的全面领导作为"十四五"时期发展必须遵循的第一位原则和根本政治保证。党的十九届六中全会通过的《决议》在总结"在坚持党的全面领导上"取得的历史性成就、发生的历史性变革时指出，要坚持"党的领导制度体系不断完善"。

党的十八大以来，以习近平同志为核心的党中央将健全党的领导制度体系置于突出位置，不断完善党的领导体制机制，作出一系列重要决策部署，推进力度大、建章立制多，党的领导制度体系日益健全，党科学执政、民主执政、依法执政水平不断提高，把方向、谋大局、定政策、促改革的能力不断提升，总揽全局、协调各方的领导核心作用充分彰显。由此，完善党的领导体制机制，对加强党的执政能力建设具有重要意义。

一、党的领导体制和工作机制是否科学，影响着党的执政成效

在新时代，我们党肩负着带领全国各族人民实现中华民族伟大复兴的庄严

历史使命。中国共产党领导是中国特色社会主义最本质的特征，是中国特色社会主义制度的最大优势，是党和国家的根本所在、命脉所在，是全国各族人民的利益所系、命运所系。历史充分证明，没有中国共产党，就没有新中国，就没有中华民族伟大复兴。我们党的领导体制和工作机制实践证明是成功的，但目前还不能完全适应新形势新任务的需要。党的领导体制和工作机制是否完善、科学，影响着党的执政成效，决定着党的执政能力的强弱。我们党必须从巩固执政地位、完成执政使命的高度正视存在的问题，适应时代的要求。新的征程上，我们必须坚持党的全面领导，不断完善党的领导体制机制，增强"四个意识"、坚定"四个自信"，忠诚拥护"两个确立"、坚决做到"两个维护"，时刻牢记"国之大者"，不断提高党科学执政、民主执政、依法执政水平，充分发挥党总揽全局、协调各方的领导核心作用。坚持党要管党、全面从严治党，不断应对好面临的风险考验，确保我们党在世界形势深刻变化的历史进程中始终走在时代前列，在应对国内外各种风险挑战的历史进程中始终成为全国人民的主心骨，在坚持和发展中国特色社会主义的历史进程中始终成为坚强的领导核心。

二、完善党的领导体制机制是时代要求

进入新时代，世情、国情和党情发生了重大变化。要想把我们党建设成为具有强大的执政能力和高超的执政水平的执政党，就必须改革和完善党的领导体制和工作机制。

一是复杂多变、竞争激烈的国际环境的要求。从一定意义上说，国家与国家之间、政党与政党之间的竞争也是政党的领导体制和工作机制的竞争。为了灵活、有效地应对国际上随时可能发生的各种挑战和风险，我们党必须完善自己的领导体制和工作机制。当前，百年未有之大变局加速演进，国际格局深刻调整，国际环境更趋复杂；我们越发展壮大，遇到的阻力和压力就会越大，面临的外部风险就会越多。统筹发展和安全，增强忧患意识，做到居安思危，是我们党治国理政的一个重大原则。这就要求我们更加坚定不移地坚持和改善党的领导。

二是国内形势的发展变化提出的新课题。我国改革发展正处在关键时期，社会利益关系更加复杂，人民群众对美好生活的向往日益强烈，对于发展社会主义民主政治、全面建设社会主义现代化强国的愿望日益迫切。如果党的领导

体制和工作机制不完善，就会影响党的执政能力，导致决策和决策实施的失误，造成经济的大起大落和社会的不稳定，也会影响党内民主和人民民主的发展。因此，在复杂的经济社会条件下，党如何实现对国家、社会的领导，是一个需要面对的长期而考验严峻的课题。

三是党适应所处的历史方位、完成所担负的历史任务的必然选择。进入新发展阶段，党的历史方位发生的重大变化，对党的领导体制和工作机制提出了新要求。我们党必须从巩固执政地位、完成执政使命的高度正视和适应这些要求。新时代新征程，我们党肩负着带领全国各族人民继续实现第二个百年奋斗目标、实现中华民族伟大复兴的中国梦的历史任务，面临具有许多新的历史特点的伟大斗争，要时刻准备应对重大挑战、抵御重大风险、克服重大阻力、解决重大矛盾，更加迫切需要改革和完善党的领导体制和工作机制。

三、科学执政的核心是建立科学的领导体制和工作机制

科学执政，就是结合中国实际不断探索和遵循共产党执政规律、社会主义建设规律和人类社会发展规律，以科学的思想、科学的制度、科学的方法来领导中国特色社会主义事业。科学执政的核心就是建立科学的领导体制和工作机制。

一，科学执政是衡量党的执政能力强弱的重要标志。领导体制和工作机制是党进行执政活动的基础环节。科学的体制、机制，能正确划分职责和职能，有效配置执政资源，使权力运作始终置于严格的监督和制约之下，从而有利于促进党员干部特别是各级领导干部提高自身的素质和水平，有利于提高党组织的战斗力、凝聚力和创造力，进而有利于提高党的执政能力，提高工作成效。反之，只会造成执政效率低下，执政成本提高，执政环境恶化，甚至引发损害群众利益的不正之风和腐败行为。

二，科学执政关系党的事业的兴衰成败。20世纪80年代末90年代初，世界上一些大党、老党失去执政地位，无不与其领导体制和工作机制中长期存在的缺陷和弊端密切相关，又因其体制的局限性无法得到及时纠正，最终酿成党和国家政治经济生活中的危机。在我们党内，虽然也经历过"大跃进""文化大革命"那样的挫折，但我们党是一个勇于追求真理、修正错误，善于总结经验、不断提高执政水平的党。改革开放以来，我们党始终以科学的态度对待自己所建立的体制、制度和各项政策，不断改革和完善党和国家领导制度，使科

学社会主义在中国呈现勃勃生机。实践证明，如果党的领导体制和工作机制是科学的、完善的，党的事业就无往而不胜；反之，就会遭受挫折，甚至倒退。

三，建设科学的领导体制和工作机制更具根本性。党的执政能力，首先是就党的整体能力来说的。党的整体执政能力不是每个党员素质的简单综合和各个领导干部能力的简单相加，而是取决于党的领导体制和工作机制，尤其是决策机制、执行体制、监督机制以及干部任免机制等。提高党的执政能力，必须发挥体制、机制和制度的根本性、全局性、稳定性、长期性作用。党的领导体制和工作机制直接规定和制约着领导者权力的产生和行使，同时也直接制约和影响着领导者个人领导能力的发挥。正如邓小平同志指出的："制度好，可以使坏人无法任意横行；制度不好，可以使好人无法做好事，甚至会走向反面。"习近平总书记也强调，"必须以更大的政治勇气和智慧，不失时机深化重要领域改革，攻克体制机制上的顽瘴痼疾"。改革和完善党的领导体制和工作机制，能够从党的体制、机制的整体上和内部各要素之间的科学组合上着手，使体制和机制靠自身的动力运作，使党的组织、党员干部的一切活动都在体制和机制的轨道上正常运行。

四、坚持科学执政、民主执政、依法执政

科学执政，就是要结合中国实际不断探索和遵循共产党执政规律、社会主义建设规律和人类社会发展规律，以科学的思想、科学的制度、科学的方法来领导中国特色社会主义事业。科学执政是民主执政、依法执政的前提，科学执政的核心就是要建立科学的领导体制和工作机制。能否做到这一点，决定着党的执政能力的强弱，关系党的事业兴衰成败。

科学的体制、机制，能正确划分职责和职能，使执政资源得到有效配置，使权力运作始终在严格的监督和制约之下，有利于促进党员干部特别是各级领导干部提高自身的素质和水平，有利于提高党组织的战斗力、凝聚力和创造力，从而有利于提高党的执政能力，提高执政成效。反之，不科学、不完善的体制、机制，就会妨碍执政资源的优化配置，引发执政活动中不必要的扯皮、摩擦及各种不正之风和腐败行为，造成执政效率低下，执政成本提高，执政环境恶化，甚至劳民伤财，制约党的执政能力的提高。如党政关系不理顺，班子之间推诿扯皮，职责不清，效能低下，形成不了合力，就必然助长官僚主义、形式主义和不正之风。又如监督机制存在缺陷，就会使党内监督不能有效发挥作用，使

不少党政干部滥用权力，以权谋私，严重败坏党的形象，损害党和人民的利益。再比如干部人事制度不科学，就会造成干部只能上、不能下，只对上负责、不对群众负责，不利于人才的成长，不利于领导层的更新。可见，党的领导体制和工作机制对党的执政能力的提高具有直接的影响和重要的制约作用。

五、完善党的领导体制机制需要注意把握几个原则

第一，应当围绕发展社会主义生产力，促进经济发展和社会全面进步来展开。以经济建设为中心是兴国之要，发展仍是解决我国所有问题的关键。发展是基础，经济不发展，一切都无从谈起。习近平总书记在2021年底的中央经济工作会议上再一次强调"坚持以经济建设为中心是党的基本路线的要求，全党都要聚精会神贯彻执行，推动经济实现质的稳步提升和量的合理增长"。要坚持以习近平新时代中国特色社会主义思想为指导，坚持以经济建设为中心不动摇，聚精会神搞建设，一心一意谋发展；坚决破除一切妨碍发展的观念和体制、机制弊端，按照发展社会主义市场经济的方向和"三新一高"①的要求，把握方向，谋划全局，提出战略，制定政策，推动立法，营造良好环境，不断提高党领导经济工作的水平。

第二，应当围绕发展社会主义民主、充分调动人民群众的积极性创造性来加强。习近平总书记指出："人民民主是社会主义的生命，没有民主就没有社会主义，就没有社会主义的现代化，就没有中华民族的伟大复兴。"要加强社会主义民主政治建设，推进社会主义民主的制度化、规范化和程序化。健全民主制度，丰富民主形式，扩大公民有序的政治参与，保证人民依法实行民主选举、民主决策、民主管理、民主监督。贯彻依法治国的基本方略，加强党对立法工作的领导，善于使党的主张通过法定程序成为国家意志，从制度上、法律上保证党的路线方针政策的贯彻实施，提高依法执政水平。改革和完善决策机制，完善重大决策的规则和程序，使决策真正建立在科学、民主的基础之上。

第三，应当围绕有利于维护安定团结、巩固党的执政基础来进行。要适应我国社会的深刻变化，把保障和改善民生、促进共同富裕摆在重要位置，更好地巩固党的执政基础。妥善协调各方面的利益关系，坚持把最广大人民的根本

---

① "三新一高"：立足新发展阶段，贯彻新发展理念，构建新发展格局，推进高质量发展。

利益作为制定政策、开展工作的出发点和落脚点；健全正确处理人民内部矛盾的工作机制，完善信访工作责任制，建立健全社会利益协调机制，正确处理人民内部矛盾。不断巩固和发展各民族大团结、全国人民大团结、全体中华儿女大团结，形成海内外全体中华儿女心往一处想，劲往一处使的生动局面。加快推进社会管理体制创新，加强和改进思想政治工作和新形势下的群众工作，维护社会稳定。

第四，应当围绕提高执政效率、增强党的团结和活力来探索。要按照总揽全局、协调各方的原则，改革和完善党的领导方式，规范党政机构设置，围绕提高行政效率、降低行政成本、整合行政资源，推进行政体制改革。坚持和健全民主集中制，积极发展党内民主，勇于自我革命，不断清除一切损害党的先进性和纯洁性的因素，不断消除一切侵蚀党的健康肌体的病毒，增强党的团结和活力。

第三节 提升党的建设科学化水平 推进党的建设新的伟大工程

习近平总书记指出："办好中国的事情，关键在党"，"中国特色社会主义最本质的特征是中国共产党领导，中国特色社会主义制度的最大优势是中国共产党领导，党是最高政治领导力量"。党的建设科学化是关系党的生存和发展的全局性问题。提高党的建设科学化水平对进一步加强和改进党的建设提出了新的更高要求，为继续推进党的建设新的伟大工程指明了努力的方向。

把党的建设作为一项伟大工程来推进，是我们党的一大创举，是我们党领导人民进行伟大社会革命的重要法宝。党的十八大以来，以习近平同志为核心的党中央不断提升党的建设科学化水平，党的自我净化、自我完善、自我革新、自我提高能力显著增强，管党治党宽松软状况得到根本扭转，消除了党内存在的严重隐患，校正党和国家前进航向，党在革命性锻造中更加坚强。

一、提高党的建设科学化水平是重大而紧迫的战略任务

第一，机遇和挑战并存的国际国内环境要求提高党的建设科学化水平。世界百年未有之大变局和新冠肺炎疫情全球大流行交织影响，外部环境更趋复杂

严峻，国内新冠肺炎疫情防控和经济社会发展各项任务极为繁重艰巨，这给我国发展带来新的机遇和挑战。党在推进中国特色社会主义建设和实现中华民族伟大复兴中肩负任务的艰巨性、复杂性、繁重性世所罕见。办好中国的事情，关键在党。党是中国特色社会主义事业的领导核心，一切能否顺利发展，就取决于党的建设是否成功有效。因此，必须把党的建设科学化放在一个极高的位置来谋划。

第二，党的建设状况要求提高党的建设科学化水平。当前，党的领导水平和执政水平、党的建设状况、党员队伍素质总体上同党肩负的历史使命是适应的。同时，党内也存在不少不适应新形势新任务要求、不符合党的性质和宗旨的问题。这些问题严重削弱党的创造力、凝聚力、战斗力，严重损害党同人民群众的血肉联系，严重影响党的执政地位巩固和执政使命实现。党面临的执政考验、改革开放考验、市场经济考验、外部环境考验是长期的、复杂的，党面临的精神懈怠危险、能力不足危险、脱离群众危险、消极腐败危险是尖锐的、严峻的，党的建设的任务比过去任何时候都更为繁重和紧迫。只有提高党的建设的实际成效，才能切实解决党自身建设中存在的各种问题，更好地适应党建工作目标、任务、对象、环境的新变化，才能够保持和发展党的先进性，才能经受住各种风险和考验，始终赢得人民群众的支持和拥护。因此，必须把提高党的建设科学化水平放在更加突出的位置。

第三，增强党建工作的科学性要求提高党的建设科学化水平。目前，我们的一些党建工作，由于还没有充分实现科学化，虽然也取得重大成效，但在一些领域、有些地方和部门没有取得预期的效果。这就难以增强党建工作的原则性、系统性、预见性和创造性，难以适应新形势、新任务、新要求，需要我们以改革创新精神全面加强党的建设，坚持用时代发展的要求审视自己、以改革创新精神提高和完善自己，不断推进党的建设实践创新、理论创新、制度创新，形成加强党的自身建设的理论体系、制度体系，不断推进党的自身建设的科学化，使党的建设不断适应党的事业的发展要求。

第四，党的历史经验与启示要求提高党的建设科学化水平。提高党的建设科学化水平是我们党孜孜不倦的一贯追求，党的几代领导集体始终高度重视党的自身建设科学化问题，形成了加强党的自身建设的理论体系、制度体系和成熟的工作方法，形成了一套完善的党建工作体制机制，从而确保党团结和带领人民战胜各种艰难险阻，多次经历关系自身前途命运甚至生死存亡的历史关节点，经受住了多次严峻考验。党的十八大以来，我们党组织开展了群众路线教育实践活动、"三严三实"专题教育、"两学一做"学习教育、"不忘初心、牢记使命"主题教育和党史学习教育等，在加强党的建设中发挥了重要作用，使党的建设科学化水平不断提高。特别是改革开放条件下加强执政党建设的实践，我们已经作出了许多新探索。但历史已经并将继续证明，执政党的建设，比没有执政的政党要艰难得多，深入研究共产党的建设规律，有很多重大课题需要去思考、攻关，需要不断认识规律、把握规律、运用规律，提高党的建设科学化水平。

二、不断提高党的建设科学化水平的基本思路

一是以科学理论指导党的建设。思想是行动的先导，理论是实践的指南。我们党是一个以马克思主义为指导的政党。提高党的建设科学化水平，首先离不开科学理论的指导，首要任务就是以科学理论指导党的建设，坚持用马克思主义中国化的最新成果指导党的建设，把坚持马克思主义同发展马克思主义有机结合起来，不断推进理论创新，为提高党的建设科学化水平提供科学的理论指导和强大的精神动力。我们党坚持把马克思主义作为立党立国的根本指导思想，紧密结合我国国情和时代特征，大力推进理论创新。我们要按照建设马克思主义学习型政党的要求，用马克思主义中国化最新成果特别是习近平新时代中国特色社会主义思想武装党员、干部头脑，推进马克思主义中国化、时代化、大众化，建设学习型党组织。积极营造崇尚学习的浓厚氛围，突出抓好理论学习，特别是要抓好领导干部的理论学习，大力弘扬理论联系实际的马克思主义学风。

二是以科学制度保障党的建设。制度建设带有根本性、全局性、稳定性和长期性，历来是党的自身建设中的一个重大问题，是推动党的建设科学化的重要保证。历史经验表明，科学完善的制度，才能保证党的建设以及党的发展的长期性和稳定性。我们党在制度建设方面取得不少成效，但在一些领域、一些地方和部门，有些制度落实不到位，重要原因之一就是制度本身存在问题，或者说制度的科学化水平还不够高。提高党的建设科学化水平，就要紧紧抓住制度建设这个重要环节，把制度建设作为贯穿党的建设全过程的基础性工程来抓，大力推动制度创新，不断增强制度和制度体系的严密性、科学性。我们要立足实际，推进各方面的制度建设，逐步形成内容完备、结构合理、功能健全、科学管用的党的建设和党内生活制度体系，在以科学制度保障党的建设上取得实效。

三是以科学方法推进党的建设。方法科学与否，决定事业发展是事半功倍还是事倍功半，关系到党的建设的实际成效。增强方法的科学性，是在新形势下提高党的建设科学化水平的重要环节，对于提高党的建设科学化水平至为关键。当前，党的建设之所以存在这样或那样的问题，重要原因之一就是方法还不够科学。党的建设还面临不少新情况新问题，需要用科学的方法去破解。随着现代科学技术迅猛发展，尤其是信息网络化程度越来越高，对我们创新党建工作方法提供了机遇，也提出了挑战。我们要积极运用一系列党建工作新方法，在以科学方法推进党的建设上取得更大实效。

三、不断提高党的建设科学化水平的主要途径

一是把握和自觉运用马克思主义执政党建设规律，科学反映事物的客观规律。党的建设科学化，是党在科学理论指导下，适应时代和实践的变化，不断运用党的建设规律，调整自身结构、完善功能机制、改进活动方式，从而使党永葆蓬勃生机和旺盛活力的实践过程。不断提高党的建设科学化水平，最重要的就是要按照科学的理论、科学的制度和科学的方法来加强党的建设，把加强党的建设建立在更加自觉地运用理性和规律的基础之上。在新形势下加强和改进党的建设，有许多客观规律需要我们去认识和把握，有大量的复杂课题需要我们去探索和研究。然而，我们对新形势下党的建设的客观规律还认识得不够，有些还研究得不深。现实也表明，当前的一些党建工作还没有取得预期成效，一个很重要的原因也就是我们对党的建设规律的认识还存在"必然王国"，有些规律还没有把握好运用好。提高党的建设科学化水平，归根结底就是要更加自觉地把握和运用马克思主义执政党建设规律，使党的建设的各项工作体现时代性、把握规律性、富于创造性。我们要在实践创新基础上进一步加强党的建设的理论研究和理论创新，认真总结加强党的执政能力建设和先进性建设的新经验，不断深化对党的建设规律的认识，不断丰富和发展党的建设理论，为党的建设新的实践和提高党的建设科学化水平提供理论指导。

二是珍视和运用党的建设的基本经验。能不能科学总结实践经验，善不善于坚持和发展这些经验，关乎我们党的生命力和创造力。第三个《决议》把"坚持党的领导"总结为十条经验之首。说一千道一万，"十个坚持"，最根本的一条还是"坚持党的领导"。回望百年，如果没有中国共产党领导，我们的国家、我们的民族不可能取得今天这样的成就，也不可能具有今天这样的国际

地位。展望未来，在民族复兴的伟大征程上，我们不知还要爬多少坡、过多少坎，经历多少风风雨雨、克服多少艰难险阻。完成艰巨光荣的历史使命，战胜前进道路上的风险挑战，从根本上还要靠党的全面领导。对党的建设的经验总结，既是对我们党长期形成的历史经验的高度概括和系统总结，也蕴涵着其他一些国家执政的共产党丧失政权的教训，是对党的建设理论和实践的创新和发展，体现和深化了对共产党执政规律、社会主义建设规律、人类社会发展规律的认识，为我们党在新征程开拓进取指明了根本的方向，奠定了坚实的基础。把握和遵循规律，是加强和改进党的建设的基本前提，在新的历史条件下要肩负起历史和时代赋予的光荣使命，必须长期坚持和充分运用好这些经验。

三是明确党的建设的总体部署和主要任务。党的十九届六中全会第一次指出中国共产党是什么、要干什么的根本问题，第一次提出"四个必须"的重要要求，是中国共产党如何跳出治乱兴衰历史周期率的新的科学回答。"全党要牢记中国共产党是什么、要干什么这个根本问题"。这是历史之问、时代之问、人民之问。我们党领导人民踏上了全面建设社会主义现代化国家、实现第二个百年奋斗目标新赶考之路。"赶考"之路还远未结束，我们要从伟大胜利中激发奋进力量，从弯路挫折中吸取历史教训，不为任何风险所惧，不为任何干扰所惑，决不在根本性问题上出现颠覆性错误。同时，世界百年未有之大变局和新冠肺炎疫情全球大流行交织影响，国内外环境日益严峻，要常怀远虑、居安思危，继续推进新时代党的建设新的伟大工程，"做到难不住、压不垮"，推动中国特色社会主义事业航船劈波斩浪、一往无前。这就需要做到"四个必须"：全党必须坚持马克思列宁主义、毛泽东思想、邓小平理论、"三个代表"重要思想、科学发展观，全面贯彻习近平新时代中国特色社会主义思想，用马克思主义的立场、观点、方法观察时代、把握时代、引领时代，不断深化对共产党执政规律、社会主义建设规律、人类社会发展规律的认识。必须坚持党的基本理论、基本路线、基本方略，立足新发展阶段、贯彻新发展理念、构建新发展格局、推动高质量发展，协同推进人民富裕、国家强盛、中国美丽。必须永远保持同人民群众的血肉联系，不断实现好、维护好、发展好最广大人民根本利益。必须铭记生于忧患、死于安乐，常怀远虑、居安思危，继续推进新时代党的建设新的伟大工程。勇敢面对党面临的长期执政考验、改革开放考验、市场经济考验、外部环境考验，坚决战胜精神懈怠的危险、能力不足的危险、脱离群众的危险、消极腐败的危险。必须保持越是艰险越向前的英雄气概，敢于斗争、善于斗争，逢山开道、遇水架桥，做到难不住、压不垮。

党的十九届六中全会再次向全党发出伟大号召："勿忘昨天的苦难辉煌，无愧今天的使命担当，不负明天的伟大梦想"。一个政党最难的就是历经沧桑而初心不改、饱经风霜而本色依旧。习近平总书记专门提到了"窑洞对"：我们党历史这么长、规模这么大、执政这么久，如何跳出治乱兴衰的历史周期率？毛泽东同志在延安窑洞里给出了第一个答案，这就是"只有让人民起来监督政府，政府才不敢松懈"；经过百年奋斗特别是党的十八大以来新的实践，我们党又给出了第二个答案，这就是自我革命。"我们党历经百年、成就辉煌，党内党外、国内国外赞扬声很多。越是这样越要发扬自我革命精神，千万不能在一片喝彩声中迷失自我。"①

第四节　坚持全面从严治党　提高党的执政能力和领导水平

提高党的执政能力和领导水平、提高拒腐防变和抵御风险能力始终是我们党面临的两大历史性课题。习近平总书记在 2022 年省部级主要领导干部"学习习近平总书记重要讲话精神，迎接党的二十大"专题研讨班上指出："我们党是世界上最大的马克思主义执政党，要巩固长期执政地位、始终赢得人民衷心拥护，必须永葆'赶考'的清醒和坚定"，确保党不变质、不变色、不变味。党的十八大以来，以习近平同志为核心的党中央把全面从严治党纳入"四个全面"战略布局，深入推进全面从严治党，持之以恒正风肃纪，一体推进不敢腐、不能腐、不想腐，刹住了一些多年未刹住的歪风邪气，解决了许多长期没有解决的顽瘴痼疾，探索出依靠党的自我革命跳出历史周期率的成功路径，为党和国家各项事业发展提供了坚强政治保证。

一、全面从严治党是保持工人阶级先锋队性质、体现党的先进性的内在要求

一是只有全面从严治党，才能保持党的性质。中国共产党是用马克思主义

---

① 习近平. 习近平谈治国理政：第四卷 [M]. 北京：外文出版社，2022：543.

武装起来的工人阶级先锋队，是中国人民和中华民族的先锋队，是世界上最大的马克思主义执政党，要巩固长期执政地位、始终赢得人民衷心拥护，必须永葆"赶考"的清醒和坚定，把党建设成为始终走在时代前列、人民衷心拥护、勇于自我革命、经得起各种风浪考验、朝气蓬勃的马克思主义执政党。习近平总书记指出："中国共产党从来不代表任何利益集团、任何权势团体、任何特权阶层的利益。"党要保持先进性，不仅要能够制定正确的路线、方针、政策，而且要加强党的作风建设，使党员干部体现出坚定的理想信念、高度的政治觉悟、不懈的奋斗精神、高尚的道德情操、严格的纪律行为、实实在在的为民政绩。否则，就不能称为"先锋队"，更不可能影响和动员人民群众积极投身到改革开放和社会主义现代化建设事业上来。而这些优秀的品格并不会由于某个人在组织上加入了党就天然具备，而是经过党组织多年的严格教育、严格管理、严格监督而逐步形成的。

二是只有全面从严治党，才能巩固党的阶级基础和群众基础。党的十八大以来，习近平总书记多次强调我们党要保持和增强政治性、先进性、群众性，要坚持以人民为中心，把群众观点和群众路线深深植根于思想中、具体落实到行动上，不断巩固党执政的阶级基础和群众基础。只有从严治党，才能把工人阶级和其他各个阶层中的优秀分子吸收到党内。否则党的阶级性就会丧失，党就有可能成为一个松散的俱乐部，就会造成不管什么人，不管他来自哪个阶层，只要愿意就可以入党的结局。若真是这样，我党就会变成"一盘散沙"。只有从严治党，我党才能真正把握住入党的条件和关口，才不会降格以求。

三是只有全面从严治党，才能体现党的先进性。党内的不正之风和腐败现象阻碍了经济的正常发展，只有从严治党，才能为发展经济排除干扰，扫除障碍，为解放和发展生产力提供有力的政治保障。资产阶级的腐朽文化、反动文化和封建文化严重腐蚀着一些党员干部的思想灵魂，不少人理想信念动摇，只有坚持全面从严治党，用马列主义、毛泽东思想、邓小平理论、"三个代表"重要思想、科学发展观、习近平新时代中国特色社会主义思想武装党员干部，增强"四个意识"、坚定"四个自信"、忠诚捍卫"两个确立"、坚决做到"两个维护"，才能坚决抵制一切阻碍社会前进的腐朽落后文化和反动文化，形成有利于社会主义现代化建设的共同理想、价值观念和道德规范。随着执政时间的延长，党脱离人民的危险性有可能增加，全心全意为人民服务的自觉性有可能降低，只有从严治党，坚决同官僚主义、教条主义和形式主义等作斗争，与损害人民利益、损害党的形象的消极腐败现象作斗争，全心全意为人民服务，进一步加强与人民群众的血肉联系，党才能赢得人民的拥护和衷心爱戴。

二、全面从严治党是维护和巩固党的执政地位的需要

党的建设从来都是与党的地位、状况、任务和所处的环境紧密联系在一起的。这些决定了我党首先必须管好自己的事情，而要把党管好，就必须从严治党。

我们党面临着"四大考验""四大危险"带来的挑战。新时代，要深刻认识到党面临着执政考验、改革开放考验、市场经济考验、外部环境考验和精神懈怠危险、能力不足危险、脱离群众危险、消极腐败危险。在党长期执政条件下，各种弱化党的先进性、损害党的纯洁性的因素无时不有，各种违背初心和使命、动摇党的根基的危险无处不在，党内存在的思想不纯、政治不纯、组织不纯、作风不纯等突出问题尚未得到根本解决，党面临的"四大考验""四大危险"是长期的、尖锐的，影响党的先进性、弱化党的纯洁性的因素也是复杂的。党内存在的思想不纯、政治不纯、组织不纯、作风不纯等突出问题尚未得到根本解决。比如，在党员、干部队伍中，有的不守政治纪律和政治规矩，当面一套、背后一套；有的理想信念"总开关"常年失修，世界观、人生观、价值观全面退变；有的热衷于搞"小圈子""拜码头""搭天线"；在持续高压态势下，还有很多问题在滋生着、繁衍着，利益输送现象仍然存在，领导干部被"围猎"、甘于被"围猎"的问题还很突出。2022年1月18日，习总书记在十九届中央纪委六次全会上指出"要保持反腐败政治定力，不断实现不敢腐、不能腐、不想腐一体推进的战略目标。我们必须清醒地认识到，腐败和反腐败较量还在激烈进行，并呈现出一些新的阶段性特征，防范形形色色的利益集团成伙作势、围猎腐蚀还任重道远，有效应对腐败手段隐形变异、翻新升级还任重道远，彻底铲除腐败滋生土壤、实现海晏河清还任重道远，清理系统性腐败、化解风险隐患还任重道远。"总书记用四个"任重道远"告诫全党，随着反腐败斗争不断深入，反腐败斗争的形势也会越来越复杂，任务也会越来越艰巨。作为全体党员干部的终身课题，保持党的先进性和纯洁性，坚守红线意识、规矩意识和制度意识，反腐败永远在路上。

党风建设面临着比以往任何时候都更为复杂、更为严峻的状况。集中体现在一些地方、部门的领导干部中，教条主义、本本主义滋长，形式主义、官僚

主义盛行，弄虚作假、虚报浮夸严重，独断专行、软弱涣散问题突出，以权谋私、贪图享乐现象蔓延。尤其是严重的官僚主义、形式主义问题和贪污腐败问题引起人民群众的强烈不满。官僚主义引发形式主义，形式主义助长官僚主义，形成恶性循环。有人认为，党风问题是廉政建设问题，是反腐败问题，官僚主义、形式主义属于工作态度、工作方法问题，这种看法是片面的。形式主义和官僚主义也是腐败，而且在某种意义上说是更严重的腐败，足以导致党脱离人民，导致葬送党的事业。贪污受贿已成为寄生在党的肌体上的毒瘤。这种态势严重损害了党的形象，伤害了人民的感情，降低了人民对党的信任度，削弱了党与人民群众的血肉联系。如果任其发展，就会动摇党的执政根基，丧失党的执政地位。可见，党要巩固自己的执政地位，就必须把加强和改进党的作风建设放在更加突出的位置，从严治党，切实解决党风方面存在的严重问题。

三、全面从严治党是对历史经验的科学总结，也是国际共产主义运动的深刻警示

从严治党、高度重视党的作风建设是我党的优良传统，党领导革命、建设和改革所取得的伟大成就都是与加强、改进党的作风建设密不可分的。以毛泽东同志为主要代表的中国共产党人，高度重视在思想、组织和作风上从严治党，曾把党的建设跟统一战线、武装斗争一起比作我党在民主革命时期克敌制胜的三大法宝，"两个务必"使全党受到深刻的思想教育，为实现工作重心的转移、建设新中国提供了思想和政治保证。尽管后来由于党的指导思想发生偏差，在党的建设问题上出现过失误，但在如何从严治党、始终保持党的先进性、凝聚力、战斗力这一问题上，无论探索多么艰辛，我们党从来没有放弃过奋斗。以邓小平同志为主要代表的中国共产党人阐明了党的建设的一系列重大问题，强调党风问题是关系到党的生死存亡的问题，着力把全党的思想统一到坚持四项基本原则、坚持十一届三中全会以来的路线、方针、政策上来，为开辟建设有中国特色的社会主义道路、开创改革开放和社会主义现代化的新局面提供了思想、政治和组织保证。以江泽民同志为主要代表的中国共产党人把从严治党和反腐败斗争作为党的建设和政权建设的头等大事，要求全体党员经受得起长期执政、改革开放和发展社会主义市场经济的考验，继续推进党的建设新的伟大工程。以胡锦涛同志为主要代表的中国共产党人把党风廉政建设和反腐败斗争

纳入法制化轨道，在坚决惩治腐败的同时，更加注重治本，更加注重预防，更加注重制度建设，对加强和改进党的建设提出了一系列新的更高要求。以习近平同志为主要代表的中国共产党人对继续推进新时代党的建设新的伟大工程提出新要求，坚持全面从严治党，勇于自我革命，深入推进反腐败斗争，坚持全面从严治党永远在路上，保持"赶考"的清醒，以新时代党的自我革命引领新的伟大社会革命，标志着我们党对管党治党规律的认识达到新高度，深化了我们对共产党执政规律、党的建设规律的认识，为党长期执政、永葆活力提供了根本遵循，党在革命性锻造中更加坚强。

全面从严治党也是国际共产主义运动给我们党的深刻警示。20世纪80年代末、90年代初苏联和东欧国家的社会主义遭受严重挫折，不仅是由于这一地区执政党的领导能力不强，执政水平不高，而且是由于它们没有搞好自身建设，没有始终如一地从严治党。它们政治纪律松弛，信仰危机严重；缺乏忧患意识，在党的工作中，形式主义、官僚主义盛行，进取精神逐渐减少；脱离群众、害怕群众、漠视群众，特别是把人民赋予的权力特权化和商品化，大搞权钱交易，党内形成既得利益阶层，造成了极为恶劣的政治后果。正如杜牧在《阿房宫赋》云："灭六国者，六国也，非秦也；族秦者，秦也，非天下也。秦人不暇自哀而后人哀之，后人哀之而不鉴之，亦使后人复哀后人也。"苏东地区的社会主义遭受严重挫折，不正是给我们这样的警示吗？因此，在新时代加强党的建设，必须借鉴国际共产主义运动的警示，吸取党不管党的历史教训，真正把党建设成为适应时代要求、能够赢得人民依赖和拥护的政党。

四、坚持全面从严治党必须注意几个问题

第一，必须把政治建设放在首位。"旗帜鲜明讲政治是我们党作为马克思主义政党的根本要求。党的政治建设是党的根本性建设，决定党的建设方向和效果。"① 要保证全党服从中央，坚持党中央权威和集中统一领导。党的十九届六中全会强调"党确立习近平同志党中央的核心、全党的核心地位，确立习近平

---

① 习近平. 决胜全面建成小康社会 夺取新时代中国特色社会主义伟大胜利——在中国共产党第十九次全国代表大会上的报告［M］. 北京：人民出版社，2017：62.

新时代中国特色社会主义思想的指导地位"①。"两个确立"是党的十八大以来最重要的政治成果、民族复兴的根本保证，是历史和时代的选择，是党的十八大以来伟大实践得出的重大庄严的历史结论，是体现全党共同意志、反映人民共同心声的重大政治判断。邓小平同志当年就曾深刻指出："任何一个领导集体都要有一个核心，没有核心的领导是靠不住的。"② 在我们这样一个有着9600多万党员的大党、有着56个民族和14亿人口的大国，如果党中央没有核心、全党没有核心，那是不可想象的，是很容易搞散的，是什么事情也办不成的。党中央有核心、全党有核心，党才有力量。要坚定不移地把"两个确立"真正转化为"两个维护"的政治自觉、思想自觉和行动自觉，坚定拥护和维护习近平总书记的核心地位，全党就有定盘星，全国人民就有主心骨，中华"复兴"号巨轮就有掌舵者，面对惊涛骇浪我们就能够做到"任凭风浪起、稳坐钓鱼船"。

第二，必须注重思想作风建设。目前，党的建设所面临的新情况、新问题都是在新的历史条件下产生的，在马克思主义经典著作中没有也不可能找到现成的答案。必须用马克思列宁主义、毛泽东思想、邓小平理论、"三个代表"重要思想、科学发展观、习近平新时代中国特色社会主义思想武装全党，提高党员干部的思想素质和政治理论水平，坚持解放思想、实事求是，进一步提高用党的理论分析问题、解决问题的能力。一个政党，如果一切从本本出发，教条主义、迷信盛行，那就要窒息生机，就有丧失领导资格的危险，就要亡党亡国。如果思想作风建设都没有搞好，其他都无从谈起，从严治党也将成为一句空话。

第三，必须注重从源头上遏制腐败。必须通过体制创新、机制创新和深化改革来遏制腐败，通过新的体制和机制对权力进行有效的监督和约束，从源头上遏制腐败。从严治党，自律固然重要，但组织监督和工作制度方面的问题更重要。好的制度，使坏人无法任意横行；制度不好可以使好人无法充分做好事，甚至可能变坏。因此，从严治党，要搞好制度建设，制度和机制更带有根本性、全局性、稳定性和长期性。在党风建设中，要将思想建党和制度治党结合起来，同向发力。

---

① 中共中央关于党的百年奋斗重大成就和历史经验的决议[M].北京：人民出版社，2021：26.

② 邓小平.邓小平文选：第三卷[M].北京：人民出版社，1993：310.

第四，必须抓住密切联系群众这个关键，正确处理好党与人民群众的关系。加强和改进党的作风建设的核心问题是要处理好与人民群众的关系问题。人民群众是决定大党兴衰周期律作用的核心要素。习近平总书记多次强调，"民心是最大的政治，决定事业兴衰成败"。纵观世界政治舞台上由盛转衰的大党老党，无一不是导致广大人民群众失望和反对。我们必须从党和国家生死存亡的高度认识人民群众的主体地位，充分认识到人民就是江山，江山就是人民。无论是打江山还是守江山，守的都是人心。

第五，必须建立自我纠错与内部淘汰机制。既靠正面建设，又靠纠错与淘汰——有错必纠、有劣必汰，有腐必反、有恶必除，决不遮丑护短、讳疾忌医，坚决彻底地将错误失误一概纠正，将腐败杂质一律清除。相关数据表明，中国共产党是世界上内部淘汰率最高、人民支持率最高的政党。在一定意义上，这"两率"是中国共产党不变质、不变色、不变味，永葆青春的"保质保鲜剂"。中国共产党以正派正能、无私无畏特质使党素质精良、党格高尚。中国共产党因无私而公正，因公正而能掌好权、执好政；因无私而无畏，因无畏而敢于扶正祛邪，勇于为世间真理和人类正义而斗争。

第六，必须坚持不懈推进党的伟大自我革命。从某种意义上说，自从党成立以来，我们党面临的最大风险是内部变质、变味、变色，丧失马克思主义政党的政治本色，背离党的宗旨而失去最广大人民支持和拥护。走好新的赶考之路，必须继续推进新时代党的建设新的伟大工程，坚定不移推进党风廉政建设和反腐败斗争，坚决清除一切损害党的先进性和纯洁性的因素，清除一切侵蚀党的健康肌体的病毒，确保党永葆旺盛生命力和强大战斗力。习近平总书记强调"中国共产党立志于中华民族千秋伟业"，鲜明提出了三个"历史进程"和三个"始终"，即确保我们党"在世界形势深刻变化的历史进程中始终走在时代前列"①"在应对国内外各种风险挑战的历史进程中始终成为全国人民的主心骨"②"在新时代坚持和发展中国特色社会主义的历史进程中始终成为坚强领导核心"③。这三个"历史进程"、三个"始终"，彰显了"百年恰是风华正茂"的中国共产党，统领伟大社会革命和伟大自我革命的强烈历史自觉和历史担当。

---

① 习近平. 习近平谈治国理政：第四卷 [M]. 北京：外文出版社，2022：13.
② 习近平. 习近平谈治国理政：第四卷 [M]. 北京：外文出版社，2022：13.
③ 习近平. 习近平谈治国理政：第四卷 [M]. 北京：外文出版社，2022：14.

第五节　尊重历史规律　永葆党的先进性和纯洁性

中国共产党是尊重历史发展规律的马克思主义政党，尊重历史发展规律是共产党人先进性的根本体现。习近平总书记指出："'见出以知入，观往以知来'。一个国家、一个民族要振兴，就必须在历史前进的逻辑中前进、在时代发展的潮流中发展"，并强调"历史的启迪和教训是人类的共同精神财富。忘记历史就意味着背叛。"总书记的这一重要论断，为我们学习研究历史，自觉运用蕴含其中的治乱兴衰的历史规律、治国理政的宝贵经验、开创未来的深刻启迪，提供了根本遵循。党的十八以来，以习近平同志为核心的党中央不断深化对共产党执政规律、社会主义建设规律和人类社会发展规律的科学认识，创造了经济快速发展和社会长期稳定的两大奇迹，体现了我党尊重历史发展规律、保持共产党人先进性的自觉性和坚定性。

一、是否尊重历史发展规律，决定一个政党是否具有先进性

人类历史是依照其内在规律不断向前发展的，中国共产党是顺应历史发展规律诞生的政党。历史发展规律不以人的意志为转移，历史上，无论哪一个阶级和政党，只要认清历史发展趋势，顺应历史发展潮流，尊重历史发展规律，就能够掌握历史发展和社会变革的主动权，就能够从小到大、从弱到强发展起来，就能够在历史上演出许多威武雄壮的活剧，否则，无论外表看起来多么强大，最终都灰飞烟灭。中国历史上一个个王朝的覆灭，当代政治舞台上大党、老党的兴衰沉浮都很好证明了这一点。无产阶级政党，特别是执政的无产阶级政党的使命就是探索和利用历史发展规律，在更深的层次上和更大的范围内推动人类历史的前进。历史发展规律有很多条，但最根本的一条就是生产力与生产关系、经济基础和上层建筑的矛盾运动规律。我们要遵循现阶段我国社会生产力与生产关系、经济基础和上层建筑矛盾运动的内在规律行事，切忌任何形式的主观性、片面性，防止出现这样那样的偏差，把工作做得更好。要把发展生产力摆在首位，改革那些不适应生产力发展的生产关系和上层建筑。在个别、特殊和一般的层面上，历史发展规律又可以划分为共产党执政规律、社会主义建设规律和人类社会发展规律。这"三大规律"是历史发展规律的重要内容：共产党执政的规律是从执政党的地位与作用揭示党的活动和建设的规律，社会

主义建设规律是在总结世界社会主义运动正反两方面的历史经验尤其是总结我国社会主义建设的经验的基础上揭示社会主义作为一种特定社会形态的运行规律，人类社会发展规律是从人类社会发展的历史、现实和未来这样宏大的时空范围揭示社会发展的普遍规律和总的趋势。是否遵循这"三大规律"，决定着党的前途和建设有中国特色社会主义的历史命运。

"世界潮流，浩浩荡荡，顺之者昌，逆之者亡。"历史对每一个执政党都是公正的。苏联和东欧国家的执政党之所以没有跳出"其兴也勃焉，其亡也忽焉"的历史周期率，归根到底，就是违背了历史发展规律，对历史发展趋势和时代发展潮流熟视无睹，没有紧紧把握好；对共产党执政规律，对社会主义建设规律和人类社会发展规律若明若暗，没有认真去探求。而中国共产党之所以能够成为推动历史发展、实现民族复兴的砥柱中流，跳出历史周期率，归根到底，就是能够以深邃的历史眼光和宽广的世界眼光观察当代中国和当代世界，尊重历史发展规律，顺应历史发展趋势。面对历史和时代赋予的重任，我们党不断深化对历史发展规律，特别是"三大规律"的认识，把人们对"三大规律"的认识提高到新的水平，体现了我党尊重历史发展规律，保持共产党人先进性的自觉性和坚定性。

首先，把对共产党执政规律的认识提高到新的高度。在共产党执政的指导思想问题上，强调要坚持和巩固马列主义、毛泽东思想、邓小平理论、"三个代表"重要思想、科学发展观、习近平新时代中国特色社会主义思想在全党思想上的指导地位，同时"坚持把马克思主义基本原理同中国具体实际相结合、同中华优秀传统文化相结合，用马克思主义观察时代、把握时代、引领时代，继续发展当代中国马克思主义、21世纪马克思主义！"① 在保持党的先进性问题上，我们党要坚持勇于自我革命，这是党永葆青春活力的重要支撑。"先进的马克思主义政党不是天生的，而是在不断自我革命中淬炼而成的。"② 我们党始终坚持真理、修正错误，不断清除一切损害党的先进性的因素。在党的建设问题上，指出党要始终自觉地加强和改进党的建设，坚持党要管党和从严治党，要

---

① 习近平. 在庆祝中国共产党成立100周年大会上的讲话 [M]. 北京：人民出版社，2021：13.

② 中共中央关于党的百年奋斗重大成就和历史经验的决议 [M]. 北京：人民出版社，2021：70.

"以加强党的长期执政能力建设、先进性和纯洁性建设为主线,以党的政治建设为统领,以坚定理想信念宗旨为根基,以调动全党积极性、主动性、创造性为着力点,全面推进党的政治建设、思想建设、组织建设、作风建设、纪律建设,把制度建设贯穿其中,深入推进反腐败斗争,不断提高党的建设质量"[①],不断增强党的创造力、凝聚力和战斗力,永葆党的生机与活力。在党的纲领问题上,我们党是最高纲领和最低纲领的统一论者,既要牢记共产主义的远大理想,更要脚踏实地为党在现阶段的基本纲领而不懈努力,扎扎实实地做好现阶段的每一项工作。

其次,把人们对社会主义建设规律的认识提高到新的境界。在社会主义发展道路问题上,强调要脚踏中华大地,传承中华文明,走符合中国国情的正确道路,坚定不移走中国特色社会主义道路。在社会主义发展阶段问题上,要牢牢把握社会主义初级阶段这个基本国情,牢牢立足社会主义初级阶段这个最大实际,共产主义只有在社会主义社会充分发展和高度发达的基础上才能实现。在社会主义发展的目标追求问题上,认为社会主义建设的根本目的是解放和发展生产力,消灭剥削,消除两极分化,最终达到共同富裕。在社会主义发展特征问题上,坚持社会主义社会是全面发展、全面进步的社会,既要着眼于人民现实的物质文化需要,又要着眼于促进人的全面发展。在社会主要矛盾的认识上,明确新时代我国社会主要矛盾是人民日益增长的美好生活需要和不平衡不充分的发展之间的矛盾。对社会主要矛盾的准确分析和把握,为正确认识党和国家事业所处的历史方位和发展阶段提供了重要依据。在实现社会主义现代化问题上,领导人民成功走出中国式现代化道路,丰富和发展了人类现代化理论和实践。习近平总书记指出:"现代化不是单选题。历史条件的多样性,决定了各国选择发展道路的多样性",强调我国现代化是人口规模巨大的现代化,是全体人民共同富裕的现代化,是物质文明和精神文明相协调的现代化,是人与自然和谐共生的现代化,是走和平发展道路的现代化。中国式现代化道路的开创,鼓舞许多发展中国家完全可以独立自主地走出适合自己国情的现代化道路来,打破"现代化就是西方化"的迷思。

再次,把人们对人类社会发展规律的认识提高到新的层次。在人类社会发

---

① 习近平. 决胜全面建成小康社会 夺取新时代中国特色社会主义伟大胜利——在中国共产党第十九次全国代表大会上的报告[M]. 北京:人民出版社,2017:62.

展的本质和动力问题上，指出人类社会的发展就是先进生产力不断取代落后生产力的过程，"不断促进先进生产力的发展，这是我们党始终站在时代前列，保持先进性的根本体现和根本要求"。① 在人类与自然的关系问题上，指出要促进人和自然和谐相处，人类必须尊重自然、顺应自然、保护自然，建设美丽中国。在个人与社会的关系问题上，强调社会的全面发展与人的全面发展是辩证统一的历史过程，"人越全面发展，社会的物质文化财富就会创造得越多，人民的生活就越能得到改善，而物质文化条件越充分，又越能推进人的全面发展。"② 这两个历史过程应该互相结合、互相促进地向前发展。在人类文明的多样性问题上，指出各国文明的多样性是人类社会的基本特征，也是人类文明进步的动力。世界各种文明和社会制度，应长期共存，在竞争比较中取长补短，在求同存异中共同发展。正如2018年6月10日习近平在上海合作组织成员国元首理事会第十八次会议上的讲话中指出："我们要树立平等、互鉴、对话、包容的文明观，以文明交流超越文明隔阂，以文明互鉴超越文明冲突，以文明共存超越文明优越"，强调尊重文明多样性，尊重彼此的自主选择。在人类社会发展方向上，认为人类社会必然走向社会主义、共产主义社会。习近平总书记在2018年4月23日中共中央政治局就《共产党宣言》及其时代意义举行第五次集体学习中指出："《共产党宣言》揭示的人类社会最终走向共产主义的必然趋势，奠定了共产党人坚定理想信念、坚守精神家园的理论基础"，强调要把共产主义远大理想同中国特色社会主义共同理想统一起来、同我们正在做的事情统一起来，坚定道路自信、理论自信、制度自信、文化自信，不为任何风险所惧，不为任何干扰所惑，始终坚守共产党人的理想信念。

二、尊重历史发展规律要同了解历史实践、总结历史经验结合起来

了解历史实践、总结历史经验是党的事业取得胜利的基本条件。历史蕴含着治国安邦的丰富经验，只有学习历史，才能认识历史发展和社会兴亡的规律，从而尊重历史发展规律。正因为我党在领导革命、建设和改革的历史进程中非

---

① 中共中央文献研究室. 江泽民论有中国特色社会主义（专题摘编）[M]. 北京：中央文献出版社，2002：580.

② 中共中央文献研究室. 江泽民论有中国特色社会主义（专题摘编）[M]. 北京：中央文献出版社，2002：383-384.

常重视学习历史，重视借鉴历史中蕴涵的治国安邦的丰富经验，探索和利用历史发展规律，才能够领导革命、建设和改革取得成功。毛泽东同志在1938年党的六届六中全会指出"指导一个伟大的革命运动的政党，如果没有革命理论，没有历史知识，没有对于实际运动的深刻了解，要取得胜利是不可能的。"① 毛泽东同志将300万字的《资治通鉴》竟看了17遍，线装的"二十四史"从不离身，反复阅读。邓小平同志指出，要懂得中国历史、中国革命历史和中国共产党的历史，"这是中国发展的一个精神动力"，"过去的成功是我们的财富，过去的错误也是我们的财富"②。习近平总书记强调："学习党史、国史，是我们坚持和发展中国特色社会主义、把党和国家各项事业继续推向前进的必修课。这门课不仅必修，而且必须修好。"③ 可以说，党领导人民从胜利走向更大的胜利，都与善于总结历史经验、吸取历史教训，指导当前的实际运动相联系。

我们党领导人民进行革命、建设和改革的历史，是一部蕴涵和体现马列主义、毛泽东思想、邓小平理论、"三个代表"重要思想、科学发展观、习近平新时代中国特色社会主义思想的活生生的教科书。党的理论是对历史发展规律的科学认识，深深植根于历史的沃土之中，是经得起历史检验的科学理论。我们只有结合历史，特别是改革开放史、中华人民共和国历史、中国近代发展史、中华民族发展史和国际共产主义运动历史等，才能真正理解中国特色社会主义从哪里来、到哪里去。我们学习历史，不是为历史而历史，而是要把学习历史作为认知中国的一面巨镜，在新的历史条件下更好地认清中国的国情，吸取"左"和右的教训，使马克思主义更好地与中国实际相结合。通过学习历史，批判地继承我们民族的优秀文化遗产，弘扬民族精神，增强民族自尊心和自信心，抵御经济全球化和信息网络化背景下西方的文化渗透。通过学习历史，从中吸取智慧和营养，逐步提高领导艺术和领导水平。一句话，通过学习历史，把握中国历史发展的规律，增强实践的自觉性和坚定性。

历史已经并将继续证明，一个政党，如果不善于从历史中吸取营养，借鉴治国安邦的丰富经验，就不可能成为尊重历史发展规律、顺应历史发展潮流的

---

① 中共中央文献研究室. 毛泽东著作选读：上册［M］. 北京：人民出版社，1986：286.
② 邓小平. 邓小平文选：第三卷［M］. 北京：人民出版社，1993：358、272.
③ 习近平. 论中国共产党历史［M］. 北京：中央文献出版社，2021：15–16.

政党,就会丧失先进性,就有丧失执政地位的危险;一个领导者,不认真学习历史,不知道历史和现实的联系,不掌握中外历史上的成功与失败,经验与教训,就不足以谋全局,就不可能成为高明的领导者,就有被浩荡的历史潮流淘汰的危险。

三、尊重历史发展规律必须坚持与时俱进

尊重历史发展规律与与时俱进是一致的。什么是与时俱进?"与"就是跟随,"时"就是时代,"俱"就是全面,"进"就是前进。与时俱进就是随着时代的发展而发展,随着历史的前进而前进。共产党人尊重历史发展规律,最重要、最根本的就是要使我党的理论、路线、方针、政策、纲领和各项工作,要随着历史条件的变化,随着时代、实践和科学的发展变化而不断向前推进。用发展着的马克思主义指导新的实践,立足新的实践,把握时代特点,不断深化对共产党执政规律、对社会主义建设规律、对人类社会发展规律的认识,不断吸取一切科学的新思想、新成果、新经验,不断推动理论创新、制度创新、科技创新、文化创新和其他方面的创新,使我们的思想和行动,更加符合客观实际,更加符合初级阶段的实际和时代发展的要求。

尊重历史发展规律,必须用马克思主义的宽广眼界观察当代世界和当代中国。习近平总书记在2021年中央经济工作会议上,分析了当前经济形势,指出:"世纪疫情冲击下,百年变局加速演进,外部环境更趋复杂严峻和不确定。"①"当今世界正经历百年未有之大变局",这是习近平总书记立足中华民族伟大复兴战略全局,洞察世界发展大势和世界格局变化作出的战略判断。同时在新冠肺炎疫情交织叠加的影响下,国际环境日趋错综复杂多变,世界发展的不稳定性不确定性显著增加。当前国际格局和国际体系正在发生深刻调整,全球治理体系正在发生深刻变革,国际力量对比发生革命性变化。新兴市场国家和发展中国家群体性崛起正在改变全球政治经济版图,在世界经济中占据越来越重要地位,成为影响国际格局的重要力量。尤其是,我国经过改革开放40多年的发展,成为世界第二经济大国、最大货物出口国、第二大货物进口国、第二大对外直接投资国、最大外汇储备国、最大旅游市场,成为影响世界政治经

---

① 中央经济工作会议在北京举行[N]. 人民日报,2021-12-11(01).

济版图变化的一个主要因素。相反，发达国家内部矛盾重重，经济增长乏力，发展实力相对下降，世界经济中心呈现出"由西向东""东升西降"的转移。只有根据不断变化的发展形势，制定我党的理论和路线、方针、政策，适应实践的发展，以实践来检验一切，用发展着的马克思主义指导实践，这样才是真正的马克思主义，故步自封、因循守旧只能导致失败和落后，甚至亡党亡国。我们党需要不断地解放思想，不断地使自己的理论和路线方针政策与不断变化的实践相符合，能够随着时代的发展而不断丰富、完善和发展。

尊重历史发展规律，必须紧紧抓住与时俱进这个关键，把我们的思想认识不断推向新境界，不能停留在对马克思主义的某些原则、某些本本的教条式理解上。"坚持解放思想、实事求是的思想路线，弘扬与时俱进的精神，是党在长期执政条件下保持先进性和创造力的决定性因素。我们党能否始终做到这一点，决定着中国的发展前途和命运。"① 习近平强调，坚持实事求是的思想路线，基本要求是做到三个坚持，即：坚持一切从实际出发，坚持理论联系实际，坚持在实践中检验和发展真理。这一论断，深刻揭示了实事求是的科学内涵和基本要求，是对马克思主义认识论和党建理论的丰富和发展。尊重历史发展规律，就要贯彻解放思想，实事求是的思想路线，坚持勇于追求真理和探索真理的革命精神，始终站在时代前列，立足新的实践，把握时代特点，发挥历史的主动性和革命的创造性。具体地说，第一，要坚持两个"坚定不移、不能含糊"，即：必须坚持马克思主义的立场、观点和方法，坚持马克思主义的基本原理，这一点要坚定不移、不能含糊；一定要贯彻解放思想、实事求是的思想路线，坚持勇于追求真理和探索真理的革命精神，这一点，也要坚定不移、不能含糊。第二，要坚持"一个中心，三个着眼于"，即以我国改革开放和现代化建设的实际问题、以我们正在做的事情为中心，着眼于马克思主义理论的运用，着眼于对实际问题的理论思考，着眼于新的实践和新的发展。第三，要做到"三个解放出来"，即在党的基本理论的指导下，一切从实际出发，自觉地把思想认识从那些不合时宜的观念做法和体制中解放出来，从对马克思主义的错误的和教条式的理解中解放出来，从主观主义和形而上学的桎梏中解放出来。要始终保持与时俱进的精神状态，不断开拓马克思主义理论发展的新境界，正如习近平

---

① 中共中央文献研究室. 江泽民论有中国特色社会主义（专题摘编）[M]. 北京：中央文献出版社，2002：635.

总书记 2013 年 11 月 12 日在党的十八届三中全会第二次全体会议上的讲话中指出，要"进一步解放思想、进一步解放和发展社会生产力、进一步解放和增强社会活力"，"解放和发展社会生产力、解放和增强社会活力，是解放思想的必然结果，也是解放思想的重要基础"。

尊重历史发展规律的政党永葆青春，尊重历史发展规律的事业万古长青，尊重历史发展规律的民族生生不息。尊重历史发展规律是保持党的先进性的根本要求，也是一项艰难、伟大的历程。我们党只要坚定不移、一以贯之地尊重历史发展规律，就一定能够团结带领中国人民实现中华民族的伟大复兴！

第六章 改革开放的实践创新

党在改革开放上的实践成果是党不断推进理论创新的核心表现，是中国共产党人对科学社会主义理论的创新性发展和开拓性运用。改革开放是党和人民事业大踏步赶上时代的重要法宝，是坚持和发展中国特色社会主义必由之路，是决定当代中国命运的关键一招，也是决定实现"两个一百年"奋斗目标、实现中华民族伟大复兴的关键一招。党的十八大以来，习近平总书记深刻把握改革规律，深刻总结改革开放取得的宝贵经验，统筹国内国际两个大局，对全面深化改革提出一系列新理念新思想新战略，不断提高改革的战略性前瞻性针对性，极大丰富发展了改革认识论和方法论，为我们推进全面深化改革、在更高起点上推进改革开放提供了方向指引和根本遵循，创造了让世界刮目相看的奇迹。40多年的实践充分证明，党的十一届三中全会以来，我们党团结带领全国各族人民开辟的中国特色社会主义道路、理论、制度、文化是完全正确的，形成的党的基本理论、基本路线、基本方略是完全正确的。

第一节 改革开放是发展中国特色社会主义的强大动力

改革开放作为一场新的伟大革命，充分开发了社会主义中国发展进步的活力源泉，成功实现了从高度集中的计划经济体制到充满活力的社会主义市场经济体制、从封闭半封闭到全方位开放的伟大历史转折，使中国人民的面貌、社会主义中国的面貌、中国共产党的面貌发生了历史性变化，社会主义中国巍然屹立在世界东方。实践已经并将继续证明，改革开放是发展中国特色社会主义的强大动力，必须坚定不移地加以推进，改革开放永远在路上，只有进行时，没有完成时。

一、改革开放推动党的中心工作的战略转移，实现了从"以阶级斗争为纲"到以经济建设为中心的根本转变，使我国社会主义现代化建设逐步走上科学发展的轨道

"文化大革命"结束后，我们党和国家面临着向何处去的重要关头。在这样的关键时刻，邓小平同志发出了振聋发聩的警示："如果现在再不实行改革，我们的现代化事业和社会主义事业就会被葬送。"① 党的十一届三中全会在总结以往正反两方面经验教训的基础上，重新确立党的实事求是的思想路线，毅然决然地作出了实行改革开放的重大历史性决策，把党和国家工作的重心转移到经济建设上来，带领全国各族人民在困境中重新奋起，踏上改革开放的历史征程。

改革开放的实践形成了党的基本路线，深化了我们党对发展重要性和发展规律的认识。在改革开放的伟大实践中，我们党形成、丰富和发展了以"一个中心、两个基本点"为主要内容的党的基本路线，把"一个中心、两个基本点"内在地统一于建设中国特色社会主义的伟大实践，有效避免和纠正了"左"或右的错误倾向。随着改革开放的深入，我们党越来越深刻地认识到，"国家的昌盛，人民的富裕，说到底是经济实力问题。国际竞争，说到底也是经济实力的竞争"②。从"发展是硬道理"，到"发展是我们党执政兴国的第一要务"，到"科学发展观的第一要义是发展"，再到党的十九大强调"发展是解决我国一切问题的基础和关键，发展必须是科学发展，必须坚定不移贯彻创新、协调、绿色、开放、共享的发展理念"，在任何时候，特别是在关键时候，我们党紧紧抓住经济建设这个中心不放松，排除各种干扰，聚精会神搞建设，一心一意谋发展。四十多年的改革开放是在国际国内的复杂环境中进行的，其系统性、复杂性和艰巨性是前所未有的。对前进道路上遇到的一系列矛盾和问题、困难和风险，我们党顺应国内外形势发展变化，深刻认识和把握社会经济发展规律，引领改革开放的航船始终沿着正确方向破浪前进。从邓小平同志提出"三步走"战略、"两手抓、两手都要硬"方略、"共同富裕"发展目标、"两个大局"思想等，到江泽民同志提出正确处理社会主义现代化建设中的十二个

---

① 邓小平. 邓小平文选：第二卷 [M]. 北京：人民出版社，1994：150.
② 江泽民. 江泽民文选：第一卷 [M]. 北京：人民出版社，2006：59.

重大关系，到胡锦涛同志在党的十七大提出的"十个结合"，再到习近平总书记提出的"立足新发展阶段，贯彻新发展理念，构建新发展格局，推动高质量发展"等，集中体现了改革开放四十多年的辩证法，表明我们党在解放和发展生产力方面愈加注重科学性，着力解决影响和制约科学发展的突出问题，着力把握发展规律、创新发展理念、转变发展方式、破解发展难题，提高发展质量和效益，实现又好又快发展。改革开放作为解放和发展社会生产力的新的伟大革命，正进入新的科学境界。

改革开放促进了中国经济社会的快速发展，谱写出中华民族的壮丽史诗。中国特色社会主义的根本任务是发展生产力。改革开放发展了社会主义社会的生产力，极大地增强了我国的综合国力。我国经过改革开放40多年的发展，2021年我国国内生产总值超114万亿元，稳居世界第二，人均国内生产总值突破1.2万美元，成为世界最大货物出口国、第二大货物进口国、第二大对外直接投资国、最大外汇储备国、最大旅游市场，成为影响世界政治经济版图变化的一个主要因素，成为拉动全球贸易和经济复苏的重要引擎，也成为世界经济增长的主要稳定器和动力源。历史证明，没有改革开放，就没有中国的今天。这些年来，我国之所以能够在国际风云变幻中站稳脚跟，之所以能够经受住来自各个方面的一次次严峻考验，之所以能够战胜各种困难和风险，归根结底，就在于通过改革开放使中国的社会生产力得到了大解放、大发展和大提高。中国的发展，不仅使中国全面建成小康社会，人民稳定地走上了富裕安康的广阔道路，而且为世界经济发展和人类文明进步作出了重大贡献。

二、改革开放促进体制机制的重大变革，实现了从计划经济到市场经济的根本转变，为发展中国特色社会主义提供强大动力和体制保障

经济体制既是基本经济制度的表现形式，但也反作用于基本经济制度。过去我国长期处于贫穷落后状态，主要是长期实行高度集中的计划经济体制，使社会主义失去了应有的生机和活力。把社会主义制度同现代市场机制有机地结合起来，是中国共产党和中国人民的伟大创造。我们党带领人民在深刻而广泛的变革中始终坚持社会主义基本制度，同时又在社会主义条件下发展市场经济，使经济活动遵循价值规律的要求，使市场在资源配置中从起基础性作用到起决

定性作用，不断解放和发展社会生产力。

　　社会主义市场经济体制扫除了生产力发展的障碍。改革的实质是体制创新。改革开放作为一场新的伟大革命，其根本目的之一，就是要从根本上改变束缚生产力发展的体制机制障碍，建立充满生机和活力的经济体制，促进生产力发展，放手让一切劳动、资本、技术、管理等生产要素的活力充分迸发，让一切创造社会财富的源泉充分涌流。"要发展生产力，经济体制改革是必由之路。"①经过四十多年的改革，我国对市场经济的认识发生了重要转变，经历了从"市场调节为辅""使市场在社会主义国家宏观调控下对资源配置起基础性作用"，到"在更大程度上发挥市场在资源配置中的基础性作用"，再到"使市场在资源配置中起决定性作用"的认识转变。由此可见，注重发挥市场在资源配置中的决定性作用，是对社会主义经济体制的深化认识。在实践上，我国改变了生产资料"一大二公三纯"、公有制一统天下的格局，建立了以公有制为主体、多种所有制共同发展的基本经济制度，使社会的各种生产力得以充分发挥出来；建立现代市场体系，资本、土地、劳动力、技术等要素市场迅速发展，各种生产要素的活力充分迸发出来；打破了旧的体制机制对人的束缚，塑造了社会主义经济新的激励机制，使劳动者从不合理的经济关系和社会关系中解放出来，激发人们创造社会财富的积极性；建立和完善社会主义市场经济体制，为经济快速发展奠定了坚实的体制基础，起到关键性作用。

　　建立社会主义市场经济体制推动全面改革和全面发展，社会活力显著增强。建立完善社会主义市场经济体制是一场涉及经济基础和上层建筑许多领域的深刻革命，要求其他领域的改革和发展与之相适应，需要在推进经济体制改革的同时，推进政治、社会文化等方面的体制改革，探索建立起中国特色社会主义经济制度、政治制度、文化制度和社会制度。四十多年来，我国大力发展社会主义民主政治和社会主义先进文化、建设富强民主文明和谐美丽的社会主义国家，民主法制建设取得新进步，文化建设开创新局面，社会建设全面展开，生态文明建设不断推进，为当代中国社会发展不断地扫除障碍、注入活力。社会主义市场经济体制的建立和完善，加快了中国工业化、信息化、城镇化、市场化、国际化步伐，带来经济体制深刻变革、社会结构深刻变动、利益格局深刻

---

① 邓小平. 邓小平文选：第三卷 [M]. 北京：人民出版社，1993：138.

调整、思想观念深刻变化，带来经济成分和经济利益格局多样化、社会生活多样化、社会组织形式多样化、就业形式和分配方式多样化。这种空前的社会变革和社会流动带来巨大活力，整个社会生机勃勃又安定有序。市场经济体制的建立，也使人的精神面貌发生了深刻的变化，人们的创造意识、致富意识、民主意识、法制意识和开拓创新精神明显增强，使整个社会活力迸发，充满蓬勃朝气。建成完善的社会主义市场经济体制，是对全党新的重大考验，要求全党要按照科学执政、民主执政、依法执政的要求，改善领导方式和执政方式，提高领导干部执政本领，把党建设成为始终走在时代前列、人民衷心拥护、勇于自我革命、经得起各种风浪考验、朝气蓬勃的马克思主义执政党。

三、改革开放拓宽民族视野，敞开民族胸怀，实现了从封闭半封闭到全方位开放的历史转折，加快中国社会主义与世界历史进程的融合

改革引发开放，开放促进改革。通过对外开放吸收人类文明成果，既是中华民族自立于世界民族之林的重要条件，也是把中国特色社会主义事业推向前进的基本前提。对外开放顺乎世界潮流，拓展生产力发展新的空间，使中国特色社会主义融入和引领世界，实现追赶时代到引领时代的伟大跨越。

对外开放推动中国走向世界，把中国的发展融入了世界的发展。在世界多极化、经济全球化深入发展、科技革命加速推进的世界大势下，当代中国同世界的关系发生了历史性变化，中国的前途命运同世界的前途命运日益紧密地联系在一起。社会主义是开放的制度，它必须吸收和借鉴人类社会所创造的一切文明成果，吸收和借鉴世界各国包括发达资本主义国家在内的一切反映现代化、社会化生产规律的经营管理方式和组织形式。针对全球化条件下中国对外开放的机遇与挑战，我们党统筹国内国际两个大局，努力从国际国内形势的相互联系中把握发展方向，从国际国内条件的相互转化中用好发展机遇，从国际国内资源的优势互补中创造发展条件，从国际国内因素的综合作用中掌握发展全局。拓展对外开放广度和深度，把"引进来"和"走出去"更好结合起来，利用两个市场、两种资源，扩大开放领域，优化开放结构，提高开放质量，不断提高对外开放水平。实施互利共赢的开放战略，在更大范围、更广领域、更高层次上参与国际经济技术合作和竞争，更好地促进国内发展与改革，切实维护国家

经济安全。根据经济全球化进入深度调整期而作出科学决策，加快构建以国内大循环为主体、国内国际双循环相互促进的新发展格局，实现更高质量、更有效率、更加公平、更可持续、更为安全的发展。不断丰富和发展人类命运共同体理念，"坚持开放、不搞封闭，坚持互利共赢、不搞零和博弈，坚持主持公道、伸张正义，站在历史正确的一边，站在人类进步的一边"①，同世界各国人民一道，推动世界走向更加美好的未来。

对外开放加快了中国经济融入全球经济一体化的进程，提高参与国际竞争的能力。对外开放是在世界范围内合理配置社会生产资源的方式。通过引进国外的资金、技术和管理经验，进行消化、吸收和再创新，能够在更大的范围内进行生产要素的组合，有利于提高全球配置资源能力，促进我国经济发展。改革开放以来，对外开放在扩大就业、增加税收、调节市场供需矛盾，缓解资源环境压力，调整产业结构，提升国际竞争力和促进经济体制改革等方面，推动了我国经济的发展。通过引进外资，弥补了自身发展资金的不足；通过充分利用国际市场，促进了国内产业的发展；通过引进先进技术和设备及管理经验，提高了企业的生产技术和管理水平，促进了科学管理和国际化水平的提高；通过积极开展对外交往，引进反映新时代历史潮流和规律趋势的世界优秀的精神产品和观念，与世界共同分享人类文明成果，提高了人力资源的素质。实践充分证明，实行对外开放，构建新发展格局，充分利用国际国内两个市场、两种资源，有利于推动我国经济社会发展，有利于促进我国科技进步和创新，有利于提高我国国际竞争力和影响力，有利于为我国发展营造有利的国际环境，是推进我国社会主义现代化建设的必由之路。

四、改革开放促进新的思想解放，实现了从僵化到创新、从保守到开拓的重大转变，使社会主义和马克思主义在中国大地上焕发出勃勃生机

解放思想是引导社会发展、催生新生事物的强大力量，是发展中国特色社会主义的一大法宝。解放思想是改革开放的先导，改革开放促进新的思想解放，两者互为因果、相互促进，共同推动当代中国的发展进步，共同推进中国特色

---

① 中共中央关于党的百年奋斗重大成就和历史经验的决议 [M]. 北京：人民出版社，2021：68.

社会主义。正是一次又一次的思想解放，中国才迈入民族复兴、国家强盛之路。

改革开放的历程，就是思想不断解放的历程。这场历史上从未有过的大改革大开放，始终在解放思想的历史进程中不断推进。四十多年中的每一个历史关头和重大发展，都是解放思想、实事求是的伟大旗帜引领我们行进在正确的发展轨道上。"真理标准问题大讨论"和十一届三中全会的召开，吹响了解放思想的号角，使我们党冲破"两个凡是"的严重束缚，实现了指导思想上的拨乱反正，开启了改革开放的伟大征程，改革首先从农村开始逐步向城市推进，开放从兴办经济特区向开放沿海、沿江乃至内地推进。1992年邓小平同志南方谈话重申改革开放，提出"三个有利于标准"，提出创建社会主义市场经济新体制，我国在改革国有资产管理体制、调整国有经济战略性布局、确立非公有制经济地位和理顺收入分配关系等一系列重大问题上取得重大突破，将改革成功推向21世纪。面对新世纪的国际形势和国内复杂问题，我们党提出科学发展观和构建社会主义和谐社会的重大战略构想，强化了"以人为本"和"和谐社会"的价值导向，推动科学发展、和谐发展。进入中国特色社会主义新时代，习近平总书记指出："过去40年中国经济发展是在开放条件下取得的，未来中国经济实现高质量发展也必须在更加开放的条件下进行。"[①] 中国的发展得益于改革开放，改革开放是中国的基本国策，也是今后推动中国发展的根本动力。在新发展阶段，我国致力于推动更大范围、更宽领域、更深层次的开放，不断形成全面开放新格局。坚持双向开放，坚持高质量"引进来"和高水平"走出去"并重，统筹利用国内国际两个市场、两种资源，加快形成以国内大循环为主体、国内国际双循环相互促进的新发展格局。要把握好开放和安全的关系，织密织牢开放安全网，增强在对外开放环境中动态维护安全的本领，等等。可以说，没有思想解放，就没有发展的辉煌成就，就没有改革开放的重大成果，就没有今天崭新的发展局面。纵观改革开放40多年来所取得的伟大成就和创造的发展奇迹，无不放射出解放思想的真理光芒。

改革开放孕育和催生了中国特色社会主义理论体系、习近平新时代中国特色社会主义思想，开拓马克思主义发展的新境界。中国特色社会主义事业，既是实践发展的过程，也是理论探索的过程。改革进程中提出的许多前所未有的

---

① 习近平. 开放共创繁荣　创新引领未来——在博鳌亚洲论坛2018年年会开幕式上的主旨演讲[N]. 人民日报，2018-04-11(01).

崭新课题，迫切需要中国共产党人作出创造性回答，作出合乎规律性的理论创造，推动中国特色社会主义理论与实践不断产生新飞跃。我们党始终坚持马克思主义的思想路线，立足于世界发展大势，不断探索和回答什么是社会主义、怎样建设社会主义，建设什么样的党、怎样建设党，实现什么样的发展、怎样发展，形成了中国特色社会主义理论体系。新时代不断探索坚持和发展什么样的中国特色社会主义、怎样坚持和发展中国特色社会主义，建设什么样的社会主义现代化强国、怎样建设社会主义现代化强国，建设什么样的长期执政的马克思主义政党、怎样建设长期执政的马克思主义政党等重大时代课题，不断推进马克思主义中国化，坚持并丰富党的基本理论、基本路线、基本方略，创立了习近平新时代中国特色社会主义思想。这是社会主义在中国真正兴旺起来的根本原因。正是我们党坚持解放思想，理论创造力不断增强，理论创新步伐不断加快，理论创新成果不断涌现，社会主义和马克思主义在中国大地上焕发出勃勃生机，给人民带来更多福祉，使中华民族大踏步赶上时代前进潮流，中华民族伟大复兴进入不可逆转的历史进程。

五、改革开放升华民族精神，催生改革开放精神，变精神力量为巨大的物质力量，中华民族以昂扬向上的精神状态屹立于世界先进民族之林

一个民族要发展，一个国家要兴旺起来，不仅要有强大的物质基础，也要有强大的精神力量。马克思主义认为，物质生产在社会发展中起决定性作用，但在一定条件下，精神可以变物质，精神的力量可以转化为物质的力量。改革开放以来，我们党领导人民继续弘扬中华民族精神，形成改革开放精神，中国人民的精神境界与物质生活水平同步提升，人民精神风貌更加昂扬向上。

改革开放铸就的伟大改革开放精神，极大丰富了民族精神内涵，成为当代中国人民最鲜明的精神标识。这种精神是在改革开放创造性实践中激发出来的，是一种解放思想、探索创新的思想观念，是一种奋勇争先、拒绝平庸的责任感使命感，是一种自强不息、百折不挠的精神状态。改革开放再出发，必须坚持弘扬伟大改革开放精神，树立坚定的信仰、信念、信心。信仰、信念、信心，任何时候都至关重要。只要有信仰、信念、信心，在改革征程上，就会愈挫愈奋、愈战愈勇，否则就会不战自败、不打自垮。无论过去、现在还是将来，我

们必须坚定对马克思主义的信仰、对中国特色社会主义的信念，对实现中华民族伟大复兴中国梦的信心，以更高站位更宽视野推进改革开放。这样才能坚持方向不变、道路不偏、力度不减，推动新时代改革开放走得更稳、走得更远。正如习近平总书记指出："实现我们的发展目标，不仅要在物质上强大起来，而且要在精神上强大起来。"

当前，我国改革已经进入攻坚期和深水区，剩下的都是难啃的硬骨头。正如习近平总书记指出："我们现在所处的，是一个船到中流浪更急、人到半山路更陡的时候，是一个愈进愈难、愈进愈险而又不进则退、非进不可的时候。"① 改革开放只有进行时没有完成时，矛盾越大，问题越多，越要攻坚克难、勇往直前，敢于涉险滩，敢于向积存多年的顽瘴痼疾开刀。改革开放已走过千山万水，但仍需跋山涉水，摆在全党全国各族人民面前的使命更光荣、任务更艰巨、挑战更严峻、工作更伟大，绝不能有半点骄傲自满、故步自封，也绝不能有丝毫犹豫不决、徘徊彷徨。改革绝不是轻轻松松、敲锣打鼓就能实现的，要有敢闯敢试、敢为天下先的胆识气魄，发扬"敢闯敢试、敢为人先"的改革精神，把改革开放进行到底。大力弘扬以伟大建党精神为源头的精神谱系，确保革命精神永不断谱。

六、改革开放激发和调动了亿万人民的积极性和聪明才智，激活了社会主义发展的内在动力，开掘了建设中国特色社会主义最深厚的力量源泉

人民是创造世界历史的动力。人民群众是中国特色社会主义建设的主体，是决定我国前途和命运的根本力量。党领导的改革开放和现代化建设事业反映了人民的意愿，给人民群众带来了实实在在的利益，因而得到广大人民群众的支持和拥护，人民群众积极投身改革开放和现代化建设。我们党在改革中始终尊重人民主体地位，发挥人民首创精神。人民群众中蕴藏着无穷的力量和智慧。我们党始终热情支持、鼓励、保护、引导人民群众的伟大创造，充分发挥人民首创精神，鼓励干部和群众大胆尝试、大胆闯，努力营造充分发挥人民群众聪明才智的社会环境，最大限度地激发人民群众的参与热情，不断增强全社会的

---

① 习近平. 论中国共产党历史 [M]. 北京：中央文献出版社，2021：236.

创造活力。及时总结群众创造出来的实践经验,尊重群众意愿,注重把群众的积极性引导好、保护好、发挥好,最广泛地动员和组织亿万群众投身改革开放的伟大事业。我们党真诚代表中国最广大人民的根本利益,紧紧依靠人民,最广泛地调动人民群众的积极性、主动性、创造性,从人民中凝聚力量、吸取智慧。人民群众的主体地位和主体作用从来也没有像今天这样得到尊重和发挥,人民群众的主动性、积极性和创造性从来也没有像今天这样迸发。在改革开放中,亿万人民群众创造出家庭联产承包责任制、乡镇企业等适合我国农村生产力水平的经营形式,促进了我国农村生产力大解放和大发展。正如邓小平同志指出,改革中的好多东西"都是基层创造出来,我们把它拿来加工提高作为全国的指导"[1]。习近平总书记强调,要提高改革决策的科学性,就是要广泛听取群众意见和建议,及时总结群众创造的新鲜经验,充分调动群众推进改革的积极性、主动性、创造性,把最广大人民智慧和力量凝聚到改革上来,同人民一道把改革推向前进。改革开放以来,我们党实施的每一项重大改革举措,与激发社会各阶层人民群众的创造活力密切相关,而这些举措的成功,也无一不是人民群众的创造力充分发挥的结果。人民群众在改革开放中也明显提高了自身的素质,使改革开放的过程成为人民群众全面发展的过程,为社会不断增添着蓬勃的朝气和创造的活力。

我们党把实现好、维护好、发展好人民的根本利益放在首位,使改革获得人民的拥护和支持。我国改革开放根本特点之一就是始终围绕发展生产力、提高人民生活水平这一中心展开的。从邓小平同志提出"人民满意不满意、人民高兴不高兴、人民赞成不赞成、人民答应不答应"作为判断一切工作成败得失的重要依据,把是否有利于提高人民群众的生活水平作为判断姓资姓社的根本标准之一,到江泽民同志提出"三个代表"重要思想,把人民的根本利益作为衡量一切工作的最高标准,到胡锦涛同志提出科学发展观的核心是"以人为本","做到发展为了人民、发展依靠人民、发展成果由人民共享",再到习近平同志提出"坚持把实现好、维护好、发展好最广大人民根本利益作为发展的出发点和落脚点"[2],"把是否促进经济社会发展、是否给人民群众带来实实在

---

[1] 邓小平. 邓小平文选:第三卷 [M]. 北京:人民出版社,1993:382.
[2] 习近平. 中共中央关于制定国民经济和社会发展第十四个五年规划和二〇三五年远景目标的建议 [M]. 北京:人民出版社,2020:31.

在的获得感,作为改革成效的评价标准。"① 我国改革开放追求的目标就是要实现好、维护好、发展好最广大人民的根本利益。历史证明,改革越是深入,开放愈是扩大,越是需要得到人民群众的理解和支持,越是需要人民群众积极性、主动性和创造性的充分发挥,把全体人民的意志、智慧和力量凝聚到伟大事业中来。

第二节 在更高起点上推进改革开放 续写更多"春天的故事"

习近平总书记在深圳经济特区建立40周年庆祝大会上的重要讲话中强调,要续写更多"春天的故事",在更高起点上推进改革开放。这为我们在新时代推动改革开放再出发指明了前进方向。改革开放是决定当代中国命运的关键一招,是坚持和发展中国特色社会主义的必由之路。当前我国正处于实现中华民族伟大复兴的关键时期,新形势需要新担当、呼唤新作为。我们要义不容辞扛起政治责任、强化政治担当,坚持守正创新,勇担历史使命,在更高起点上推进改革开放,继续创造发展奇迹。

一、坚持习近平新时代中国特色社会主义思想的科学引领

习近平新时代中国特色社会主义思想是新时代中国共产党人的思想旗帜,是国家政治生活和社会生活的根本指针,是当代中国马克思主义、21世纪马克思主义,是实现中华民族伟大复兴的行动指南。在当代中国,除了习近平新时代中国特色社会主义思想,没有别的思想和理论能够解决当代中国的前途和命运问题。改革开放以来特别是党的十八大以来的成功实践,让我们深刻体会到:没有中国特色社会主义理论体系特别是没有习近平新时代中国特色社会主义思想的科学指导,我国就不可能取得全方位、开创性成就,就不可能发生深层次、根本性变革。

思想是行动的先导。在更高起点上推进改革开放,更需要思想引领、凝聚

---

① 习近平. 深入扎实抓好改革落实工作 盯着抓反复抓直到抓出成效[N]. 人民日报,2016-02-24(01).

共识，更需要以理论清醒保证政治坚定、以思想自觉引领行动自觉。当今世界正经历百年未有之大变局，新冠肺炎疫情全球大流行使这个大变局加速演进，国际环境出现更多不稳定性不确定性。今后一个时期，我们将面对更多逆风逆水的外部环境，会出现许多可以预料甚至难于预料的风险挑战。当前，我国实现高质量发展还有许多短板弱项，我们的发展也面临着一些困难和挑战。越是局势艰难，就越是需要科学理论的指引。

要更加深入学习贯彻习近平新时代中国特色社会主义思想，坚持用习近平新时代中国特色社会主义思想指引全面深化改革开放，解决改革开放重大理论和实践问题，扫除改革开放道路上的思想障碍。要认真学习领会习近平总书记关于改革开放重要论述的核心要义和精神实质，真正做到学懂弄通做实，真正刻在骨子里、融入血液中，时时处处事事对标对表，坚定不移沿着习近平总书记指引的方向前进。要自觉运用习近平新时代中国特色社会主义思想蕴含的世界观方法论，坚持用好改革思维和改革办法，强化系统集成，坚持全国"一盘棋"谋划和推进，对纷繁复杂、千变万化的具体情况及时作出正确判断和准确抉择，不断提高改革开放的科学化水平，创造让世界刮目相看的新的更大奇迹，充分彰显习近平新时代中国特色社会主义思想的强大真理力量、实践伟力，推动习近平新时代中国特色社会主义思想在中国大地落地生根、结出丰硕成果。

二、始终坚持党的全面领导

党政军民学，东西南北中，党是领导一切的。党是最高的政治领导力量。党的领导是做好党和国家各项工作的根本保证，是战胜一切困难和风险的定海神针。比如，兴办经济特区，是我们党为推进改革开放和社会主义现代化建设进行的伟大创举，深圳等经济特区改革发展事业取得的辉煌成就，是党中央坚强领导、悉心指导的结果。40年来，深圳每迈出关键一步，都得到党中央的坚强领导和大力支持。特别是党的十八大以来，习近平总书记多次到经济特区考察，多次在关键节点作出重要指示批示，在新的更高起点上，亲自谋划、亲自部署、亲自推动粤港澳大湾区、深圳中国特色社会主义先行示范区和海南自由贸易港建设，不断赋予经济特区新的重大使命，从战略和全局高度为经济特区改革发展领航导向，向世界宣示中国改革不停顿、开放不止步的坚定决心。习近平总书记科学总结深圳等经济特区40年改革开放实践积累的十条宝贵经验，第一条就是必须坚持党对经济特区建设的领导，始终保持经济特区建设正确方向，深化了我们对中国特色社会主义经济特区建设规律的认识。

经济特区40年的成功实践，充分证明了中国共产党所具有的无比坚强的领导力。没有中国共产党的坚强领导，就没有经济特区的今天。新时代在更高起点上推进改革开放，必须始终坚持这一条。这对不断深化提高党的领导力和执政力的规律性认识，把改革开放的旗帜举得更高更稳，切实增强全党全国人民夺取中国特色社会主义伟大胜利、实现中华民族伟大复兴中国梦的决心信心，意义重大而深远。我国的改革是有方向、有原则、有立场的，经济特区有更多的改革自主权、更充分的探索空间，更要讲究方向、立场和原则，必须增强坚持党的全面领导的政治自觉、思想自觉和行动自觉。

当前，改革又到了一个新的历史关头，推进改革的复杂程度、敏感程度、艰巨程度不亚于40多年前。如何紧紧把握重要战略机遇期，贯彻新发展理念，构建新发展格局，成为摆在我们面前的一个重要课题。越是非常时期，越到紧要关头，越要加强党的全面和集中统一领导，确保党始终总揽全局、协调各方。坚持党的全面领导，必须按照新时代党的建设总要求，以政治建设为统领，深化党的建设制度改革，加快政府职能转变，推动民主法制领域改革，不断提高各级党委把方向、谋大局、定政策、促改革的能力和定力，让党的领导更加适应实践、时代、人民的要求。以改革创新精神加强党的建设，确保党和人民事业发展到什么阶段党的建设就推进到什么阶段，确保党始终总揽全局、协调各方，充分发挥党的领导核心作用，担当起推进改革开放的时代重任。

三、构建新发展格局

在深圳经济特区建立40周年庆祝大会上，习近平总书记对深圳等经济特区建设提出坚定不移贯彻新发展理念等六项新要求，并以深圳等经济特区建立40周年为契机，支持深圳实施综合改革试点，以清单批量授权方式赋予深圳在重要领域和关键环节改革上更多自主权，一揽子推出27条改革举措和40条首批授权事项，赋予了深圳更大的历史使命和责任担当，努力在重要领域推出一批重大改革措施，形成一批可复制可推广的重大制度创新成果。这是建设中国特色社会主义先行示范区的关键一招，是创新改革方式方法的全新探索。

深圳承载的不仅是改革开放的先锋使命，更是中华民族伟大复兴的责任与担当。无论是六项新要求，还是实施综合改革试点，对深圳都是一个新的重大历史机遇。这次试点在很多领域具有重大突破，具有开创性、引领性；一揽子统筹推动综合性改革，体现了系统集成、协调高效的要求，让各项改革相得益彰；赋予非常大的探索空间，让深圳及整个广东放开手脚、大胆探索，给予深圳继续走在全国前列的重大机遇。这些都具有里程碑意义。

六项新要求和实施综合改革试点，本质是一致的，都是要提高经济特区贯彻落实新发展理念的能力和水平，形成全面深化改革、全面扩大开放新格局。特别是要在加快形成以国内大循环为主体、国内国际双循环相互促进的新发展格局上担当更重要的角色、发挥更重要的作用。新发展格局是习近平总书记根据我国发展阶段、环境、条件作出的战略决策，是事关全局的系统性、深层次变革。经济特区经济总量大，创新能力强，是"一带一路"建设的重要支撑，链接世界、辐射内地，完全有条件发挥重要支撑作用。这其中最关键的就是要靠改革进一步打通参与国内国际双循环的痛点堵点，建设更高水平的开放型经济新体制。习近平总书记部署深圳实施综合改革试点，提出六项新要求，都与构建新发展格局息息相关，都是构建新发展格局不可或缺的重要要求，必将为经济特区更好参与国内大循环和国内国际双循环打下坚实的改革基础。我们要深刻领会党中央战略意图，坚定不移贯彻新发展理念，坚持供给侧结构性改革这条主线，扭住扩大内需战略基点，加快推进有利于提高资源配置效率的改革，有利于提高发展质量和效益的改革，有利于调动各方面积极性的改革，以走在前列的改革行动支撑新发展格局的责任担当。

四、坚定改革开放定力

"物质变精神，精神变物质"，全面概括了物质与精神的辩证关系，正确反映了人类认识的辩证发展过程。40年来，经济特区解放思想、改革创新，靠"杀出一条血路来"的勇气和坚毅，靠不折不挠的精神力量，用敢闯敢试的"拓荒牛"精神，创造了约1000个"全国第一"，完成一次次"中国突破"，在建设中国特色社会主义伟大进程中谱写了勇立潮头、开拓进取的壮丽篇章。

坚持敢闯敢试、敢为人先、埋头苦干，以思想破冰引领改革突围是深圳等经济特区一条重要的成功经验。改革之路无坦途。现在，改革又到了一个新的历史关头，特区经济正处在转变发展方式、优化经济结构、转换增长动力的攻关期，实现高质量发展还有许多短板弱项，发展面临着前所未有的新问题、新挑战。当今世界正经历百年未有之大变局，国际力量对比正发生近代以来最具革命性的变化，发展面临复杂多变的环境。能否在更高起点上推进改革开放，关键在于能否弘扬敢闯敢试、敢为人先的改革精神和敢闯赶试、敢为人先埋头苦干的特区精神，为改革前行注入强劲驱动，使之转变成巨大的物质力量。

要营造解放思想的浓厚社会氛围，对照新形势新任务新要求，在解放思想的力度、宽度、高度和深度上下功夫，主动查找观念和理念上的差距，摆脱惯性思维和路径依赖，以更加宽广的视野谋划改革开放的思路，推动解放思想成为我们的思维习惯和行动自觉，将解放思想的成果转化为推动改革发展的强大动力，转化为干事创业的蓬勃朝气，实现解放思想和改革开放相互激荡、观念创新和实践探索相互促进。要坚定改革开放定力，决不能被逆风和回头浪所阻，要站在历史正确的一边，敢开"顶风船"，坚定不移深化改革开放。要弘扬敢闯敢试、敢为人先、埋头苦干的特区精神，永远保持那么一股子劲，那么一种精气神，以一往无前的奋斗姿态、风雨无阻的精神状态，以思想方法的转变到位，精神状态的提升到位，推动行动上的自觉和坚定，多策划战役战略性改革，多推动创造性引领性改革，在更高起点、更高层次、更高目标上推进改革开放。要倍加珍惜、长期坚持并不断发展经济特区改革开放、创新发展积累的十条宝贵经验和40年培育集聚的"闯"的精神、"创"的劲头、"干"的作风，将改革开放进行到底。要注重改革的正向激励和容错纠错，宽容干部在改革创新中的失误和挫折，激励干部担当作为，为担当者担当、为负责者负责、为干事者撑腰，不断推进容错纠错制度化具体化，让改革者放心放胆，甩开膀子干事创业。

五、提高改革攻坚能力

当前改革发展正处在攻坚克难的重要阶段，已进入各种风险挑战不断积累甚至集中显露的时期，已到了愈进愈难、愈进愈险而又不进则退、非进不可的时候，在前进道路上会面临许多越来越复杂的重大问题、重大矛盾、重大挑战、重大斗争。必须提高改革攻坚能力，以越是艰险越向前的斗争精神奋勇搏击、迎难而上。

同时，我们要清醒看到，我们党长期执政，党员干部中容易出现承平日久、精神懈怠的心态，部分党员干部的思想观念、能力水平、工作作风还跟不上新形势的要求，一些基层党组织创造力、凝聚力、战斗力仍然不强。改革攻坚能力不是与生俱来的，党员干部要提高改革攻坚能力，就要发扬将改革进行到底的精神，发扬老一辈革命家"宜将剩勇追穷寇，不可沽名学霸王"的革命精神，发扬共产党人"为有牺牲多壮志，敢教日月换新天"的奋斗精神，不断加强学习，提升自我，学会用科学理论和工作方法武装头脑、指导实践、推动工作。

要把干事热情和科学精神结合起来，优化工作措施，善于总结经验教训，使各项工作和改革举措符合客观规律、符合工作需要、符合群众利益。要树立科学思维，坚持问题导向，在把握规律的基础上实现变革创新。要发扬钉钉子精神，抓铁有痕、踏石留印，保持改革工作的稳定性和连续性，不断通过化解难题开创工作新局面。要尊重群众首创精神，充分发挥人民的主体作用，把加强顶层设计和坚持问计于民统一起来，积极激励基层探索，从基层实践中汲取智慧，激发蕴藏在人民群众中的创造伟力。要广泛凝聚共识，团结一切可以团结的力量，调动一切积极因素，形成推进改革开放的强大合力。要坚持用辩证、长远、发展的眼光看待改革发展形势，准确识变、科学应变、主动求变，在危机中育新机、于变局中开新局，在改革突破中推动高质量发展。要自觉运用法治思维和法治方式深化改革、推动发展、化解矛盾，维护社会公平正义。

第七章 经济建设的实践创新

党在经济建设领域的实践成果是党不断推进理论创新的根本表现，是中国共产党人对马克思主义政治经济学的实践创新和创造性运用。改革开放以来，特别是党的十八大以来，我们党在经济建设领域提出了一系列新理念新思想新战略，不断深化对经济社会发展规律的创新性认识，以新发展理念涵养人类文明新形态，以现代化经济体系建设推进高质量发展，以国际大视野推进粤港澳大湾区建设，以更高层次的开放型经济推进国家繁荣发展，不断把理论创新成果运用于实践领域，中国经济发展取得历史性成就、发生历史性变革，国家经济实力、科技实力、综合国力跃上新台阶，在中华大地上全面建成小康社会，中华民族迎来从站起来、富起来到强起来的伟大飞跃，实现中华民族伟大复兴进入了不可逆转的历史进程，不仅深刻改变了中国，也深刻影响了世界。

第一节 以新发展理念涵养人类文明新形态

新发展理念作为习近平经济思想的主要内容，是关于高质量发展的认识论和方法论的集中体现，科学回答了实现什么样的发展、怎样实现发展的重大问题，集中反映了我们党对经济社会发展规律认识的深化，开拓了中国特色社会主义政治经济学新境界。

习近平总书记指出："我们坚持和发展中国特色社会主义，推动物质文明、政治文明、精神文明、社会文明、生态文明协调发展，创造了中国式现代化新道路，创造了人类文明新形态。"[①] 人类文明新形态，体现在坚持以人民为中心、坚持走共同富裕道路、推动物质文明和精神文明相协调、坚持人与自然和谐共生、促进人的全面发展和社会全面进步、开创发展新模式等多个方面。新发展理念，回答了关于发展的目的、动力、方式、路径等一系列理论和实践问

---

① 习近平. 习近平谈治国理政：第四卷 [M]. 北京：外文出版社，2022：10.

题，明确了我国现代化建设的指导原则。立足新发展阶段，完整、准确、全面贯彻新发展理念，能够进一步涵养人类文明新形态，为中国和世界的发展凝聚更多的智慧和力量。

一、新发展理念对涵养人类文明新形态具有重要意义

新发展理念阐明了我们党关于发展的政治立场、价值导向、发展模式、发展道路等重大政治问题，对于实现社会主义现代化和涵养人类文明新形态，具有重要意义。

第一，有利于坚持党的全面领导，为人类文明新形态提供最坚强的政治保障。中国共产党领导是中国特色社会主义最本质的特征，是中国特色社会主义制度的最大优势，是党和国家的根本所在、命脉所在，是全国各族人民的利益所系、命运所系。党的十八大以来，党中央对经济社会发展提出了许多重大理论和理念，其中新发展理念是最重要、最主要的。中国共产党的领导，不仅能够确保中国式现代化新道路的正确方向，而且能够统揽全局、协调各方，为创造人类文明新形态提供支撑和推进力量。坚持党的全面领导，是中国式现代化新道路区别于其他现代化道路、人类文明新形态区别于其他文明形态的关键。要把坚持党的全面领导的政治优势、坚持中国特色社会主义制度的制度优势同坚持新发展理念的理论优势统一起来，推动党对社会主义现代化建设的领导在职能配置上更加科学合理、在体制机制上更加完备完善、在运行管理上更加高效。

第二，有利于在多元文明中促进共同发展，为人类文明发展注入新内涵。人类文明呈多元多样化发展，没有高低优劣之分，各种文明都有其独特的价值。因此，应当反对任何形式的"文明冲突论""文明优越论"。新发展理念倡导的开放包容的文明发展新路径，既摒弃了傲慢和偏见，又破除了教条式的理解，为人类文明发展注入了新内涵，有助于维护世界和平、促进共同发展、弘扬多元文明、加强全球治理。实现中华民族伟大复兴进入了不可逆转的历史进程，人类文明发展也必将更加精彩纷呈。

第三，有利于拓宽发展中国家迈向现代化的路径，开辟人类文明发展新道路。新发展理念既具有鲜明的中国特色，又反映了历史规律和发展大势，具有一定普遍性和世界意义，为那些既希望加快发展又希望保持自身独立性的国家和民族提供了科学的理论参考和先进的思想借鉴，为世界上其他国家解决自身

问题贡献了中国智慧。坚持新发展理念，推进中国式现代化，有利于打破"西方化等于现代化"的思维定式，开辟人类文明发展新道路。

第四，有利于人类社会发展进步，推动人类文明进入新境界。创新发展注重的是解决发展动力问题，协调发展注重的是解决发展不平衡问题，绿色发展注重的是解决人与自然和谐问题，开放发展注重的是解决发展内外联动问题，共享发展注重的是解决社会公平正义问题。新发展理念涵养的人类文明新形态包含实现共同富裕、促进人的全面发展、构建人类命运共同体等内涵，彰显了对人类前途命运的关注和把握，其价值导向、发展模式、发展道路等进一步丰富了现代化的"理论谱系"，将对推动人类社会发展进步产生深远影响。

二、新发展理念使人类文明发展进步的道路越来越宽广

中国践行新发展理念，并且愿同世界各国一道，加强交流合作，推动文明对话，促进交流互鉴，推动构建人类命运共同体，必将使人类文明发展进步的道路越来越宽广。

第一，以创新发展增强文明发展的动力。创新是一个民族进步的灵魂，在激烈的国际竞争中，唯创新者进，唯创新者强，唯创新者胜。科技自立自强是决定我国生存和发展的基础能力。党的十八大以来，我们党坚持把创新作为引领发展的第一动力，不断推进理论创新、制度创新、科技创新、文化创新等各方面创新，让创新贯穿党和国家一切工作，使创新在全社会蔚然成风。我们坚持创新在我国现代化建设全局中的核心地位，推进高水平科技自立自强，加快关键核心技术攻关，加快战略性、前沿性、颠覆性技术发展，把发展科技第一生产力、培养人才第一资源、增强创新第一动力结合起来，提高关键领域自主创新能力。我国科技实力正在从量的积累迈向质的飞跃、从点的突破迈向系统能力提升，形成以创新为主要引领和支撑的经济体系和发展模式。我们坚定不移走中国特色自主创新道路，推动中国经济发展质量变革、效率变革、动力变革，增强经济竞争力、创新力、抗风险能力，努力成为世界主要科学中心和创新高地，实现更高质量、更有效率、更加公平、更可持续、更为安全的发展。

创新发展注重的是解决发展动力问题。把创新作为引领发展的第一动力，更加重视激活高质量发展的活力，更加重视催生高质量发展的新动能新优势，可为现代化道路的探索作出贡献，以创新发展增强文明发展的动力。

第二，以协调发展补齐文明发展的短板。中国特色社会主义是全面发展、

全面进步的伟大事业，中国式现代化是物质文明和精神文明相协调的现代化，是促进人的全面发展和社会全面进步的现代化。党的十八大以来，我们党形成并积极推进经济建设、政治建设、文化建设、社会建设、生态文明建设五位一体的总体布局，坚持促进经济社会全面协调可持续发展，在坚持以经济建设为中心的同时，推进政治、文化、社会和生态文明建设，努力实现经济发展和社会全面进步。在新发展理念的引领下，着眼全局，统筹兼顾，正确处理各类矛盾，着力推动区域协调发展、城乡协调发展、物质文明和精神文明协调发展，推动经济建设和国防建设融合发展，增强发展的整体性、协调性，在补齐短板中增强发展后劲。

协调发展注重的是解决发展不平衡问题。通过科学把握现代化建设的全面性和文明的整体性，有利于把对现代化道路和文明特质的认识提高到一个新境界，以协调发展补齐文明发展的短板。

第三，以绿色发展夯实文明可持续发展的基石。生态环境是关系党的使命宗旨的重大政治问题，也是关系民生的重大社会问题。重视生态文明建设是新时代中国特色社会主义的一个重要特征。党的十八大以来，我们党把生态文明建设纳入中国特色社会主义事业"五位一体"总体布局，把生态文明建设摆在全局工作的突出地位，把"坚持人与自然和谐共生"列入新时代坚持和发展中国特色社会主义的基本方略，开展了一系列根本性、开创性、长远性工作，生态文明建设从认识到实践都发生了历史性、转折性、全局性变化。如全面打响蓝天、碧水、净土三大保卫战，把污染防治置于三大攻坚战之一，把美丽中国作为实现社会主义现代化的重要目标之一，坚定走生产发展、生活富裕、生态良好的文明发展道路，力争2030年前实现碳达峰、2060年前实现碳中和，努力打造青山常在、绿水长流、空气常新的美丽中国。

绿色发展注重的是解决人与自然和谐问题。把山水林田湖草沙作为不可分割的生态系统，突破了经济发展与生态保护二元对立的思维，彰显中国式现代化是人与自然和谐共生的现代化，必将有利于引领世界发展潮流，提高生态环境治理体系和治理能力的现代化水平，开启人类高质量发展新征程，以绿色发展夯实文明可持续发展的基石。

第四，以开放发展推进文明发展的交流互鉴。开放带来进步，封闭必然落后。我国同世界的联系空前紧密，我国经济对世界经济的影响、世界经济对我国经济的影响都前所未有。开放使中国特色社会主义的发展与当代人类文明进步结合起来，使中国在现代化进程中不断吸收人类文明成果，大踏步赶上时代潮流。党的十八大以来，我们党始终坚持对外开放的基本国策，奉行互利共赢的开放战略，坚定不移地走开放发展之路，充分运用经济全球化带来的机遇，发展更高层次的开放型经济，实现了我国同世界关系的历史性变革。中国秉持人类命运共同体理念，顶住单边主义、保护主义、霸权主义逆流，以更加自信的姿态扩大对外开放，设立自由贸易试验区，推进共建"一带一路"高质量发展，发展更高层次的开放型经济，推动建设更高水平开放型经济新体制，加快构建以国内大循环为主体、国内国际双循环相互促进的新发展格局，积极参与全球治理体系改革和建设，推动完善更加公平合理的国际经济治理体系，拓展发展新空间，塑造发展新优势。近年来，开放发展理念不断开花结果，中国对外开放的大门越开越大，决不被逆风和回头浪所阻，绝不走历史回头路，向世界呈现一个改革不停顿、开放不止步、更加自信开放的中国。

开放发展注重的是解决发展内外联动问题。坚持开放发展，表明中国式现代化不会关起门来搞封闭运行，而是走和平发展道路，不搞你输我赢，无意与任何国家打冷战热战，以开放发展推进文明发展的交流互鉴。

第五，以共享发展提升文明发展的价值追求。共同富裕本身就是社会主义现代化的一个重要目标。实现共同富裕不仅是经济问题，而且是关系党的执政基础的重大政治问题。中国共产党根基在人民、血脉在人民、力量在人民。为人民谋幸福、为民族谋复兴，既是我们党领导现代化建设的出发点和落脚点，也是新发展理念的"根"和"魂"。党的十八大以来，我们党紧紧依靠人民创造历史，坚持"江山就是人民、人民就是江山"的政治立场和价值导向，着力解决人民群众急难愁盼问题，创造更加公平正义的社会环境，在不断做大"蛋糕"的同时把"蛋糕"分好，推进区域、城乡基本公共服务均等化，使改革发展成果更多更公平惠及全体人民，在中华大地上全面建成了小康社会，历史性地解决了绝对贫困问题，不断增强人民群众的获得感、幸福感、安全感，促进人的全面发展和社会全面进步。

共享发展注重的是解决社会公平正义问题。坚持共享发展，彰显中国式现代化是全体人民共同富裕的现代化，以共享发展提升文明发展的价值追求。

三、新发展理念为促进人类文明发展提供中国智慧

统筹中华民族伟大复兴战略全局和世界百年未有之大变局，我们坚持和发

展中国特色社会主义，推动物质文明、政治文明、精神文明、社会文明、生态文明协调发展，坚定不移走中国式现代化新道路，以新发展理念涵养人类文明新形态，既能集中精力办好自己的事，也会为促进人类文明发展提供中国智慧。

第一，注重创新发展，体现人类文明新形态的先进性。创新是人类文明进步的永恒主题、不竭动力，也是人类文明进步的本质特征。人类文明史就是一部人类不断创新的历史。近代以来，世界发生了多次科技革命，大大推进了人类文明发展进程，科技创新成为人类文明发展的重要引擎。从全球范围来看，新一轮科技革命和产业变革加速演进，数字经济蓬勃发展，深刻改变着人类生产生活方式。科学技术从来没有像今天这样深刻影响着人类的前途命运，从来没有像今天这样深刻影响着人民生活福祉。经济社会发展和民生改善比过去任何时候都更加需要科学技术解决方案，比过去任何时候都更加需要增强创新这个第一动力。尽管还有些西方国家搞知识封锁，修筑制约知识、技术、人才等创新要素流动的壁垒，制造甚至扩大科技鸿沟，但必须认识到，创新发展是引领世界经济持续发展的必然选择，以科技创新推动可持续发展成为破解一些重要的全球性问题的必由之路。

人类文明新形态新就新在注重创新驱动发展，把创新作为发展第一动力。面向未来，以新发展理念涵养人类文明新形态，就是要通过加快创新特别是科技创新，加快科技成果向现实生产力转化，推动实现依靠创新驱动的内涵型增长，推动生产力不断发展，推动人类物质财富和精神财富不断积累，推动物质文明、政治文明、精神文明、社会文明、生态文明成果的极大丰富和发展，推动人类文明向更高阶段迈进。

第二，注重协调发展，体现人类文明新形态的系统性。人类社会是一个极其复杂的有机体，社会各个领域之间存在一定联系，是一个密切相关的整体系统，往往牵一发而动全身。马克思把社会作为一个有机系统来研究并提出了社会有机体范畴。只有保持整体和谐才能保证自身的存在和发展。人类文明的发展从来都是各领域彼此关联、相互影响的，而不是零敲碎打、单兵突进的。当前，全球发展不平衡、不协调带来发展可持续性下降、发展质量和效益偏低、生态环境恶化、社会不公等问题，必须加强协调、对症下药、标本兼治。

人类文明新形态新就新在呈现集物质文明、政治文明、精神文明、社会文明、生态文明于一体的状态，避免资本与劳动、生产与生态的对立，体现的是文明的整体性、协调性价值。面向未来，以新发展理念涵养人类文明新形态，就是要增强发展的整体性、协调性、全面性，推动发展更平衡、更协调、更包容。

第三，注重绿色发展，体现人类文明新形态的持续性。人与自然的关系是人类社会最基本的关系。自然是生命之母，自然物构成人类生存的自然条件，良好的生态环境是人类文明存在和发展的基础。正如马克思所指出的，"人直接地是自然存在物"。人类发展活动必须尊重自然、顺应自然、保护自然，否则就会遭到大自然的报复。从历史上看，生态兴则文明兴，生态衰则文明衰。生态环境变化直接影响文明兴衰更替。全球生态系统脆弱，气候变化、生物多样性丧失、荒漠化加剧和极端天气频发，给人类生存和发展带来严峻挑战。实践证明，消耗资源、污染环境的老路是走不通的，也难以为继。

人类文明新形态新就新在揭示了人与自然是生命共同体，彰显"人与自然和谐共生""绿水青山就是金山银山""人不负青山，青山定不负人"等，走生产发展、生活富裕、生态良好的文明发展道路，体现了文明的持续性价值；新就新在以生态环境高水平保护推动经济社会高质量发展，既创造更多物质财富和精神财富以满足人民日益增长的美好生活需要，也提供更多优质生态产品以满足人民日益增长的优美生态环境需要。面向未来，以新发展理念涵养人类文明新形态，就是要正确把握生态文明与人类文明的关系，广泛形成绿色生产生活方式，形成节约资源和保护环境的空间格局、产业结构、生产方式、生活方式，摒弃创造了巨大物质财富但引发生态环境破坏的西方现代化道路，走出一条生态和经济协调发展之路；推动构建公平合理、合作共赢的全球环境治理体系，共建万物和谐的美丽家园，共建地球生命共同体，推动全球生物多样性治理和促进人类社会可持续发展。

第四，注重开放发展，体现人类文明新形态的包容性。经济全球化是人类社会发展的必经之路，是世界经济发展的客观趋势。纵观人类社会发展史，世界经济开放则兴、封闭则衰。马克思主义政治经济学认为，人类社会最终将从各民族的历史走向世界历史。开放对推动人类文明进步能够发挥重要作用，各种文明之间沟通、融合、共进是人类社会的普遍现象。人类文明多样性是世界的基本特征，也是人类进步的重要动力，交流互鉴是文明发展的本质要求。目前，依然有些西方国家在经济全球化背景下人为"筑墙"，利用疫情搞"去全球化"，鼓吹所谓"经济脱钩""平行体系"，甚至搞唯我独尊、赢者通吃。但实际上应当认识到，一国的成功并不意味着另一国必然失败，这个世界完全容得下各国的共同成长和进步，面对矛盾和摩擦，协商合作、开放合作才是正道，单边主义是不得人心、损人不利己的。

人类文明新形态新就新在树立平等、互鉴、对话、包容的文明观，以文明交流超越文明隔阂，以文明互鉴超越文明冲突，以文明共存超越文明优越，相互尊重各国自主选择的发展道路和模式；新就新在站在历史正确的一边，坚持多边主义和国际关系民主化，顺应和平、发展、合作、共赢的世界发展潮流，体现文明的包容性价值。面向未来，以新发展理念涵养人类文明新形态，就要坚持走和平发展道路，始终把和平共处、互利共赢作为处理国际关系的基本准则，弘扬和平、发展、公平、正义、民主、自由的全人类共同价值，坚持合作、不搞对抗，坚持开放、不搞封闭，坚持互利共赢、不搞零和博弈，反对霸权主义和强权政治，推动历史车轮向着光明的目标前进。

第五，注重共享发展，体现人类文明新形态的优越性。共享是人类社会的文明标尺。人民是历史发展的主体，是文明成果的创造者和文明演进的推动者，人类文明本质上都是人民创造的文明。根据马克思、恩格斯的设想，在未来社会"所有人共同享受大家创造出来的福利"。当前，发展中国家与发达国家之间贫富差距扩大，公平问题突出，依然有些西方国家阻挠他国发展，搞技术封锁、科技鸿沟、发展脱钩。治理这些问题和乱象，必须坚持共享发展，推动各国加强发展合作、各国人民共享发展成果。

人类文明新形态新就新在发展价值上以人民为中心，坚持发展为了人民、发展依靠人民、发展成果由人民共享，把实现人的全面发展作为推动发展的根本价值追求，提升全球发展的公平性、有效性、协同性，促进公平普惠。在人类追求幸福的道路上，一个国家、一个民族都不能少。面向未来，以新发展理念涵养人类文明新形态，就要在发展中保障和改善民生，保护和促进人权，始终做到发展为了人民、发展依靠人民、发展成果由人民共享，把世界各国人民对美好生活的向往变成现实，不断增强世界各国人民的获得感、幸福感、安全感，实现人的全面发展，实现发展经济、创造就业、消除贫困等多方面的共赢。

第二节 以现代化经济体系建设推进经济高质量发展

建设现代化经济体系是新时代中国特色社会主义经济建设的战略目标，是以习近平同志为核心的党中央立足于新时代我国社会主要矛盾和时代发展大势，着眼于建设中国特色社会主义现代化强国而作出的重大战略决策。作为现代化战略实施的支撑，建设现代化经济体系，就是要建设高质量、高水平的经济体系。党的十八大以来，以习近平同志为核心的党中央以新发展理念为引领，以供给侧结构性改革为主线，一体推进建设创新引领、协同发展的产业体系，建设统一开放、竞争有序的市场体系，建设体现效率、促进公平的收入分配体系，建设现代化空间和自然协调的现代体系，建设多元平衡、安全高效的全面开放体系，大力发展实体经济，加快实施创新驱动发展战略，积极推动城乡区域协调发展，着力发展开放型经济，深化经济体制改革，建设现代化经济体系。中国建设现代化经济体系，有力引领世界科技革命和产业变革潮流、赢得国际竞争的主动，有力维护国家经济安全，推进我国经济高质量发展。

一、深刻认识建设现代化经济体系的重大意义

这是全面深化改革的内在要求。全面深化改革的总目标是完善和发展中国特色社会主义制度，推进国家治理体系和治理能力现代化。而经济体系现代化是国家治理体系现代化的重要组成部分和物质基础，可以说，没有国家经济体系的现代化，就不可能有国家治理体系的现代化，也就更谈不上国家治理能力现代化。正如习近平总书记强调："国家强，经济体系必须强"[①]，我国经济发展进入新常态，改革已进入攻坚期，只有加快改革，实现高质量发展，才能推动经济建设再上新台阶。而建设现代化经济体系集中体现了转变发展方式、优化经济结构、转换增长动力的迫切要求，而这恰好也是全面深化改革的重要内容和着力点。根据党的十九大提出的两步战略目标，2035年我国将基本建成现代化经济体系，本世纪中叶我国将建成高度现代化的经济体系，更好顺应现代化发展潮流，赢得国际竞争主动，为其他领域现代化提供有力支撑，为实现人民对美好生活的向往打下更为坚实而强大的物质基础。

这是全面建设社会主义现代化强国的目标要求。经济实现高质量发展、创新驱动成效显著、发展协调性明显增强是全面建设社会主义现代化强国的目标要求。而建设现代化经济体系，就是要通过进一步全面深化改革，努力实现更高效益的经济水平、更高质量的增长方式、更加平衡的发展格局、更趋完善的

---

① 习近平. 习近平谈治国理政：第三卷[M]. 北京：外文出版社，2020：240.

经济体制、更加全面的对外开放和更加健全的产业体系,从而为决胜全面建设社会主义现代化强国提供强大动力。全面建设社会主义现代化强国,必须考虑更长远时期的发展要求,主动适应把握引领经济发展新常态,加快建设现代化经济体系,实现经济高质量发展,这样才能全面建设社会主义现代化强国,才能为实现第二个百年奋斗目标奠定更为牢固的基础。

这是发展新时代中国特色社会主义的实践要求。根据新时代中国特色社会主义实践新要求和人民新期待,建设现代化经济体系,就是要更加鲜明地强调发展是解决我国一切问题的基础和关键,强调没有水分的发展,强调着力转变发展方式、优化经济结构、转换增长动力,实现我国社会生产力水平总体跃升;更加鲜明地强调不断调整生产关系适应生产力发展,强调使市场在资源配置中起决定性作用,更好发挥政府作用,破除阻碍生产力发展的体制机制障碍;更加鲜明地强调社会再生产过程的协调性可持续性,强调产业间、城乡间、地区间、人与自然、国内与国际、人与人关系的改善,强调处理好当前和长远、局部和全局、重点与一般的关系;更加鲜明地强调坚持以人民为中心的发展思想,强调人民是推动发展的根本力量,坚持人民主体地位,坚持调动各方面积极性、主动性、创造性,汇聚成发展的强大动力。

这是维护国家经济安全的必然要求。经济安全位于国家安全之首。维护国家经济安全,必须牢牢扭住经济建设这个中心,加快建设现代化经济体系,显著提高发展质量,不断增强我国经济实力和综合国力。当前,新冠肺炎疫情深层次影响还在持续,贸易保护主义、单边主义和逆全球化思潮抬头蔓延。只有建设现代化经济体系,实现我国经济高质量发展,才能构筑经济战线的"万里长城",才能在激烈的国际竞争中赢得主动。习近平总书记指出,建设现代化经济体系,是我国发展的战略目标,更是我们跨越关口的迫切要求。我们必须以爬坡过坎、攻坚克难的决心,建设好现代化经济体系,努力实现更高质量、更有效率、更加公平、更可持续的发展,把国家经济安全牢牢掌握在自己手中。

二、正确把握建设现代化经济体系的着力点

要着眼于融入新发展理念。当前,我国社会主要矛盾已经转化为人民日益增长的美好生活需要和不平衡不充分的发展之间的矛盾,必须坚持创新、协调、绿色、开放、共享的新发展理念,统筹推进"五位一体"总体布局。建设现代化经济体系,要以新发展理念为引领,更加突出发展的创新性,实现前瞻性基

础研究、引领性创新成果重大突破。更加突出发展的整体性协调性,建立更加有效的区域协调发展新机制。更加突出发展的可持续性,建立健全绿色低碳循环发展的经济体系,推动形成人与自然和谐发展的现代化建设新格局。更加突出发展的内外联动性,形成陆海内外联动、东西双向互济的开放格局。更加突出发展的包容性普惠性,不断满足人民日益增长的美好生活需要,使人民有更多的获得感、幸福感、安全感。

要着眼于坚持问题导向。要敢于触及矛盾、长于解决问题。当前发展面临的主要问题是,发展不平衡不充分的一些突出问题尚未解决,发展质量和效益还不高,创新能力不够强,实体经济水平有待提高,生态环境保护任重道远;民生领域还有不少短板,脱贫攻坚任务艰巨,城乡区域发展和收入分配差距依然较大。增强问题意识,就是以解决问题为工作导向,化解矛盾、破解难题,抓紧解决构建现代化经济体系中的重大问题。

要着眼于推动创新发展。发展动力决定发展速度、效能、可持续性。习近平总书记指出,抓住了创新,就抓住了牵动经济社会发展全局的"牛鼻子"。中国是第二大经济体,要建设现代化经济体系,如果动力问题解决不好,实现经济高质量发展是难以做到的,建设现代化经济体系也是一句空话。坚持创新发展是建设现代化经济体系的根本之策,要把创新摆在国家发展全局的核心位置,让创新贯穿党和国家一切工作,让创新在全社会蔚然成风。

要着眼于防范化解重大经济风险。当前和今后一个时期,可能是我国发展面临的各方面风险不断积累,甚至集中显露的时期。这些风险既包括国内的经济风险,也包括国际经济风险,而且很可能相互交织并形成一个风险综合体。如果发生重大经济风险又扛不住,国家经济安全就可能面临重大威胁。要切实增强忧患意识和底线思维,坚决打好防范化解重大经济风险特别是金融风险这场攻坚战。要加强经济风险特别是金融风险的隐患排查,坚持标本兼治,注重以完善体制机制来防范化解风险,有效防范"黑天鹅"事件、"灰犀牛"事件冲击,防止小风险演化成大风险,防止外部风险演化为内部风险,防止经济金融风险演化为社会政治风险,防止个别或者地区风险演化为系统性风险。坚决守住不发生系统性金融风险的底线,下好先手棋,打好主动仗,保持经济平稳健康发展。

要着眼于保障和改善民生。保障和改善民生是建设现代化经济体系的根本目的。如果发展不能满足人民的期待,不能让群众得到实际利益,这样的发展就失去意义，也不可能持续。习近平总书记指出："以人民为中心的发展思想，不是一个抽象的、玄奥的概念，不能只停留在口头上、止步于思想环节，而要体现在经济社会发展各个环节。"① 要始终坚持发展为了人民、发展依靠人民、发展成果由人民共享，在推动经济持续健康发展的基础上，保证全体人民在共建共享发展中有更多获得感，让社会主义制度优越性得到充分体现，不断促进人的全面发展、全体人民共同富裕。

三、明确建设现代化经济体系的实践路径

大力发展实体经济，筑牢现代化经济体系的坚实基础。实体经济是一国经济的立身之本和国家强盛的重要支柱，只有大力发展壮大实体经济，中国经济地位才能处于世界领先地位，长期立于不败之地。在新常态下，实体经济普遍面临经济增速减缓、产业转型升级困难、发展模式和动力亟待转换等挑战。要深化供给侧结构性改革，加快发展先进制造业，推动互联网、大数据、人工智能同实体经济深度融合，推动资源要素向实体经济集聚，多措并举帮助实体经济降本增效。要建设创新引领、协同发展的产业体系，实现实体经济、科技创新、现代金融、人力资源协同发展，使科技创新在实体经济发展中的贡献份额不断提高，现代金融服务实体经济的能力不断增强，人力资源支撑实体经济发展的作用不断优化。瞄准世界科技前沿，加强创新体系建设，强化战略科技力量，坚持以科技力量武装传统产业优化升级，推动传统制造业向智能化发展，推动科技创新和经济社会发展深度融合，塑造更多依靠创新驱动、更多发挥先发优势的引领型发展。深化重点领域和关键环节的创新突破，鼓励传统优势产业"嫁接"科技翅膀，深入推进"互联网+"产业建设，推进发展高端智能装备、新材料等新兴产业。破除无效供给，用市场化、法治化的手段去除低端落后无效产业，把新一代信息技术、高端装备制造、生物医药、数字经济等战略性新兴产业发展作为重中之重，构筑产业体系新支柱。重视和发展现代服务业，大力扶持行业龙头企业、百强企业、上市企业、高新技术企业和大型进出口贸易企业，着力提升服务业在经济中的比重。

加快实施创新驱动发展战略，强化现代化经济体系的战略支撑。发展是第

---

① 习近平. 习近平谈治国理政：第二卷 [M]. 北京：外文出版社，2017：213-214.

一要务，人才是第一资源，创新是第一动力，建设现代化经济体系就要在创新引领等领域培育新增长点、形成新动能。要把创新作为引领发展的第一动力，大力推进供给侧结构性改革，大力促进生产要素从低质低效领域向优质高效领域流动，加快提高全要素生产率，努力在质的大幅提升中实现量的有效增长。加强国家创新体系建设，瞄准世界科技前沿，强化战略科技力量，实现重大突破和颠覆性创新，推动科技创新和经济社会发展深度融合，塑造更多依靠创新驱动、更多发挥先发优势的引领型发展。用新技术提升传统产业，大力发展新兴产业，倒逼经济转型升级，加快产业结构调整。提前布局新一代高新技术产业，引领下一轮产业大发展，实现核心技术自主可控，真正提升自主科技实力特别是关键技术和核心技术的自主创新能力。深入实施人才强国战略，实行更加积极、更加开放、更加有效的人才政策，培养造就一大批具有国际水平的战略科技人才、科技领军人才、青年科技人才和高水平创新团队。

加快推进全面深化改革，完善现代化经济体系的制度保障。只有改革开放才能发展中国。2018年9月20日召开的中央全面深化改革委员会第四次会议，审议通过了《关于推动高质量发展的意见》等一系列重要文件，彰显中国按照既定改革方向、做好自己的事的定力和决心。建设现代化经济体系，要坚持发挥市场在资源配置中的决定性作用，更好发挥政府作用，建立统一开放、竞争有序的市场经济体系，完善市场经济的运行方式，运用改革手段让中国经济变得更加可持续。加快落实全方位改革目标，坚决破除各方面体制机制弊端，激发全社会创新创业活力，提高整体经济实力与崛起速度，为未来更加严峻的国际形势留出准备空间与预案。保持战略定力，坚持在过去最难啃的财税、金融、资本市场等领域推进改革，扩大开放，提升中国存量经济的效率，激活可持续增长的消费需求。建设体现效率、促进公平的收入分配体系，实现收入分配合理、社会公平正义、全体人民共同富裕，推进基本公共服务均等化，逐步缩小收入分配差距。建设资源节约、环境友好的绿色发展体系，实现绿色循环低碳发展、人与自然和谐共生，牢固树立和践行绿水青山就是金山银山理念，形成人与自然和谐发展现代化建设新格局。

支持、保护、扶持民营经济发展，夯实建设现代化经济体系的社会基础。改革开放40多年来，民营经济从小到大，从弱到强，成为社会主义市场经济的重要组成部分。广东是民营经济发展最快的地区之一，产业链条完备，民营经济实力强大，涌现了一批民营骨干企业，民营经济对广东国民生产总值的贡献率超过70%，民营企业税收占比约为47.3%。广东改革开放史就是一部利用民间资本、发展民营经济、壮大民营企业、稳定经济发展的历史。民营企业已在未来的现代化经济体系建设中扮演重要角色，尽管当前招工难、引留人才难、融资难等问题仍困扰民企发展，但支持、保护、扶持民营经济发展是一个十分重要的问题。要警惕"私营经济离场论"等歪理邪说，毫不动摇支持民营经济发展，以"亲""清"为标尺，不断深化改革，推动民营经济发展实现新飞跃。贯彻"两个毫不动摇"方针，促进非公有制经济健康发展和非公有制经济人士健康成长，落实党关于支持、保护、扶持民营经济发展的政策措施，加大扶持力度，破除体制障碍，提供优质服务，推动各项政策落地、落细、落实，确保各项政策落到实处，让中央政策的含金量变成企业发展的"推进剂"。营造法治环境，优化营商环境，降低企业综合成本，兴起创新创业的热潮，引导民营企业增强信心，激发民营企业等各类市场主体活力，让民营企业真正从政策中增强获得感。激发和保护企业家精神，依法保护民营企业合法权益，增强企业家信心，让民营企业在市场经济浪潮中大显身手。

抢抓粤港澳大湾区机遇，提高现代化经济体系的国际竞争力。开放发展是国家繁荣发展的必由之路，推动形成全面开放新格局是建设现代化经济体系的必要条件，必须统筹国内国际两个大局，发展更高层次的开放型经济。粤港澳大湾区已上升至国家战略，要以粤港澳大湾区建设、粤港澳合作、泛珠三角区域合作等为重点，全面推进内地同港澳互利合作，为广东对外开放提供重大历史机遇。粤港澳大湾区作为世界第四大湾区增长极，是中国改革开放的前沿和经济增长的重要引擎，会成为一个强大的辐射动力器，产生很强的经济放大效应。要深化与港澳经济深度合作，发挥港澳独特优势，提升在国家经济发展和对外开放中的地位与功能。充分利用广东经济特区、自贸试验区、国家级新区、开放型经济新体制试点试验区等众多平台所具备的政策叠加优势，推动全面开放，应对"逆全球化"的封闭潮流。着力破解体制机制问题，做好粤港澳大湾区规划实施相关准备工作，加快跨境重大基础设施建设，促进湾区内人流、物流、资金流、信息流便捷有序流动。加快推进珠海横琴、深圳前海、广州南沙等粤港澳合作重点平台建设，为大湾区建设提供实体支撑。发挥"一带一路"建设中的支点作用，培育大湾区国际合作新优势，合力打造国际商贸展会平台，联合组织赴沿线国家开展经贸推介活动，形成面向全球的贸易、投融资、生产、服务网络，加快培育国际经济合作和竞争新优势。携手港澳打造具有全球影响力的国际科技创新中心、金融枢纽和航运中心，推动粤港澳金融市场互联互通。建设多元平衡、安全高效的全面开放体系，发展更高层次开放型经济，推动开放朝着优化结构、拓展深度、提高效益方向转变。

第三节 以国际大视野推进粤港澳大湾区建设

推进粤港澳大湾区建设，是习近平总书记亲自谋划、亲自部署、亲自推动的国家重大发展战略，是中国共产党人以宏阔的历史眼光考察世界发展、推进人类命运共同体建设的重大创新实践。2019年2月，中共中央、国务院印发《粤港澳大湾区发展规划纲要》，指导粤港澳大湾区当前和今后一个时期的合作发展。在党中央关怀支持下，内地与港澳社会各界集思广益、共襄盛举，建设热潮澎湃而起，迈开了打造国际一流湾区的坚实步伐，写就了共担民族复兴历史责任、共享祖国繁荣富强伟大荣光的壮丽诗篇。

一、打造充满活力的世界级城市群，主动应对世界经济下行压力

当前，全球经济增长乏力，不确定不稳定因素增多，贸易保护主义、排外主义抬头，经济全球化遭遇一定挫折，我国发展外部环境更趋复杂。打造充满活力的世界级城市群，有助于加快培育发展新动能、实现创新驱动发展，为我国经济创新力和竞争力不断增强提供支撑。

世界级城市群是提升全球竞争力的新载体。放眼全球，城市群特别是湾区城市群是一个国家经济效率最高的地区之一，是世界经济发展的重要增长极。粤港澳大湾区是中国开放程度最高、经济活力最强的区域之一，经济发展水平领先，产业体系完备，集群优势明显，科技研发、转化能力突出，创新要素吸引力强，能够参与高水平国际合作和竞争。

世界级城市群是引领全球经济高质量发展的重要动力源。世界级城市群无论是经济实力、外向程度、产业形态、创新要素，还是城市竞争力和区域一体化水平，都具有优势和话语权。改革开放以来，特别是香港、澳门回归祖国后，粤港澳合作不断深化实化，粤港澳大湾区经济实力、区域竞争力显著增强，构建了具有国际竞争力的现代产业体系。尤其是近年大湾区又加快发展先进制造业和现代服务业，加快从"制造"向"智造"转型升级，培育了若干世界级产业集群，有望建成世界新兴产业、先进制造业和现代服务业基地，建成高质量

发展先行区、示范区。粤港澳大湾区的国家高新技术企业和科技型中小企业数量均占全国四分之一以上，成为高质量发展的尖兵。

世界级城市群是实现开放包容发展的重要平台。世界级城市群经济互补性强，能够增加不同城市间、不同产业间的融合程度，形成协同发展共同体。建设粤港澳大湾区，有利于协调好粤港澳三地多中心城市的定位、分工，充分发挥粤港澳三地各自比较优势，推动各城市在创新链、产业链上合理布局分工，形成多层次、全方位合作格局。粤港澳大湾区是在一个国家、两种制度、三个关税区、三种货币的条件下建设的，国际上没有先例。要解放思想、积极探索、大胆尝试，勇于解决与发展不适应的体制机制障碍和法规制度束缚，实现区域经济社会一体化的发展融合，合力应对外部经济环境的潜在变化。

二、打造国际科技创新中心，提升全球核心竞争力

当前，新一轮科技革命和产业变革蓄势待发，大数据、人工智能、生物技术等技术创新，深刻改变国家间比较优势和发展优势。我们更加意识到，核心关键技术是买不来也讨不来的，必须实现引领型创新。成为具有全球影响力的国际科技创新中心，是粤港澳大湾区建设的应有之义。

要构建开放型区域协同创新共同体。依托湾区城市群建设国际科技创新中心，是许多发达国家推动经济科技融合发展的基本规律和历史趋势。纽约湾区、旧金山湾区和东京湾区依赖自身资源和港口群，抓住三次科技革命历史机遇相继形成并迅速崛起，实现了从港口经济、工业经济、服务经济到创新经济的飞跃。粤港澳大湾区集聚全球高端科技要素资源，科技创新、产业创新、企业创新高度融合，开放互通、布局合理的区域创新体系以及以企业为主体、市场为导向、产学研深度融合的技术创新体系正在形成，粤港澳大湾区创新驱动的强劲新引擎所产生的乘数效应、集群效应和团队效应初步显现。

要打造全球科技创新高地。增强经济创新能力，必须在关键共性技术、前沿引领技术、现代工程技术、颠覆性技术等领域取得重大突破。粤港澳大湾区"9+2"城市群结合各自实际，出政策、优环境、建载体、引企业，不断加快集聚高端科技创新资源，打造国际科技创新高地。例如，合力打造"广州—深圳—香港—澳门"科技创新走廊，形成产业联动、空间承接、功能贯穿的创新经济带；瞄准国际前沿，围绕网络与通信、人工智能等重点领域，着力"稳链、补链、强链"，实现关键核心技术自主可控。

要统筹利用全球科技创新资源。粤港澳大湾区通过破除体制障碍、加强国际交流、吸引优秀创新人才团队等方式，连接全国乃至全球科技创新资源，推动创新生态再优化、创新能力再提升、创新经济再升级。完善创新合作体制机制，特别是在科研资金流动、科研人员出入境、科研物资通关等方面扫除障碍，促进创新要素便捷流通，形成独特的科技创新模式、产学研合作模式。积极引入国际科技组织、跨国企业研发中心，在更高层次参与国际科技经济合作竞争。面向全球吸引人才、利用人才，遴选和发掘前沿领域的战略科学家、科技领军人才，培育和汇聚一大批高水平科研人才团队，构建了国际化、开放型的区域创新共同体。

三、打造"一带一路"建设的重要支撑，与世界共享机遇共谋发展

把粤港澳大湾区打造成"一带一路"建设的重要支撑，有助于更好发挥港澳在国家对外开放中的功能和作用，提高珠三角九市开放型经济发展水平，促进国际国内两个市场、两种资源有效对接。

要推动形成新时代全面开放的新格局。粤港澳大湾区拥有世界上最为密集的港口群、最为繁忙的空港群，高铁、港珠澳大桥等基建设施形成立体交通体系，能够加快深化与"一带一路"沿线国家和地区基础设施的互联互通，加快集聚湾区优质资源，成为"一带一路"资金流、人才流、信息流、物资流的枢纽，构建设备互通、节点便通、通道畅通、技术联通的一体化新格局，推动形成以国内大循环为主体、国内国际双循环相互促进的新发展格局。把粤港澳大湾区打造成"一带一路"建设的重要支撑，有助于发挥广东对外贸易优势、良好市场环境优势和高度开放优势，发挥香港澳门自由开放经济体优势，推动与"一带一路"沿线国家和地区开展更大范围、更高水平、更深层次的合作。

要推动世界经济更加均衡、包容发展。世界是多元的，世界级城市群要适应与多元世界交往，实现多元包容发展。推进粤港澳大湾区建设不仅要求湾区内要体现多元和包容，发挥粤港澳各自优势，发挥"一国两制"的制度优势，把差异性带来的成本最小化，提升大湾区整体的效率、活力和竞争力，而且要求学会跟"一带一路"沿线更多经济体、更多国家实现制度的包容和发展模式、发展路径的包容。粤港澳大湾区建设对世界城市群发展最有价值的贡献之一在于，在优势领域发挥引领作用，成为多中心的城市圈，推动世界经济更加均衡、包容和可持续发展，为全球不同社会制度、不同法律体系、不同市场机

制之间的对接和融通提供可复制经验。

要顺应"一带一路"沿线国家和地区人民加快发展的愿望,构建人类命运共同体。把粤港澳大湾区打造成"一带一路"建设的重要支撑,符合岭南文化开放包容的特质和"四海一家亲"的理念,也符合中华民族怀柔远人、和谐万邦的天下观,有助于进一步夯实民心相通的基础。粤港澳大湾区建设应进一步深化与"一带一路"沿线国家和地区在文化、旅游、教育等方面的交流合作,把大湾区发展同"一带一路"沿线国家和地区的发展结合起来,共同开创发展新机遇,共同谋求发展新动力,共同拓展发展新空间,不断朝着人类命运共同体方向迈进。

四,打造内地与港澳深度合作示范区、宜居宜业宜游的优质生活圈,向世界展示"一国两制"光明前景

建设粤港澳大湾区,既是新时代推动形成全面开放新格局的新尝试,也是推动"一国两制"事业发展的新实践。把粤港澳大湾区建设成为内地与港澳深度合作示范区、宜居宜业宜游的优质生活圈,有助于支持香港、澳门融入国家发展大局,增进香港、澳门同胞福祉,保持香港、澳门长期繁荣稳定,向世界展示"一国两制"的光明前景。

要突出改善民生,提升港澳同胞获得感。建设粤港澳大湾区,提升人民的生活质量和幸福指数是重中之重。聚焦改善民生福祉,广东推出"便利湾区"等系列举措,推动在广东工作生活的港澳居民在教育、医疗、养老、住房等民生方面逐步实现与港澳的衔接。这些措施拓宽了港澳同胞的生活空间,使大湾区成为港澳广阔的腹地,为港澳同胞融入国家发展大局提供了便利。

要突出便捷高效,提升大湾区向心力。打造优质生活圈,就要以交通、信息、能源、水利等基础设施建设为重点,构建功能完善、衔接高效、布局合理的基础设施网络。港珠澳大桥和广深港高铁的建设推进,大大缩短了香港、澳门与内地的时空距离,为开创粤港澳三地融合新格局提供了硬件基础条件。

要突出拓展港澳青年就业创业空间,提升大湾区吸引力。大湾区着力打造港澳青年创新创业品牌活动,打造更多粤港澳青年创新创业平台,健全三地青年创新创业交流合作机制。广东省建设深港青年创新创业基地、前海深港青年梦工场等,吸引和支持港澳青年来深创新创业。

要突出生态改善，提升大湾区美丽形象。大湾区建设始终把"绿水青山就是金山银山"的理念贯穿全过程，坚持生态优先，运用法律、市场等手段，倡导绿色低碳生产生活方式，在大气、土壤、水资源、海湾、食品安全方面协防共治，使大湾区内各种生态景观交相辉映。近年来，绿色低碳的生产生活方式成为时尚，大湾区天更蓝、山更绿、水更清、环境更优美，成为港澳与内地居民同享高质量生活的美好家园。

第八章 科学方法论的实践创新

习近平总书记在省部级主要领导干部"学习习近平总书记重要讲话精神，迎接党的二十大"专题研讨班上指出：全党要把握好新时代中国特色社会主义思想的世界观和方法论，坚持好、运用好贯穿其中的立场观点方法。我们党的历史是一部形成和运用科学的思想方法和工作方法、不断创造新的辉煌的历史。我们党始终坚持以马克思主义为指导，但马克思主义不仅是立场观点，也包括方法，是立场、观点和方法的有机统一。正是靠这些方法，中国共产党赢得政权并巩固政权，不断从胜利走向新的更大的胜利。在新时代，习近平总书记治国理政的方法论指引我们国家取得历史性成就，发生历史性变革，实现中华民族伟大复兴进入了不可逆转的历史进程。中国共产党人治国理政的科学方法论包括三个方面：一是八种科学的思想方法，即把马克思主义哲学当作看家本领、坚持实事求是、保持战略定力、坚持问题导向、坚持统筹协调、重视调查研究、发扬钉钉子精神、依靠学习走向未来。二是六种科学思维，即战略思维、辩证思维、创新思维、历史思维、法治思维、底线思维。三是三种科学理念，即知行合一的理念、立破并举的理念、稳中求进的理念。"八六三"闪耀着辩证唯物主义和历史唯物主义的理论光辉，彰显了我们党高超的政治智慧和领导艺术、领导能力，为夯实党的执政基础、防范应对风险挑战提供了重要思想法宝。

第一节 提高科学思维能力 决胜疫情防控阻击战

科学思维能力是马克思主义执政党能力建设的重要内容，决定着党员领导干部的工作能力和水平。作为党员领导干部，需要不断提高科学思维能力，克服能力不足和本领恐慌，增强工作的科学性、预见性和创造性。自 2020 年湖北省武汉市等地区发生新型冠状病毒感染的肺炎疫情以来，人民生命安全和身体健康受到严重威胁，紧紧依靠人民群众坚决打赢疫情防控阻击战是具有新的历史特点的伟大斗争。在疫情防控的严峻斗争中，要认真学习习近平总书记关于疫情防控的重要讲话和重要指示精神，努力提高科学思维能力，为夺取疫情防控阻击战的最终胜利提供能力支撑。

一是提高战略思维能力，提升决胜疫情防控阻击战的政治站位。战略思维能力就是统揽全局、把握事物发展总体趋势和方向的能力。提高战略思维能力，就是要站在战略全局的高度观察、思考和处理问题，做到高瞻远瞩、着眼大处，把握方向、驾驭全局，在把握战略全局中推进各项工作。

当今疫情还没有结束，最需要的是提高战略思维能力，增强战略定力。提高战略思维能力，就要提高政治站位，把打赢疫情防控阻击战作为当前的重大政治任务，充分认识到做好疫情防控工作，直接关系人民生命安全和身体健康，直接关系经济社会大局稳定，也事关我国对外开放，从而把思想和行动统一到习近平总书记重要讲话精神上来，统一到党中央决策部署上来，用疫情防控的实际行动和工作成效体现增强"四个意识"、坚定"四个自信"、做到"两个维护"。就是要坚持人民至上、生命至上的价值立场，牢记疫情就是命令，防控就是责任，把投身防控疫情第一线作为践行初心使命、体现责任担当的试金石，做到守土有责、守土担责、守土尽责。就是要增强大局意识和全局观念，增强工作的原则性、系统性，全面贯彻"坚定信心、同舟共济、科学防治、精准施策"的要求，按照"集中患者、集中专家、集中资源、集中救治"原则，制定周密方案，内防扩散、外防输出，组织各方力量开展防控。目前疫情防控形势依然严峻复杂，社会上、境内外有一些噪音杂音，如"新型冠状病毒疫情对中国经济而言，远超中美贸易战的影响""冠状病毒可能比非典更为严重""中国经济将倒退二十年"等，有些人对"社会面动态清零"持怀疑和否定态度。有些国家不客观理性评估疫情，对中国采取旅行或贸易限制；个别国家甚至采取使问题复杂化的举措，夸大和煽动病毒危害，故意渲染紧张，人为制造和传播恐慌，甚至"甩锅"中国。党员领导干部要从政治上认识和判断形势，透过纷繁复杂的表面现象把握事物的本质和规律，不为各种错误言论和观点所左右，不为各种干扰所迷惑，不因一时一事或者某些人、某些国家的言论受到影响，更不能掉进别人故意设置的各种陷阱。要心无旁骛、专心致志把打赢疫情防控阻击战作为当前防控工作的突出任务，坚信有以习近平同志为核心的党中央坚强领导，有中国特色社会主义制度优势，有改革开放积累的强大物质基础，有各方力量联防联控、八方资源紧急支援、社会各界积极行动，有科学的防治和精准的施策，众志成城抗击疫情的强大信念一定能够凝聚起来，疫情防控阻击战一定能够取得最终胜利。在疫情防控的关键时刻，必须保持足够的战略定力，在战略上判断准确、谋划科学、赢得主动，有章有法、有板有眼地推进各种重大举措，决不能忙中添乱、影响大局，否则就容易出现心理上患得患失、行动上犹豫不决、决策上摇摆不定，就会错失疫情防控的大好机遇。

二是提高历史思维能力，增强决胜疫情防控阻击战的必胜信心。历史思维能力就是善于运用历史眼光认识发展规律、把握前进方向、指导现实工作的能力。提高历史思维能力，就是从历史中吸取智慧，总结历史经验、牢记历史教训，做好现实工作、更好走向未来。

中华民族历来有不畏风浪、直面挑战的智慧，历来有在艰难困苦中不屈不挠、团结奋战、守望相助的光荣传统，是一个勇于面对困难、不断战胜困难的伟大民族。五千年历史长河中，中华民族经历过太多苦难，但每次都能凤凰涅槃、浴火重生，使得古老的东方文明进程从未中断，从苦难走向辉煌，屹立在世界东方。新中国成立以来，我们党团结带领人民战胜三年严重经济困难、1976年唐山大地震、1998年特大洪灾、2003年"非典"、2008年汶川大地震，战胜了各种重大风险考验，极大地提高了中国人民战胜困难的勇气和能力，增强中华民族的凝聚力。历史已经并将继续证明，我们党具有应对任何风险和挑战的能力，没有任何力量能够阻挡中国人民和中华民族的前进步伐。因此，在灾难面前悲观失望、徘徊观望、无所作为的观点，都是错误的，都不是共产党员应有的精神状态。实现中华民族伟大复兴的路还很长，前进道路上有许多可以预见和难于预见的风险挑战，党员干部要从历史中吸取营养，学出自信和坚强，无惧未来的任何风雨。经过2003年"非典"这场惊心动魄、艰苦卓绝的斗争，中国在疫情防控的理论、手段、技术、人才等方面都处于世界前列，更有信心更有经验去打好任何一场疫情防控战。要积极借鉴2003年应对"非典"疫情中成立应急指挥部和专家组、及时有效隔离、及时发布信息、属地管理、尊重科学、层级化分诊等宝贵经验，高度重视在抗"非典"中卫生应急体系、资源调配、新闻发布等方面存在的问题并在这次疫情防控中切实加以整改，进一步明晰突发事件应急工作应当遵循的方针原则、防控手段及各级政府的职责规定，提升应对重大疫情防控的规律性认识，力求使此次抗击疫情措施更有力，成效更突出。要借鉴控制中东呼吸综合征冠状病毒、寨卡等传染病的输入和援助非洲抗击埃博拉疫情中的防治工作经验，学习其中对抗击此次疫情有帮助的好做法，如联防联控工作机制、突发公共卫生事件网络直报、核心技术突破和关键技术集成等，增强抗击此次疫情的决心和勇气。

三是提高辩证思维能力，提升决胜疫情防控阻击战的科学化水平。辩证思维能力就是善于抓住关键、找准重点、洞察事物发展规律的能力。提高辩证思维能力，要求我们全面地而不是片面地、系统地而不是零散地观察事物、分析问题、解决问题，在对立中把握统一、在统一中把握对立，克服极端化、片面化。

疫情防控阻击战涉及方方面面，关联度大，既要搞好加强科学统筹，善于谋划，又要紧紧依靠人民群众，冲锋在一线，真刀实枪地化解各种难题。决胜疫情防控阻击战，物质是基础，精神对物质有能动作用，要处理好物质与精神的关系，既要保障充足的物资，做好最充分的物资准备，又要凝聚中国力量，弘扬中国精神，不断赋予民族精神以新的时代内涵，形成凝聚人心、克敌制胜的强大精神支柱，累积形成坚不可摧的强大信心。疫情要防，生产也不能停，要正确处理疫情防控与恢复生产的关系，既要防控疫情，又要抓好改革发展稳定各项工作，特别是要抓好涉及决胜全面建成小康社会、决战脱贫攻坚的重点任务，聚焦疫情对经济运行带来的冲击和影响，减轻经济下行压力，围绕做好"六稳"工作，做好应对各种复杂困难局面的准备。返乡人群是疫情潜在的风险，而一旦疫情在农村扩散，后果不堪设想，要处理好城市疫情防控和农村疫情防控的关系，既要加强城市疫情防控，又要对农村全面排查，加强对农村疫情的防控工作，结合推进乡村振兴战略，以疫情防治为切入点，加强乡村人居环境整治和公共卫生体系建设。医护人员是防疫的重要关口，要处理好救治感染患者与医护人员自身防护的关系，既要集中医疗资源和力量，全力以赴救治感染患者，又要关心和保护好广大医疗卫生人员，配置防护设备、落实防护措施，坚决防止院感，确保医护人员身心健康。打赢疫情防控阻击战是个复杂的系统工程，要处理好统筹与分工的关系，既要有序统筹，科学调度，又要对各相关部门分工进行合理分配，确保职能部门各尽其责，同向发力。打赢疫情防控阻击战要处理好效率和规则的关系，既着眼于防控效率，迅速行动起来，也按照规则办事，依法而为，确保各项举措的合法性。只有集中力量把重点地区的疫情控制住了，才能从根本上尽快扭转全国疫情蔓延局面，采取举措要处理好本地区本领域防控和重点地区、全国防控的关系，既要考虑本地区本领域防控需要，也要考虑对重点地区、对全国防控的影响，做好重点地区疫情防控工作，坚决把救治资源和防护资源集中到抗击疫情第一线，优先满足一线医护人员和救治病人需要。看住自家大门是一种理性的防控举措，隔离传染源本身是一种应有的科学态度,要处理好严防死守与人道主义关怀的关系,既阻断传染源,又为患者给予更多的人文关怀,提供人性化的安置措施,不能一律拒之于门外。疫情信息发布事关重大,及时准确、公开透明是最好的谣言清扫机、恐慌消除器,既及时准确、公开透明发布疫情,回应境内外关切,又加强卫生防护知识的宣传普及,依法整治有害信息的传播,为打赢疫情防控阻击战营造良好社会氛围。

四是提高创新思维能力,贡献决胜疫情防控阻击战的中国智慧。创新思维能力就是知难而进、开拓创新的能力。提高创新思维能力,要求人们从根本上打破惯性思维,破除思想僵化、形式主义和无所作为,以敢为人先的锐气实现变革和创新。

疫情防控阻击战既是一场挑战重重的攻坚战,又是一项庞大的系统工程。如何防控是人类难题,也是世界难题,只有提高创新思维能力,推动疫情防控实现变革和创新,才能取得疫情防控阻击战的新突破、新进展。面对新病毒,要研究部署疫情防控应急科技攻关,调动高校、科研院所、企业等各方面积极性,坚持面向世界科技前沿、面向经济主战场、面向国家重大需求、面向人民生命健康,组织动员全国科研工作者参与疫情防控方面的科研攻关,集中优势科研创新力量,在病毒传播、快速检测、对症药物、疫苗研制等方面进行科学探索,形成科研攻关体系,为疫情防控、疾病治疗和药物研发提供科技支撑。发挥互联网优势,创新治疗途径,通过 App 等渠道,开通网上"发热门诊",运用 5G 技术进行远程会诊。创新疫情防控工作机制,利用"大数据+网格化"手段,采取大数据分析和网格化核对方式进行排查防控,利用线上办公及"数字政府"移动平台办理有关事项。创新疫情防控思路,坚持"全国一盘棋",坚决服从党中央统一指挥、统一协调、统一调度,打破条块分割,避免各地各自为政、以邻为壑,而要更好地调配资源、管控流动人口、协商各地共同行动,实现联防联控,做到齐抓共管、协同处置,共同战"疫"。创新应急处置方式,采取封城、通道查控、停运公共交通等封控措施,全方位切断疫情传播途径。创新物资保障方式,坚持问题导向,对防疫人员、医疗资源和物资进行科学调配、合理使用,优先保障重点疫区需求。创新安置方式,辟出专门接待来自疫区旅客的经济型宾馆,不变相歧视,体现"全国一盘棋"的防疫要求。创新宣传教育和舆论引导工作,及时发布权威信息,讲好中国抗击疫情故事,有针对性地开展精神文明教育,加强网络媒体管控,加强与国际社会的沟通合作,统筹好网上网下、国内国际、大事小事，更好强信心、暖人心、聚民心，为抗击疫情画出最大"同心圆"。

五是提高法治思维能力，提供决胜疫情防控阻击战的法治保障。法治思维能力就是增强尊法学法守法用法意识，善于运用法治思维和法治方式推进社会治理的能力。提高法治思维能力，要求增强法治观念，做到在法治之下、而不是法治之外、更不是法治之上想问题、作决策、办事情，把对法治的尊崇、对法律的敬畏转化成思维方式和行为习惯。

新型冠状病毒疫情是突发事件，它的根本特征是不确定性，各地采取一些应急处置措施是可以的，但要在法律允许的范围内，依法而为，冷静处理，采取既合法又适当的防控措施，分类、分级和分阶段应对，使手段和目的相匹配，只有这样，才能实现更高效合理的防控、依法科学有序的防控。在"依法治国""依法行政"大背景下，任何不合法的决策都是非理性的、不允许的。党员领导干部需要依照现有的法律法规要求，提升防控力度，完善应对方案，提升依法依规防控的能力和水平。但有些地方出现的所谓"硬核举措"，实际上是过激和违法之举，与法律、与现代管理理念相悖，必须纠正。如把应急物流、救援通道阻断，影响到了全国性公共物品的供给，对这些未经批准擅自设卡拦截、挖路阻断交通的违法行为，要立即依法处置，维护正常交通秩序，确保道路通畅。疫情调查和隔离不是歧视，是疫情防控的一种方式，但有的地方走向极端，层层加码。严防死守没有错，对风险人群的担忧也可以理解，但不能成为破坏法律的理由，合理还必须合法；合理还必须合情，应有的关心关爱不能缺，在疫情防控中要体现人文关怀，展现人性光辉和社会主义大家庭的温暖。又如有些不法商人和无良商家趁机哄抬物价、趁火打劫、制售假劣医用卫生材料，有些不法分子借机造谣滋事、扰乱社会秩序、干扰疫情防控，对这些违法犯罪行为必须及时查处、严厉打击，发挥法律的威慑惩戒功能，使疫情防控一开始就在法制轨道上有序高效运行，尤其要加强市场监管，坚决取缔和严厉打击非法野生动物市场和贸易，从源头上控制重大公共卫生风险。疫情防控是一场"大考"，检视的是责任，考验的是担当；决胜这场"大考"，既靠内生动力，也靠外部压力。要加强督查和问责，对落实防控措施不力、玩忽职守者敢于动真碰硬，对不作为、慢作为、乱作为，搞形式主义、官僚主义的，要及时坚决查处，决不能让党中央的号令和党规党纪成为"无牙老虎"和"稻草人"。

六是提高底线思维能力，防范化解决胜疫情防控阻击战的风险挑战。底线思维能力就是立足最低点争取最大期望值的能力。提高底线思维能力，就是要善于运用底线思维的方法，从最坏处着眼、向最好处努力，牢牢把握工作主动权。

客观地讲，人类目前的科学研究对冠状病毒认知存在很大的盲区。纵观人类与重大疫情斗争的历史，人类与病毒的抗争从未停止，但还没有摆脱被动局面，远远没有完成从"必然王国"向"自由王国"的飞跃。重大疫情就是"黑天鹅""灰犀牛"，其暴发如影随形、难以预料，仍然是卫生领域需要防范化解的重大风险。对重大风险的侥幸、疏忽和应对失误，都会对人民生命安全和国家安全造成严重威胁，甚至会阻断或者迟滞中华民族伟大复兴。这次疫情暴露出我们缺少对病毒疫情严重性的危机意识，暴露出我们在和平环境下整个社会缺乏对重大疫情的认识，暴露出我们缺乏应对重大危机教育、国民整体上缺乏危机意识。这次疫情是对我国治理体系和能力的一次大考，必须总结经验、吸取教训，尽快找差距、补短板，增强国民的危机意识，健全国家应急管理体系，提高处理急难险重任务能力。目前疫情还在蔓延，防控还处于爬坡过坎期，且人员流动性大，"行走的传染源"大大增加了防控难度，对疫情防控不可麻痹大意，容不得半点侥幸和松懈。要打赢这场没有硝烟的疫情防控阻击战，必须坚持底线思维，增强忧患意识，充分预估最坏的情形，着力防范化解疫情防控的重大风险，保障人民的生命安全和身体健康。要充分预估疫情的不确定性，坚持"宁可十防九空，不可失防万一"，制定出较长周期、全面系统的防控方案，筑起疫情防控的严密防线，力求最好的防控治理效果，保持社会大局和谐稳定。要充分预估疫情的严重性，把风险想得更大一些，把问题想得更严重一些，把措施制订得更周全一些，牢牢掌握打赢疫情防控阻击战的主动权，遏制疫情蔓延势头。要充分预估疫情传播的扩散性，做好疫情监测、排查、预警等工作，全力防范每年重要节假期结束后返城客流可能带来的疫情扩散，防范化解可能出现的疫情输入风险，把各项防控措施落细落实。要充分做好生活必需品的应急预案，加强市场监测，保障生活必需品的市场供给和价格稳定。要系统梳理国家储备体系短板，提升储备效能，优化关键物资生产能力布局，下好先手棋、打好主动仗，始终做到深谋远虑，从容应对。

第二节　用心体悟习近平总书记教给我们的方法论 扎实推进新时代廉洁文化建设

推进廉洁文化建设是以习近平同志为核心的党中央深刻把握党风廉政建设规律、深入推进反腐败斗争的重大决策，是党的十八大以来全面从严治党的最新实践。我们要学习运用好总书记教给我们的世界观和方法论，牢固树立科学思维，扎实推进新时代廉洁文化建设，提升崇清尚廉的思想认知，优化拒腐防变的行为模式。

第一，运用战略思维把握廉洁文化建设的政治方向。战略思维是从全局视角和长远眼光客观辩证观察、思考和处理问题、把握事物发展总体趋势和方向的科学思维方式。运用战略思维，就是要做到高瞻远瞩、着眼大处，把握方向、驾驭全局，在把握战略全局中推进各项工作。

廉洁文化建设是中国共产党的政治品格运用于政治实践的生动反映，体现我们党的党性品质与政治追求。我们党加强廉洁文化建设，所追求的根本目标不仅仅是"不敢腐"和"不能腐"，更是战略意义上的"不想腐"。运用战略思维推进廉洁文化建设，就是要提高政治站位，深刻认识廉洁文化建设是习近平总书记着眼于新时代推进党的自我革命、保持党的先进性和纯洁性做出的顶层设计和重大部署，是推进全面从严治党向纵深发展、增强领导干部拒腐防变能力的战略工程，是巩固长期执政地位、始终赢得人民衷心拥护、永葆"赶考"清醒和坚定的重大举措，是党自我革命必须长期抓好的重大政治任务，是巩固发展反腐败斗争压倒性胜利的重要保障，要把加强廉洁文化建设融入党和国家工作大局。要加强党对廉洁文化建设的全面领导，把廉洁文化建设纳入管党治党和国家治理体系与治理能力现代化建设的总体框架，寓于惩治和预防腐败体系建设的各个环节，健全和织密廉洁文化建设的责任体系和运行机制，确保廉洁文化建设正确政治方向、舆论导向、价值取向。加强理论武装，把忠诚拥护"两个确立"、坚决做到"两个维护"作为根本任务，贯穿廉洁文化建设各方面各环节，引导党员、干部筑牢信仰之基、补足精神之钙、把稳思想之舵，不断提高政治判断力、政治领悟力、政治执行力，坚定自觉筑牢拒腐防变的思想防线，以理论上的坚定保证行动上的坚定，以思想上的清醒守住为政之本。增强工作的系统性、整体性、协同性，深刻认识不敢腐、不能腐、不想腐不是三个阶段的划分，而是相互依存、相互促进的有机整体，着力增强不想腐的思想自觉，实现从不敢腐、不能腐到不想腐的升华和飞跃，让惩治震慑、制度约束、提高觉悟共同发力，在统筹联动中提高治理腐败的整体质效和综合效能。紧紧围绕新时代党的自我革命伟大实践，深刻认识到腐败问题具有顽固性、反复性、长期性，党面临的"四大考验"、"四大危险"将长期存在，对反腐败斗争保持充分的历史耐心和强大的战略定力，以廉洁文化建设助推新时代全面从严治党，全方位、多维度培育清正廉洁的价值理念，不断提升人文素养和精神境界，真正实现治标与治本、治权与治心的高度统一，推动全面从严治党取得更大战略性成果。

第二，运用辩证思维突出廉洁文化建设的靶向发力。辩证思维是反映和符合客观事物辩证发展过程及其规律性的思维方法。运用辩证思维，就是要以变化发展的视角认识事物，承认矛盾、分析矛盾、解决矛盾，善于抓住关键、找准重点、洞察事物发展规律。

廉洁文化是推进党的自我革命的思想结晶。党的自我革命所追求的是"内外兼修""辩证施治"，制度上的自我革命和思想上的自我革命相辅相成、相互渗透、有机统一。"不能胜寸心，安能胜苍穹"，相对于不敢腐的外力作用、不能腐的外在推动，不想腐是一种更高层次、更高境界的内在思想自觉，广大党员、干部要做到"心不动于微利之诱，目不眩于五色之惑"。推进廉洁文化建设，首先要坚持内因与外因的辩证统一。遏制腐败既要靠高压震慑、制度规范，也要发挥廉洁文化的自律、教化、育人、感染、激励功能，让廉洁理念成为扎根于内心的修养和不用提醒的自觉，在潜移默化中把廉洁自律的准则内化于心、外化于行，将廉洁从政内化为党员干部的思维习惯和价值追求，升华为干事从业的道德操守，在任何时候都能稳得住心神、管得住行为、守得住清白，为实现不想腐提供强大的内生动力。既要注重党内廉洁文化建设，形成干部廉洁从政的官德，又要注重廉洁文化社会化建设，在全社会形成崇尚廉洁的社会价值取向，形成有利于干部廉洁从政的社会氛围，实现廉洁文化建设的全覆盖、无死角。其次，坚持物质和精神的辩证统一。生产力决定生产关系，经济发展是社会进步的重要基础。先进生产力、经济高质量发展，不仅能够推进廉洁文化的繁荣发展，而且能够为反腐败斗争提供必要的物质基础。正如马克思所指出的：如果没有生产力发展，"那就只会有贫穷、极端贫困的普遍化；而在极端贫困的情况下，必须重新开始争取必需品的斗争，全部陈腐污浊的东西又要死灰复燃"。但加强反腐败斗争，保持清正廉洁的政治本色，也离不开文化的熏陶和精神的滋养。推进廉洁文化建设，要注重主观世界的改造，以提高思想觉悟、党性觉悟为目的，从精神层面着手，坚守共产党人精神家园，引导党员干部坚定信仰信念信心，树立正确的世界观、人生观、价值观，不断筑牢拒腐防变的思想根基，为反腐败斗争、推进全面从严治党提供价值指引、精神支撑和文化条件。最后，要正确处理好治标与治本的辩证统一。治标是严惩腐败行为，为治本创造条件；治本是从文化、思想、制度上解决问题，从源头上治理。没有离开标的本，也没有离开本的标，必须把握好治标与治本、惩治与预防、阶段性与连续性的关系。全面从严治党，既要靠治标，猛药去疴，重典治乱，也要靠治本，加强廉洁文化建设，正心修身，涵养文化，引导党员干部自觉认同清正廉洁的价值理念，抵制腐朽思想侵袭，正确处理公和私、义和利、是和非、正和邪、苦和乐的关系，把干净和担当、勤政和廉政统一起来，提升标本兼治的综合效应，实现提高觉悟、源头治本的叠加效应。

第三，运用历史思维厚植廉洁文化的历史根基。历史思维是把人类过去、现在和未来贯通起来思考问题的思维方法。运用历史思维，就是鉴古知今，总结历史经验，运用历史眼光认识发展规律、把握前进方向、指导现实工作。

历史是最好的教科书，也是最好的"清醒剂"。运用历史思维推进廉洁文化建设，就是要汲取崇德尚廉、廉为政本、持廉守正等中国传统廉洁文化精华，增强文化自信和历史自信，把廉洁文化建设建立在对反腐败历史规律的正确认识和科学把握上。清正廉洁是中国传统道德的最基本规范，强调"以廉养德"是我国吏治的一个显著特点。习近平总书记历来倡导了解我国古代廉政文化，强调要积极借鉴我国历史上优秀廉政文化，不断提高党的领导水平和执政水平、提高拒腐防变和抵御风险能力。研究我国反腐倡廉历史，了解我国古代廉政文化，积极借鉴我国历史上反腐倡廉的宝贵遗产，从中国历史上古圣先贤、清官廉吏的嘉言懿行中汲取持廉守正的文化养分，考察我国历史上反腐倡廉的成败得失，有助于我们把握腐败导致人亡政息的历史规律，运用历史智慧、历史经验推进党风廉政建设。我们党提出廉洁文化建设，把党风廉政建设和反腐败斗争提到关系党和国家生死存亡的高度来认识，也是深刻总结了历史经验和吸取历史教训的。我们党在100多年的奋斗历程中，既坚持有腐必惩、有贪必肃，也着力从文化和价值观层面正本清源、固本培元，重视引导党员干部不断提升人文素养和精神境界，自觉为政以德，把清正廉洁这一高尚品质作为党的建设重要内容长期一直保持下来。这是我们党的优良传统和独特政治优势。党的十八大以来，以习近平同志为核心的党中央高度重视廉洁文化建设，将廉洁文化建设纳入全面从严治党战略布局，先后开展五次主题教育，注重从文化和价值观层面推进反腐败斗争，思想建党与制度治党同向发力，坚持依法治国和以德治国相结合，形成浓厚的廉洁文化氛围，让广大党员干部受到全面深刻的政治教育、思想淬炼、精神洗礼，信仰之基更加牢固，精神之钙更加充足，对于党的建设特别是党的干部队伍的成长和健康发展，发挥了重要作用。历史已经并将继续证明，只有把加强廉洁文化建设建立在对历史发展规律的正确认识和科学把握上，深化标本兼治，持续深化不敢腐、不能腐、不想腐一体推进，惩治震慑、制度约束、提高觉悟一体发力，才能跳出历史周期率，确保党和国家长治久安。

廉洁文化根植于中华大地，中华优秀传统文化、革命文化和社会主义先进文化共同筑造了廉洁文化的"根"与"魂"。推进廉洁文化建设，要从中华优秀传统文化、革命文化、社会主义先进文化的"富矿"中汲取滋养，增强党的自我革命的勇气和力量。习近平总书记指出："没有中华优秀传统文化、革命文化、社会主义先进文化的底蕴和滋养，信仰信念就难以深沉而执着"。这些优秀文化已深深植根在中国人内心，潜移默化地影响着人们的思维习惯和行为方式，有助于培育清正廉洁的文化环境，涵养党员干部清廉自守的精神境界。党员领导干部要自觉接受中华优秀传统文化、革命文化、社会主义先进文化的熏陶和滋养，推动其创造性转化、创新性发展，用革命文化淬炼公而忘私、甘于奉献的高尚品格，用社会主义先进文化培育为政清廉、秉公用权的文化土壤，用中华优秀传统文化涵养克己奉公、清廉自守的精神境界，强化自我修炼、自我约束、自我塑造的本领，使廉洁成为广大党员领导干部的立身之基、安身之本。

第四，运用创新思维提升廉洁文化建设的科学化水平。创新思维就是敢于打破惯性思维模式，因时制宜、与时俱进，以思想认识的新飞跃打开工作新局面的思维方法。运用创新思维，就是要敢于超越陈规、知难而进，破除思想僵化、形式主义和无所作为，以敢为人先的锐气实现变革和创新。

廉洁文化对新时代中国共产党而言是一个新的政治文化建设目标，其中蕴含的文化价值、政治道德、精神理念和建设廉洁文化的方式都需要不断探索，特别是对其价值理念和建设路径要不断创新，才能实现对传统反腐败理念的价值超越和路径升华优化。廉洁文化建设是全面从严治党的新实践，也是一场硬仗，如果停止了创新，就会丧失活力，既有的成果也会得而复失。运用创新思维推进廉洁文化建设，就是要准确把握反腐败既是一场严肃的政治斗争，又是一场激烈的文化较量，要紧紧抓住发挥廉洁文化自律、教化、育人功能这一根本，锐意创新，以超常规的力度和举措推动廉洁文化建设实起来、强起来，不能停留在概念、口号阶段，才能攻坚克难、取得突破，让廉洁文化风行、清风正气充盈。首先，要创新廉洁文化建设载体。要加强传播体系建设，充分运用新媒体开展廉洁文化传播，拓展廉洁文化信息平台，提升廉洁文化传播精准度和覆盖面，不断增强廉洁文化的传播力、感染力、吸引力，让廉洁文化"飞入寻常百姓家"。加强阵地建设，打造廉洁主题教育阵地，把廉洁文化教育阵地串珠成链，精心打造廉洁文化示范点，让廉洁文化真正"动"起来、"活"起来。其次，要创新廉洁文化建设手段。创新运用物联网、云计算、大数据等技术，提高网络技术建设水平，采取现实与虚拟、线下与线上相结合的方式，以虚拟场景体验、电子互动平台等手段，推动廉洁文化资源数字化，融以VR技术，让廉洁教育形象生动、直抵人心。创新社会宣传方式，结合受众心理和需求，支持创作以廉洁为主题的动漫作品，打造廉洁文化"形象代言人"，增强廉洁文化的渗透性，增强亲和力与感染力。再次，创新廉洁文化建设内容。建立廉洁文化作品库，在文艺作品中更多融入廉洁文化元素，提高廉洁文化产品创新创造能力和服务供给水平，着力打造一批兼具思想性、艺术性和观赏性的精品力作，用更加多元的廉洁文化内容满足不同受众的多样化需求。注重家庭家教家风建设，推动廉洁教育融入家庭日常生活，引导党员干部保持高尚精神追求，培养健康生活情趣，管好社交圈、生活圈、朋友圈，以身作则管好配偶、子女，把修身与齐家结合起来，以家风"小切口"做实廉洁文化建设"大文章"，筑牢拒腐防变家庭防线，做优秀家风、廉洁家风的传承者、引领者、守护者。最后，要创新廉洁文化建设的考核和推广方式。要把廉洁文化建设纳入考核评价、精神文明创建考评、绩效考核、意识形态考核指标体系，作为巡视巡察、日常监督的重要内容，引导党员领导干部树牢法治思维和底线思维，不断增强法治意识、党规意识、制度意识、纪律意识，形成风清气正的良好政治生态。加强廉洁文化建设的研究与成果推广转化，推动廉洁文化建设融入经济社会发展规划、文化产业发展规划、哲学社会科学研究、党史和党的建设研究、精神文明创建各个方面，形成廉洁文化多方共建、多业融合的发展格局，为推进全面从严治党提供理论支撑和智力支持。

第三节 锤炼"勇""智""谋""能"提升会干事、干成事的本领

习近平总书记指出，要提高工作本领，统筹推进新冠肺炎疫情防控和经济社会发展工作，强调"我们要增强综合能力和驾驭能力，学习掌握自己分管领域的专业知识，使自己成为内行领导。"要求各级党委、政府和各级领导干部要扛起责任、经受考验，既有责任担当之勇、又有科学防控之智，既有统筹兼顾之谋、又有组织实施之能，切实抓好工作落实，在大战中践行初心使命，在大考中交出合格答卷，确保打赢疫情防控的人民战争、总体战、阻击战，努力实现全年经济社会发展目标任务。做好疫情防控工作，党员领导干部"既要有想干事、真干事的自觉，又要有会干事、干成事的本领"。党员领导干部要认真学习贯彻习近平总书记关于疫情防控的重要讲话和重要指示精神，认清责任使命，锤炼"勇""智""谋""能"，为夺取疫情防控阻击战的最终胜利提供本领支撑。

一、责任担当之勇

目前疫情防控已经到了最吃劲的关键阶段。越是吃劲的时候，越要毫不松懈，越是艰险越向前，这就需要有敢于担当的勇气。"天地英雄气，千秋尚凛然。"在中华民族五千年代代相传的精神图谱里，"压倒一切敌人，压倒一切困难"体现的就是英勇不屈的斗争精神和与敌人血战到底的英雄气概。在此次疫情防控工作中，广大党员干部在疫情排查、医疗救治、物资保障等各项工作中身先士卒、率先垂范，广大医护工作者冲锋在前、无私奉献，在各方艰苦努力下，疫情形势出现积极变化，防控工作取得积极成效。

有责任担当之勇，就是要迎难而上、担当作为。在新冠病毒这个敌人面前，党员干部必须以"狭路相逢勇者胜"的大无畏精神，敢于啃硬骨头，在与时间赛跑、和病魔较量的困境绝境中杀出一条血路来。党员领导干部要牢记疫情就是命令，防控就是责任，坚守岗位、靠前指挥，深入防控疫情第一线，及时掌

握疫情，及时采取行动，做到守土有责、守土担责、守土尽责。

有责任担当之勇，就是要掌握思想武器，增强抗击疫情的决心。责任担当之勇不是匹夫之勇，要靠增强学习本领来增添无穷力量。应深入学习贯彻习近平新时代中国特色社会主义思想，掌握贯穿其中的马克思主义立场观点方法，把这一科学理论作为应对疫情的强大思想武器；学习党史国史，学习中华民族历经磨难而不衰的历史智慧，学习我们党战胜历次重大危机的重要思想方法、工作方法、领导方法；学习总结以往应对重大公共卫生事件的经验教训，学习借鉴其他国家疫情防控的好经验好做法，提高处理急难险重任务能力；学习科学知识，自觉运用科学思维、科学方法思考和处理疫情防控问题。

有责任担当之勇，就是要用铁的纪律激发勇气。决胜一场战争，仅靠少数人的勇敢不行，只有所有党员干部都勇往直前、舍生忘死，形成强大合力，才能取得最终胜利。要用纪律和制度，用严管真管敢管，激发党员干部的勇气和斗志。对党中央决策部署贯彻落实不力的，对不服从统一指挥和调度、本位主义严重的，对不敢担当、作风漂浮、推诿扯皮的，除追究直接责任人的责任外，情节严重的还要对党政主要领导进行问责；对失职渎职的，要依纪依法惩处。

二、要有科学防控之智

疫情防控绝不是单凭一腔热情即可奏效，战胜疫病必须遵循规律，加大科研攻关力度，创新科学防控方法，依法有序进行。

有科学防控之智，就是要加大科研攻关力度。科学论证病毒来源，尽快查明传染源和传播途径，密切跟踪病毒变异情况，及时研究防控策略和措施；调动高校、科研院所、相关企业等各方面积极性，组织动员全国科研工作者参与疫情防控方面的科研攻关，推动相关数据和病例资料的开放共享，加快病毒溯源、传播力、传播机理等研究，及时完善防控策略和措施；加强有效药品和疫苗研发，注重科研攻关与临床、防控实践相结合。

有科学防控之智，就是要创新科学防控方法。创新完善公共卫生应急体系，补齐公共卫生短板，提高公共卫生应急管理能力；创新疫情防控机制，利用"大数据＋网格化"手段，采取大数据分析和网格化核对方式进行排查防控，将防控隔离工作做得更加精细；创新医疗救治方式，在医疗机构设立预检分诊和发热门诊的制度，开通网上"发热门诊"，运用5G技术进行远程会诊，减少群众交叉感染；强化互联网思维，利用互联网扁平化、交互式、快捷性优势，推行政府服务事项"线上办",利用数字政府移动平台办理有关事项,实施"不见面"办事服务,推进公共服务高效化;创新宣传教育和舆论引导工作,统筹好网上网下、国内国际、大事小事,更好强信心、暖人心、聚民心,为抗击疫情画出最大"同心圆"。

有科学防控之智,就是要树立依法防控意识。法治是治国理政的基本方式,疫情防控必须有章有法、有板有眼地推进,做到在法治之下想问题、作决策、办事情。强化公共卫生法治保障,全面加强和完善公共卫生领域相关法律法规建设,认真评估传染病防治法、野生动物保护法等法律法规的修改完善,尽快推动出台生物安全法;严格执行疫情防控和应急处置法律法规,加强风险评估,依法审慎决策,严格依法实施防控措施;加大对危害疫情防控行为执法司法力度,依法实施疫情防控及应急处理措施;加强治安管理、市场监管等执法工作,加大对暴力伤害医务人员的违法行为打击力度,严厉查处各类哄抬防疫用品和民生商品价格的违法行为,依法严厉打击破坏疫情防控的违法犯罪行为;依法做好疫情报告和发布工作,按照法定内容、程序、方式、时限及时准确报告疫情信息;加强疫情防控法制宣传和法律服务,组织基层开展疫情防控普法宣传,引导群众增强法治意识,支持和配合疫情防控工作。

三、要有统筹兼顾之谋

疫情防控工作是一场总体战。做好疫情防控工作,直接关系人民生命安全和身体健康,直接关系经济社会大局稳定,也事关我国对外开放。统筹兼顾是一种辩证思维方式,是一种科学的工作方法,要求我们全面地而不是片面地、系统地而不是零散地、普遍联系地而不是孤立地观察事物、分析问题、解决问题。

有统筹兼顾之谋,就是要统筹全局与局部的关系,增强"全国一盘棋"意识。各级党委和政府要按照党中央决策部署,突出重点、统筹兼顾,分类指导、分区施策。党员领导干部应增强大局意识和全局观念,坚决服从党中央统一指挥、统一协调、统一调度,做到令行禁止,坚决服从中央应对疫情工作领导小组及国务院联防联控机制的指挥,自觉在大局下思考,在大局下行动;主动融入联防联控、群防群治的治理大网络,既要考虑本地区本领域防控需要,也要考虑对重点地区、对全国防控的影响;抓好防治力量的区域统筹,着力做好重点地区疫情防控工作,坚决把救治资源和防护资源集中到抗击疫情第一线,优先满足一线医护人员和救治病人需要。

有统筹兼顾之谋,就是要统筹做好疫情防控和经济社会发展工作。应密切监测经济运行状况,聚焦疫情对经济运行带来的冲击和影响,围绕做好"六稳"工作,做好应对各种复杂困难局面的准备。在确保做好防疫工作的前提下,推动非疫情防控重点地区企事业单位复工复产,保障社会供给充足。继续研究出台阶段性、有针对性的减税降费措施,缓解企业经营困难。保持稳健的货币政策灵活适度,对防疫物资生产企业加大优惠利率信贷支持力度,对受疫情影响较大的地区、行业和企业完善差异化优惠金融服务。以更大力度实施好就业优先政策,完善支持中小微企业的财税、金融、社保等政策。多措并举做好高校毕业生等群体就业工作,确保就业大局稳定。在春耕备耕关键时节,还要抓紧组织好种子、化肥、饲料等农资供应,落实好春管春种措施,夯实农业生产基础。

有统筹兼顾之谋,就是要统筹当前与长远的关系。针对疫情暴露出的问题,我们必须总结经验、吸取教训,尽快找差距、补短板,把全国疾控体系建设作为一项根本性建设来抓。应充分预估疫情的不确定性,制定出较长周期、全面系统的防控方案,筑起疫情防控的严密防线,力求达到最好的防控治理效果,保持社会大局和谐稳定。充分预估疫情的严重性,充分预估最坏的情形,牢牢掌握打赢疫情防控阻击战的主动权。充分预估疫情传播的扩散性,做好疫情监测、排查、预警等工作,把各项防控措施落细落实。系统梳理国家储备体系短板,提升储备效能,优化关键物资生产能力布局,做好应对各种复杂困难局面的准备,做到有备无患、遇事不慌,牢牢把握主动权。

四、组织实施之能

疫情防控工作千头万绪,必须狠抓落实才能见到成效。在疫情防控中,许多党员干部把投身防控疫情第一线作为践行初心使命、体现责任担当的试金石,求真务实、埋头苦干,但也有些党员干部在疫情的真正考验面前暴露出作风不实不细等问题,搞简单化一关了之、一停了之、一断了之。有组织实施之能,就是要把各项工作抓实、抓细、抓落地,以钉钉子精神做好各项工作。

有组织实施之能,就是要把疫情防控作为最重要的工作来抓,全面增强救治能力。生命安全和身体健康是人民群众最基本的需求、最切身的利益,党员干部要把人民群众生命安全和身体健康放在第一位,把全力以赴救治患者作为当前防控工作的突出任务。要围绕提高收治率和治愈率、降低感染率和病亡率，抓好疫情防控的重点环节。要全面增强收治能力，加快疑似病例检测速度，坚决做到应收尽收、应治尽治，提高收治率。要提高患者特别是重症患者救治水平，集中优势医疗资源和技术力量救治患者，及时总结推广行之有效的诊疗方案，加大药物和疫苗科研攻关力度。

有组织实施之能，就是要加强防控和疫情监测，切断疾病传播途径。以县域为单元，确定不同县域风险等级，分区分级制定差异化防控策略。严格落实早发现、早报告、早隔离、早治疗措施，加强社区防控，切断疾病传播途径，降低感染率。要按照联防联控、群防群控的要求，加强对返程人员的健康监测，做好交通工具场站消毒通风等工作，完善和强化防止疫情向外扩散的措施，筑牢群防群治的严密防线。

有组织实施之能，就是要做好生活必需品的供应工作，回应群众的关切。确保蔬菜、肉蛋奶、粮食等居民生活必需品供应，严格落实"米袋子"省长责任制和"菜篮子"市长负责制，切实抓好主副食品生产、流通、供应组织，加强物资调配和市场供应。加强心理干预和疏导，有针对性做好人文关怀，成为人民群众的贴心人。正视存在的问题，及时发布权威信息，回应群众的关切，增强及时性、针对性和专业性，引导群众增强信心、坚定信心，汇聚起众志成城、共克时艰的磅礴力量。

第四节　树立底线思维　确保中华民族伟大复兴进程不被打断

实现中华民族伟大复兴是近代以来中华民族团结奋斗的最大公约数。当前，我们比历史上任何时期都更接近实现中华民族伟大复兴的目标，比历史上任何时期都更有信心、更有能力实现这个目标，前景十分光明，但风险挑战也十分严峻。我们必须时刻准备应对各种风险考验，防止中华民族伟大复兴历史进程被打断。

一、中华民族伟大复兴进程不可能一帆风顺

"历史的道路不是涅瓦大街上的人行道"，实现民族复兴征程中可能会遇到

各种可以预见和难以预见的风险挑战,各方面风险可能不断积累甚至集中显露,实现民族复兴面临复杂多变的环境。

中国历史上有盛世被打断的惨痛教训。只有创造过辉煌的民族,才懂得复兴的意义;只有经历苦难的民族,才对复兴有深切的渴望。中国历史上不乏盛世,如唐朝出现了贞观之治、开元盛世,政局稳定,经济繁荣,文化昌盛,国力富强,成为当时世界上最强盛的国家,但"安史之乱"使唐朝迅速由盛转衰。近代史上洋务运动使外忧内患的清朝到了同治帝时期出现了一片新气象,出现了所谓"同治中兴"。但这一中兴局面被日本用一场蓄谋已久的甲午战争打断。因为这场战争的失败,晚清中兴、洋务运动戛然而止,历史改变了方向。山河破碎,生灵涂炭,中华民族遭受了前所未有的苦难,实现民族复兴已经深深熔铸进了中华民族的历史意识。

中国正处于由大向强、将强未强之际。当前我国正处于从发展中大国迈向社会主义现代化强国的关键时期。由大向强、将强未强之际往往是高风险期。我们面临的重大风险是多方面的,既包括国内的经济、政治、意识形态、社会、军事风险以及来自自然界的风险,也包括国际经济、政治、战略、主权等方面的风险。各种风险往往不是孤立出现的,会发生连锁反应甚至是叠加效应。这是实现中华民族伟大复兴绕不过的门槛。

民族复兴面临许多待解的难题。中国特色社会主义还处在初级阶段,对许多重大问题的认识和把握还非常有限。我国要用100年时间走完发达国家几百年走过的现代化路程,这种转变不但速度、规模超乎寻常,变化的广度、深度和难度也超乎寻常。事业越发展、改革越深入,新情况新问题就会越多,面临的风险和挑战就会越多,需要中国共产党人在实践中大胆探索、深化发展,坚决防止出现方向性和颠覆性错误。

"树大招风"效应日益显现。世界正处于大发展大变革大调整时期,中国日益走近世界舞台中央。在从大国走向强国的阶段,"树大招风"效应日益显现,外部环境更加复杂,敌对势力对中国的阻遏、忧惧、施压不断增大。只要我们坚持中国共产党领导、坚持社会主义制度,各种敌对势力对我西化分化的图谋就不会改变,就会想方设法攻击抹黑中国道路、理论、制度、文化,加紧进行意识形态渗透、价值观渗透,加大策动"颜色革命"力度。美国打贸易战、科技战,企图通过经济和其他手段压服中国,要求中国服从其意志、放弃在一些尖端科技和产业的领先地位,大搞单边主义。中美贸易战就是中美意识形态斗争的延伸。

世界面临的不稳定性不确定性突出。一个国家的发展和振兴不能不受周边环境和国际环境的影响和制约。世界多极化、经济全球化、社会信息化、文化多样化深入发展，但当前世界经济复苏艰难曲折，发展失衡、治理困境、公平赤字等问题更加突出，和平赤字、发展赤字、治理赤字成为摆在全人类面前的严峻挑战。人类正处在一个挑战层出不穷、风险日益增多的时代。

二、防范可能迟滞打断中华民族伟大复兴进程的主要风险

重大风险挑战背后往往潜藏着重大矛盾。习近平总书记指出："各种风险我们都要防控，但重点要防控那些可能迟滞或中断中华民族伟大复兴的全局性风险"。最大的风险，是无视风险。伟大复兴之所以伟大，不仅因为这种事业是正义的、宏大的，而且因为要实现复兴必须战胜与之相伴随的巨大风险和挑战。我们必须充分认识这些风险挑战，确保社会制度、执政党地位、国家主权等一系列根本性问题不出现风险，做到实现奋斗目标不忘防控重大风险，以防控重大风险保证实现奋斗目标。

严防经济领域可能出现的重大风险特别是系统性金融风险。经济繁荣发展是民族复兴的基础，建立在发展基础上的复兴才更可靠、更可持续。实现民族复兴，根本上是为了发展经济，更好地满足人民对美好生活的需要，促进人的全面发展。发展是解决中国一切问题的关键，发展仍然是我们党执政兴国的第一要务，需要牢牢坚持党的基本路线这个党和国家的生命线、人民的幸福线，实现更高质量、更有效率、更加公平、更可持续的发展，不断增强发展的全面性、协调性、可持续性，善于运用发展成果夯实民族复兴的物质基础和实力基础。防范化解重大风险特别是金融风险是党中央确定的决胜全面建成小康社会三大攻坚战之一。习近平总书记高度重视金融安全，强调"维护金融安全，是关系我国经济社会发展全局的一件带有战略性、根本性的大事"，强调"金融稳，经济稳"。在经济建设中要把防控金融风险放到更加重要的位置，坚决守住不发生系统性金融风险。最重要的是，必须加快发展实体经济，推动互联网、大数据、人工智能同实体经济深度融合，全面提高金融为实体经济服务的效率和水平。同时应对外部经济风险，维护国家经济安全。

严防改革领域可能出现的重大风险特别是停顿倒退的风险。中国要抓住机遇、迎接挑战，实现新的更大发展，从根本上还要靠改革开放。我们现在所处

的是一个船到中流浪更急、人到半山路更陡的时候，改革发展正处在克难攻坚、闯关夺隘的重要阶段，任何因循守旧、故步自封、停顿倒退，不仅不能把改革引向全面深入，而且会使中国处于巨大风险之中，抑制思想解放、社会活力迸发和生产力发展。习近平总书记指出："改革开放和社会主义现代化建设的方向决不能动摇，这是党和人民在当今世界安身立命、风雨前行的资格。"在前进道路上，要进一步解放思想、进一步解放和发展社会生产力、进一步解放和增强社会活力，在更高起点、更高层次、更高目标上推进全面深化改革，将改革开放进行到底。改革推进到今天，比认识更重要的是决心，比方法更关键的是担当。改革开放永无止境，停顿和倒退没有出路，改革开放只有进行时、没有完成时。应对中美经贸摩擦，通过改革开放发展壮大自己才是根本之道。

严防政治领域可能出现的重大风险特别是颜色革命的风险。一个政权的瓦解往往是从思想领域开始的，思想防线被攻破了，其他防线就很难守住。巩固党的群众基础和执政基础，不能说只要群众物质生活好就可以了，精神上丧失群众基础，最后也要出问题。意识形态领域是争夺"制脑权"的没有硝烟的战场。各种敌对势力一直把我国发展壮大视为对西方价值观和制度模式的威胁，从来没有停止对我国实施西化分化战略，从来没有停止对中国共产党领导和社会主义制度进行颠覆破坏活动，而是想方设法对我进行意识形态渗透和围堵，不断调整策略、变换手法，同我们争夺阵地、争夺人心。各种错误思潮给我国改革发展稳定带来严重干扰，特别是西方"宪政民主"、新自由主义、历史虚无主义等仍然伺机冒头，妄图挑战马克思主义指导地位，竭力争夺意识形态话语权。敌对势力在我国策划"颜色革命"的战略图谋是长期的，必须有效抵御"西方宪政""三权分立""司法独立""多党政治""全盘西化"。在道路方向问题上，不能犯颠覆性错误，既不走封闭僵化的老路，也不走改旗易帜的邪路，坚决防范和抵御"颜色革命"，否则就要犯无可挽回的历史性错误。苏联解体、苏共垮台、东欧剧变，世界社会主义遭受严重曲折的严峻考验，为我们敲响警钟。

严防意识形态领域可能出现的重大风险特别是网络安全的风险。互联网是意识形态工作的主战场、最前沿。在互联网这个战场上，能否顶得住、打得赢，直接关系国家政治安全、文化安全、意识形态安全。习近平总书记指出，"谁掌握了互联网，谁就把握住了时代主动权；谁轻视互联网，谁就会被时代所抛弃"，"过不了互联网这一关，就过不了长期执政这一关"，网络安全已经成为我国面临的最复杂、最现实、最严峻的非传统安全问题之一。没有网络安全就没有国家安全，就没有经济社会稳定运行。意识形态领域许多新情况新问题往往因网而生、因网而增，许多错误思潮也都以网络为温床生成发酵。在这个舆论斗争的主战场上，必须顶得住、打得赢，为民族复兴提供舆论条件，推动互联网这个"最大变量"释放"最大正能量"。互联网的核心技术是国之重器，是我们最大的"命门"，核心技术受制于人是我们最大的隐患。要加速推动信息领域核心技术突破，以技术对技术，以技术管技术，做到魔高一尺、道高一丈，不断增强网络安全防御能力和威慑能力。要确保互联网可管可控，使网络空间清朗起来，打好网络意识形态攻坚战。

严防国家主权和领土完整领域可能出现的重大风险特别是"台独"风险。国家主权和领土完整与国家繁荣发展、实现民族复兴息息相关。国土不受外来侵略和威胁，资源不因战争或预防战争过分消耗，国家才能稳定发展，实现民族复兴才成为可能。当前，我国国土安全面临复杂严峻挑战，必须坚决反对一切分裂祖国、破坏民族团结和社会和谐稳定的行为，深入打击宗教极端势力、民族分裂势力、暴力恐怖势力"三股势力"，坚决防范"藏独""疆独"，坚决挫败任何形式的"台独"分裂图谋，全力维护香港、澳门繁荣稳定。严防曲解"一国"和"两制"的关系，把坚持"一国"原则和尊重"两制"差异有机结合起来，绝不允许以"高度自治"为名对抗中央的权力，做到坚守"一国"之本，实现"两制"和谐相处、相互促进。坚决防范"台独"势力坐大，绝不允许任何人、任何组织、任何政党、在任何时候、以任何形式、把任何一块中国领土从中国分裂出去，决不会吞下损害我国主权、安全、发展利益的苦果。

严防党的建设领域可能出现的重大风险特别是"赶考"意识淡化的风险。73年前，党中央从西柏坡动身前往北京时，毛泽东对周恩来意味深长地说，"今天是进京的日子，进京'赶考'去"。周恩来说："我们应当都能考试及格，不要退回来"。毛泽东说："退回来就失败了。我们决不当李自成，我们都希望考个好成绩"。73年的实践证明，我们党时刻绷紧"赶考"这根弦，在这场历史性考试中取得了优异成绩。但党面临的"赶考"远未结束。习近平总书记指出："时代是出卷人，我们是答卷人，人民是阅卷人。"我们党要带领人民实现全面建成小康社会的奋斗目标，不断坚持和发展中国特色社会主义，就是这场考试的继续。全面从严治党永远在路上，我们党永远在"赶考"的路上，腐败是我们党面临的最大威胁，反腐败斗争还没有取得彻底胜利，形势依然严峻复杂。一代一代共产党人都要不断地接受人民的"考试"、执政的"考试",向人民和历史交出满意的答卷。要在"赶考"中取得优异成绩,自身必须始终过硬,要敢于进行自我革命,以永远在路上的坚韧和执着,坚决打好反腐败斗争攻坚战、持久战,为民族复兴提供坚强的政治保证,从建党100年迈向执政100年,进而铸就千秋伟业。

以上重大风险挑战,具有复杂性、紧迫性、多样性、突变性,现实性强、危害性大,极可能会迟滞或者打断中华民族伟大复兴的进程,甚至威胁党之根基、国之根本。当然,除了上述重大风险挑战,还有其他风险挑战,需要既聚焦重点、又统揽全局,有效防范各类风险挑战连锁联动。

三、确保中华民族伟大复兴进程不被打断

马克思主义认为,设想世界历史会一帆风顺、按部就班地向前发展,那是不辩证的、不科学的,在理论上是不正确的。实现中华民族伟大复兴,要付出更加艰巨、更为艰苦的努力。

坚持党对一切工作的领导是实现民族复兴的根本保证。党政军民学,东西南北中,党是领导一切的,是最高的政治领导力量。习近平总书记指出:"我们治国理政的根本,就是中国共产党领导和社会主义制度。"在实现民族复兴的伟大征程上,坚持党的全面领导是战胜一切困难和风险的"定海神针",是中华民族走向伟大复兴的可靠保证。加强党对一切工作的领导,这一要求不是空洞的、抽象的,要落实到改革发展稳定、内政外交国防、治党治国治军等各领域各方面各环节,落实到实现民族复兴的全过程。要建立健全坚持和加强党的全面领导的制度体系,确保党的领导全覆盖,确保党的领导更加坚强有力。要发挥党总揽全局、协调各方的领导核心作用,提高党把方向、谋大局、定政策、促改革的能力和定力。如果防控重大风险能力不足,本身就成为党执政安全的重大隐患。防控重大风险能力对于党的执政能力更加重要,提高党的执政能力必须更加注重全面提高党在新时代防控重大风险能力,保证党领导人民有效治理国家。

提升过硬的军事能力是实现民族复兴的保底手段。国防和军队建设是实现民族复兴的坚强后盾,军事手段是实现民族复兴的保底手段。习近平总书记指出:"中华民族实现伟大复兴,中国人民实现更加美好生活,必须加快把人民军队建设成为世界一流军队",强调军队要"为实现中华民族伟大复兴提供坚强

后盾"。近现代史上中国的近代化现代化进程屡被日本和西方列强打断，发展迟滞，最根本的原因就是没有一支强大的军队和巩固的国防。国防和军队现代化进程必须同国家现代化进程相适应，军事能力必须同实现中华民族伟大复兴的战略需求相适应。在实力政治、丛林法则依然大行其道的当今世界，我们比历史上任何时期都更需要建设一支强大的人民军队，以适应新时代国家安全战略需求，为实现中华民族伟大复兴提供战略支撑。要聚焦能打仗、打胜仗，建设一支听党指挥、能打胜仗、作风优良的人民军队，全面提高新时代备战打仗能力，锻造召之即来、来之能战、战之必胜的精兵劲旅，为实现民族复兴提供有力的安全保障。

发扬革命精神和革命斗志是实现民族复兴应有的精神状态。从站起来、富起来到强起来，中华民族的伟大复兴不但需要建造物质的大厦，更需要建造精神的大厦。在实现民族复兴的前进道路上不可能一帆风顺，必须保持一种永不懈怠的精神状态和一往无前的奋斗姿态，容不得彷徨、犹豫和懈怠，容不得观望等待、畏首畏尾。要有充沛顽强的斗争精神，弘扬伟大建党精神，弘扬中国共产党人精神谱系，丰富精神世界，增强精神力量，化风险为机遇，促使矛盾向有利于我们的态势转化。保持革命斗志，决不能因为胜利而骄傲，决不能因为成就而懈怠，决不能因为困难而退缩。提高斗争本领，有效应对重大挑战、抵御重大风险、克服重大阻力、解决重大矛盾。坚持底线思维，立足国际秩序大变局来把握规律，立足防范风险大前提来谋划思路，凡事从坏处准备，努力争取最好的结果，有备无患、遇事不慌，牢牢把握主动权，坚决打好防范化解重大风险攻坚战，使民族复兴展现出更加光辉灿烂的前景。

加快推进国家治理体系和治理能力的现代化是实现民族复兴的必然要求。国家要强，治理体系和治理能力必须强。推进国家治理体系和治理能力现代化是实现民族复兴的必然要求。我们的国家治理体系和治理能力总体上是好的，但还有这样那样的不足，有许多亟待改进的地方，还要进行长期不懈的努力、下更大气力。要以提高党的执政能力为重点，尽快提高各级干部、各方面管理者的战略思维、历史思维、辩证思维、创新思维、法治思维、底线思维能力，善于从纷繁复杂的矛盾中把握规律，不断积累经验、增长才干，使国家治理体系更加有效运转。要善于运用制度和法律治理国家，为实现民族复兴提供强有力的制度保障。加快建设平安中国，维护社会稳定，为实现民族复兴提供和谐有序又生机勃勃的社会条件。

推动建立人类命运共同体是实现民族复兴的外部条件。实现民族复兴需要统筹国内国际两个大局、统筹发展和安全两件大事，把实现中华民族伟大复兴与促进世界和平发展、各国合作共赢结合起来，构建人类命运共同体，推动建立持久和平、普遍安全、共同繁荣、开放包容、清洁美丽的世界。要坚持正确义利观、新安全观、新发展观、全球化观等，超越近代以来"国强必霸"的陈旧逻辑，汇聚世界各国人民对和平、发展、繁荣向往的最大公约数，为推动实现民族复兴赢得更多的国际舆论支持和道义支撑。继续发挥负责任大国作用，为人类应对经济全球化新阶段的挑战提供中国智慧和中国方案，最大限度地减少国际敌对势力设置的阻力和障碍，为实现民族复兴营造良好外部环境。